Hedi Kaufmann · Schicksalsmächte

Hedi Kaufmann

Schicksalsmächte

Roman

FOUQUÉ PUBLISHERS NEW YORK

Copyright ©2012 by Fouqué Publishers New York
Originally published as Schicksalsmächte, *2010*
by August von Goethe Literaturverlag

All rights reserved,
including the right of reproduction,
in whole or in part,
in any form

First American Edition
Printed on acid-free paper

Library of Congress Cataloging-in-Publication Data
Kaufmann, Hedi
[Schicksalsmächte / Hedi kaufmann. German]
1st American ed.

ISBN 978-0-578-10305-1

Ein jeder muss sein Schicksal tragen,
je eher man es akzeptiert,
desto leichter kann man damit leben.

Sandra liegt auf dem Diwan, den Rücken zur Tür, und ist in ein Modejournal vertieft. Eine Leselampe gibt ihr eine Lichtquelle, während die schweren Vorhänge zugezogen sind und zwei Wandleuchten ein dämmriges Licht verbreiten. Sie hört nicht, wie leise die Tür aufgeht und ein Mann ins Zimmer tritt, doch ein Gefühl sagt ihr, dass sie nicht mehr alleine im Raum ist. Sie hebt den Blick und sieht seinen Schatten an der Wand näherkommen.
Ohne ihre Lage zu verändern, wartet sie darauf, dass das Unvermeidliche geschieht.
Sie fühlt die Nähe des Mannes und spürt seinen Atem, als er sich über sie beugt: „Du hast mich erwartet." Es klingt wie eine Feststellung. Seine Hände packen sie bei den Schultern und drehen sie zu sich herum. Sandras Augen gleiten über das herbe Männergesicht mit der hohen Stirn und den grauen Schläfen. Die dunkelgrauen Augen mit dem besitzergreifenden Blick und der schmale, ein wenig hart wirkende Mund lassen das Gesicht eines reifen, erfahrenen Mannes Ende vierzig erkennen.
Es ist Harry Goulden, ihr Stiefvater. – Sandra nickt schwach auf seine Frage. „Ich müsste mich wehren", denkt sie. Sie denkt es jedes Mal, aber sie wehrt sich nicht. Sie wartet auf seine herausfordernden Küsse, jede Stelle, wo sein Mund verharrt, brennt wie Feuer. Seine Hände öffnen gekonnt den Verschluss ihres Kleides, gleiten über die nackte Haut und lassen ihren Körper erschauern.
Eine teuflische Leidenschaft raubt ihr die Sinne. Sie reißt den Kopf des Mannes an sich und mit wilder Lust gibt sie ihren Körper preis.

„Ich hasse dich." Sandra richtete sich auf und zog die Decke über ihren Körper.
„Ich weiß", entgegnete Harry gleichmütig. „Du wirst auch kaum in der Lage sein, jemals mit deinem Herzen zu lieben, dazu bist du zu schön."
„Warum hast du eigentlich Mama geheiratet? Du liebst sie doch nicht!"
Mit einem etwas arroganten Lächeln schaute Harry sie an: „Deine Mutter ist eine intelligente und repräsentative Frau. Ich brauche sie

für die Gesellschaft und meine Stellung. Ich verehre sie. Wenn ich mit ihr schlafe, tue ich es als Kavalier. Mit dir schlafe ich als Mann!"
„Wenn sie es jemals erfährt", Sandra konnte ihre Unsicherheit nicht ganz verbergen, „wie würde sie wohl reagieren?"
Harry Goulden betrachtete sie von der Seite. Ihr schönes, ebenmäßiges Profil und das lange, schwarze Haar, glatt nach hinten gekämmt, erinnerte ihn an das Bildnis irgendeiner Madonna.
„Deine Mutter ist eine kluge Frau und würde jeden Skandal vermeiden, der ihrem Ruf schaden könnte. Außerdem wird sie es nicht erfahren, du bist eine großartige Schauspielerin."
Sandra wusste nicht, ob es spöttisch oder bewundernd klingen sollte. Es war eine von seinen vielen Eigenschaften, die sie an ihm hasste und doch nicht verachten konnte, deshalb sagte sie ein wenig spitz: „Wir können uns die Hände reichen, mein Lieber, auch du bist ein hervorragender Schauspieler!"
Harry stand auf und zog sich an. „Du bist jung und schön wie eine Madonna. Du wirst immer geliebt werden, denn du bist jede Sünde wert!"

Zur gleichen Zeit raste der weiße Mercedes auf der Autobahn Frankfurt in Richtung Köln.
An der Bonner Ausfahrt bog Irmhild Goulden verw. Bergheim ab und eine halbe Stunde später quietschten die Bremsen vor der großen, alten Villa an der Bonner Allee.
Ein befriedigtes Lächeln spielte um Irmhilds Lippen. In einer zähen Verhandlung hatte sie die „Amis", wie sie ihre Geschäftspartner bezeichnete, doch dazu gebracht, ihre Pläne alle anzuerkennen.
Seit zehn Jahren, seit ihr erster Mann, der Industrielle P. H. Bergheim, bei einem tragischen Autounfall ums Leben kam, leitete sie die Firma „Elektro Technik KG", bis sie vor einem Jahr mit den Amerikanern in Verhandlung trat. Aus der „Elektro Technik KG" wurde die „ Electronic Company".

Zu diesem Zeitpunkt lernte sie den Mitinhaber der Company, Harry Goulden, kennen. Es dauerte nicht lange, bis Harry Goulden um ihre Hand anhielt. Außer einer gewissen Zuneigung hatte sie für ihn nicht allzu viel empfunden, doch Harry hatte sie nicht enttäuscht. Seine aufgeschlossene und rücksichtsvolle Art war ihr inzwischen so vertraut geworden, dass sie es sich nicht mehr vorstellen konnte, wie es ohne ihn wäre. Sie wusste inzwischen: Aus der anfänglichen Zuneigung war mehr geworden, viel mehr, als sie je gedacht hatte.
Harry hatte sie kommen hören und empfing sie in der Halle.
„Hallo, Darling! Schön, dass du schon da bist! Deinem Gesicht nach zu urteilen hast du Erfolg gehabt?!" Er küsste sie auf die Stirn und begleitete sie in den Salon.
Irmhild lächelte: „Natürlich hatte ich Erfolg. Obwohl man es mir nicht leicht gemacht hat. Es sind schon zähe Burschen, deine Landsleute!"
Harry hatte inzwischen die Whiskyflasche bereitgestellt und schenkte zwei Gläser ein. „Auf deinen Erfolg, Darling! Ist denn alles anerkannt worden?"
„Alles!", entgegnete Irmhild stolz. „Die Firma wird nach meinen Plänen umgebaut und vergrößert sowie modernisiert. In drei Wochen wird bereits angefangen, damit die Außenarbeiten bis zum Winter fertig sind."
„Na, dann prost!" Harry hob sein Glas. „Du bist eine tüchtige Lady!"
Irmhild sah ihn einen Moment nachdenklich an. „Ich weiß oft selber nicht, warum ich das alles tue, aber es ist mir alles so in Fleisch und Blut übergegangen, dass ich einfach nicht anders kann. Ich bin froh, dass du so viel Verständnis dafür aufbringst!"
Harry nahm ihre Hand. „Es ist schon richtig, was du tust, Darling, es gibt nicht viele Frauen deiner Art!"
„Danke!" Irmhild hörte gerne ein Kompliment aus seinem Munde. Als Harry sich erhob, konnte sie ein leises Gefühl der Enttäuschung kaum verbergen.
„Du wirst müde sein, Darling! Wir werden morgen noch über alles Weitere sprechen!" Galant küsste er ihr die Hand. „Ruh dich gut aus, ja? Ich warte mit dem Frühstück auf dich!"

Irmhild sieht ihm nach, wie er mit elastischen Schritten den Salon verließ. „Wie rücksichtsvoll er doch ist", dachte sie.

Mit einem kleinen Seufzer erhob sie sich und ging hinüber ins Ankleidezimmer. Ehe sie ins Bad stieg, fiel ihr Blick plötzlich auf den großen Spiegel und mit selbstkritischem Blick tastete sie ihre Figur ab. „Es stimmt noch alles", dachte sie. Eine Frau von achtundvierzig Jahren, schlank und gepflegt, und ein unbändiges Verlangen, Harry so gegenüberzutreten, überkam sie. Sie ergriff den Bademantel, warf ihn über, lief durch den Salon und stieß die Verbindungstür auf, die in seine Zimmer führte.
Harry hatte sich zum Einschlafen auf die Seite gelegt. Als die Tür aufging, drehte er sich um, Irmhild stand an seinem Bett und ließ den Bademantel von den Schultern fallen. Harry sah die Schönheit des reifen Frauenkörpers, sah den sehnsuchtsvollen Blick und fühlte die heißen Lippen, die vor Verlangen bebten. Harry schenkte ihr das Glück und die Zärtlichkeit, wonach sie sich sehnte. Die große Leidenschaft schlummerte tief in seiner Seele. Er dachte nicht daran, sich bei dieser Frau gehen zu lassen, die er verehrte.

*

Am Ende der Bonner Allee zweigte die Siegburger Straße ab. Hier wohnte Dr. Bernd Sonthofen, der im Ruf eines Modearztes stand, und Dr. Sonthofen wusste, was er diesem Ruf schuldig war.
Der lang gestreckte Bungalow schimmerte wie weißer Marmor in der Nacht. Gepflegte, parkähnliche Anlagen umgaben das Haus und wer den Bungalow betrat, fand sich in luxuriös, teils verschwenderisch ausgestatteten Räumen wieder: Die Einrichtungen bestanden aus antiken, zum Teil auch modernen, aufeinander abgestimmten Möbeln.
In dieser Nacht gab sich hier wieder einmal die Gesellschaft aus höheren und Künstlerkreisen ein Stelldichein.
Dr. Sonthofen hatte zum Frühlingsfest eingeladen, welches schon seit vielen Jahren jeweils am ersten Samstag des Monats Mai statt-

fand, und es war ein schöner Tag, der die Menschen fröhlich sein ließ und gute Laune machte.

Unter den vielen schönen und zurechtgemachten Frauen befand sich eine, die alle in den Schatten stellte: Sandra Bergheim. Sie trug ein weißes, schulterfreies Kleid aus Georgette, der weite Glockenrock endete eine Handbreit über den Knien, wie es die Mode gerade vorschrieb, und ließ ihre schlanken, wohlgeformten Beine voll zur Geltung kommen. Ihr langes, schwarzes Haar hatte sie hochgekämmt und zu einem Lockentuff zusammengesteckt. Als einzigen Schmuck trug sie eine rote Rose im Haar und Diamantenclips an den Ohren.

Niemand von den Anwesenden wird diesen Abend wohl so sehr herbeigesehnt haben wie Jonas Sonthofen, der einzige Sohn des Arztes. Jonas hatte gerade sein Studium in Gesang und Musik abgeschlossen. Er sang einen herrlichen Tenor und die Welt der Oper würde ihm offenstehen. Nur wenige Frauen hatten in seinem Leben eine Rolle gespielt. Zu diesen wenigen gehörte Heidelinde vom Stein, die er als Studentin auf der Musikhochschule kennen gelernt hatte. Es war jedoch nur eine herzliche, aber eng vertraute Freundschaft (so glaubte er) zwischen ihnen entstanden. Er mochte ihre aufgeschlossene und natürliche Art und bewunderte sie, wenn sie am Klavier ihr Können zeigte. Ihr apartes, schmales Gesicht wurde von blonden Locken umrahmt, die ihr auf die Schulter fielen. Ihre großen, hellblauen Augen schauten oft sinnend. Ihr leicht herzförmiger Mund öffnete sich ein wenig, wenn sie lächelte, und ihre zierliche Figur verlieh ihr etwas Mädchenhaftes. Ihrer Karriere schien nichts im Wege zu stehen. Zurzeit befand sie sich auf einer Tournee durch Süddeutschland und Berlin.

Doch seit einem halben Jahr, seit Jonas Sandra zum ersten Mal im Tennisclub begegnet war, verblasste Heides Bild immer mehr in ihm und er konnte Sandra nicht mehr aus seinem Gedächtnis verbannen. Er hatte sich auf Anhieb in sie verliebt und glaubte, es sei die Liebe seines Lebens. Ihre Schönheit faszinierte ihn und er wusste, dass er sie besitzen wollte.

„Heute Abend muss ich es wissen", dachte er. In dieser Nacht muss es sich entscheiden, ob ich hoffen darf."

Er sah Sandra an der Bar stehen, wie sie gerade lachend ein Sektglas emporhob. Schnell trat er hinzu, erwischte noch ein volles Glas Sekt und stieß so heftig an Sandras Glas, dass es statt eines hellen Klanges einen Misston gab. Die Gläser hatten einen Sprung erhalten.

Eine Sekunde sah Sandra ihn betroffen an, aber dann lachte sie wieder: „Schade, dass sie nicht kaputtgegangen sind. Scherben bringen Glück!"

Gebannt starrte Jonas in ihr Gesicht. Offenbar hatte Sandra schon einen kleinen Sektrausch. Ihre Wangen waren leicht gerötet, ihre vollen, dunkelroten Lippen glänzten ein wenig feucht und ihre schönen, ebenmäßigen weißen Zähne schimmerten wie eine Reihe weißer Perlen. Endlich hatte Jonas sich wieder gefasst: „Darf ich mich mit einem Tanz revanchieren, Sandra?"

„Gerne." Sandra legte den Arm um Jonas' Schultern und ließ sich von ihm führen.

Jonas atmete den Duft ihrer Haare und berauscht von der Nähe ihres Körpers musste er mit sich kämpfen, um sie nicht vor allen Anwesenden an sich zu reißen und sie zu küssen, ihren Mund, ihren schlanken Hals, ihre kleinen Hände.

Sandra spürte die Erregung des Mannes und der Gedanke, ihn noch mehr zu reizen, bereitete ihr plötzlich eine diebische Freude. Sie legte den Kopf an seine Schulter und schmiegte sich fester an ihn.

„Sandra. Sandra." Heiß flüsterte Jonas ihren Namen in ihr Ohr. Sandra löste sich wieder von ihm; ihr Blick schien ihm alles zu sagen und ihre Lippen formten nur ein Wort: „Komm."

Der breite Kiesweg hinter dem Haus war mit Rosensträuchern bepflanzt. Die ersten schon blühenden Rosen verströmten einen verwirrenden Duft. Sandras Sinne sprachen darauf an und sie spürte wider ihren Willen das Verlangen, sich dem Mann an ihrer Seite hinzugeben.

Jonas blieb unvermittelt stehen und schaute zum Sternenhimmel hinauf. „Sandra, weißt du, dass du diesen Sternen gleichst? Ich liebe

die Sterne. Oft träume ich, ich wäre mitten unter ihnen und würde strahlen wie sie, so leuchtend hell, so schön und unnahbar. Ich träume oft solche Dinge, spreche aber nie darüber."
Sandra ertappte sich, wie sie auf den Klang seiner Stimme lauschte, wie seine Worte in sie drangen, und plötzlich verspürte sie keine Lust mehr, ihr Spiel weiterzutreiben.
Er hat mich ja nicht einmal geküsst, dachte sie.
Im gleichen Moment nahm Jonas ihr Gesicht in seine Hände. „Von nun an wirst du in meinen Träumen sein, denn du bist der schönste aller Sterne."
Dann küsste er ihren blühenden Mund voller Zärtlichkeit. Vor Sandra tat sich eine andere Welt auf und verwundert fragte sie sich: Gibt es vielleicht doch noch etwas anderes als Lust und Leidenschaft? Plötzlich tauchte im Geiste Harrys Gesicht vor ihr auf, was sie aber schnell mit einer Handbewegung fortwischte. Nicht jetzt, nicht jetzt, sagte sie zu sich; das Trugbild verschwand wieder von ihren Augen.
Als Jonas sie freigab, dachte sie: Jetzt muss es geschehen, er ist doch ein Mann! Nein! Es geschieht nicht!
Eine Weile sah sie ihn schweigend, ein wenig erstaunt an.
Ein Mann wie ein Bild, groß, schlank, mit breiten Schultern, das volle, schwarze Haar und schöne, braune Augen, die sie im Moment verliebt und zärtlich ansahen, beeindruckte Sandra schon sehr.
Nun lächelte Jonas sie an und in seiner Stimme lag ein großer Ernst, als er sie fragte: „Wenn ich dir sagte, dass ich dich liebe, würdest du es mir glauben?"
Sandra nickte, sie wusste nicht, warum sie es sagte, aber sie antwortete ihm: „Ja, ich würde es dir glauben!" Ob es so etwas wirklich gibt? Hat das mit der viel gepriesenen Liebe etwas zu tun? Sandra war sich über das, was sie im Augenblick empfand, nicht ganz im Klaren.
„Ich liebe dich", sagte Jonas nun ganz schlicht und einfach.
Seine Worte berührten Sandras Herz und zum ersten Mal fühlte sie, dass es noch ein anderes Glück gab, als sie es bisher kannte. Sollte

das wirklich Liebe und Glück sein? Oder? Schon kamen wieder erste Zweifel auf. Erst einmal ruhig bleiben und abwarten, dachte sie. Plötzlich hörten sie Stimmen und Schritte den Weg hinunterkommen. Man suchte sie bereits und schon standen alle vor ihnen. Dirk Petermann und seine Anhänger!
„Hallo, ihr zwei! Hallo, Jonas! Wir warten auf deine Arie, auf die Krönung der Nacht!"
Dirk, ein ehemaliger Schulkamerad von Jonas, war natürlich wieder Wortführer. Man nahm beide in die Mitte und lautes Gerede und Lachen zerstörte die Romantik der wunderbaren Frühlingsnacht.

„Ich singe nur für dich", flüsterte Jonas Sandra ins Ohr. Er ließ eine CD mit Orchesterbegleitung laufen und sang dazu aus der Operette „Land des Lächelns" von Franz Lehár „Oh Mädchen, mein Mädchen, wie lieb ich dich, wie leuchtet dein Auge, dein Angesicht …"
Sandra lauschte auf die herrliche Stimme. Plötzlich überkam sie ein seltsames Gefühl von Wehmut und sie dachte immer nur: Ich träume, das muss ein Traum sein!
Als Jonas geendet hatte, trat Dr. Sonthofen stolz an die Seite seines Sohnes: „Ich hoffe, dass ich meine Gäste auch diesmal nicht enttäuscht habe!"
Man applaudierte mit Beifallsrufen und wollte eine Zugabe von Jonas, doch Jonas winkte ab. Mit einem Trick konnte er sich nach draußen retten und sah gerade noch die Schlusslichter des kleinen, roten Sportwagens, mit dem Sandra davonflüchtete.

*

Pünktlich um 17.53 Uhr lief der Eilzug aus Berlin im Kölner Hauptbahnhof ein. Heidelinde stand am Fenster des Zuges und ihre Blicke tasteten suchend den Bahnsteig ab: Ob Jonas schon da war? Ob er sein Versprechen hielt und sie abholte? Er hatte es ihr am Telefon fest zugesagt. Sie hatte ihre Gastspiele beendet und obwohl sie über ihren Erfolg glücklich war, freute sie sich, dass sie nun endlich ausspannen konnte. Ein paar Wochen Ruhe würden ihr guttun, denn sie hatte zwischendurch ein paar heftige Migräneanfälle, sogar mit leichten Schwindelanfällen verbunden, gehabt.

Jetzt hatten ihre Augen die große, schlanke Gestalt erfasst. Jonas erschien jünger, als er war, und wer ihn nicht kannte, hätte keinen ernsthaften, vielversprechenden Künstler in ihm vermutet.

Als Heide den Zug verließ, hatte er sie sofort erblickt und eilte auf sie zu. „Hallo, Heidekind! Herzlich willkommen!" (Nur er durfte sie so nennen.)

Seine frische Art munterte sie sofort auf. Sie lächelte ihn an. „Vielen Dank, dass du gekommen bist, Jon." (Und nur sie durfte ihn Jon nennen.)

„Aber Kindchen", sagte Jonas vorwurfsvoll. „Wenn ich etwas zusage, dann halte ich es auch. Ich dachte, so gut würdest du mich doch kennen!" Seine Stimme klang ein wenig beleidigt.

„Entschuldige, Jon, es war ja nicht so gemeint!" Heide hakte sich bei ihm ein und Jonas nahm ihre Reisetasche.

„Ich glaube, eine Tasse Kaffee würde dir guttun. Du siehst ein wenig blass aus." Jonas sah sie etwas besorgt an.

Heide nickte: „Eine kleine Pause ist schon angebracht!" Es machte sie glücklich, dass Jonas sich um sie sorgte. Jonas war ihr einziger, wahrer Freund, zuverlässig und immer für sie da. Doch wie lange schon sehnte sie sich nach mehr als nur nach dieser Freundschaft. Nie war zwischen ihnen von Liebe die Rede gewesen. Wie lange jedoch wartete sie schon darauf, dass Jonas ihr sagte: „Heide, ich liebe dich", und sie küssen und in ihr eine richtige Frau sehen würde.

Bei jedem Wiedersehen hatte sie sehnsuchtsvoll darauf gewartet. Auch diesmal hoffte sie, dass es endlich, endlich geschehen würde. Im Bahnhofsrestaurant tranken sie eine Tasse Kaffee, ehe sie in Jonas' Porsche stiegen und in Richtung Bonn fuhren.

Dieser 15. Mai war wieder ein wunderschöner Tag gewesen und die Sonne meinte es auch am Abend noch gut. Heide trug ein buntes Kleid, der schlichte Ausschnitt passte zu ihrem Typ. Sie schaute mit ihren großen, blauen Augen sinnend vor sich hin und die blonden, etwas widerspenstigen Locken hatte sie mit einem Band im Nacken zusammengebunden. Sie war keine außergewöhnliche Schönheit, aber eine ganz besonders hübsche, junge Frau, doch das Schönste an ihr waren ihre Hände, lange, feingliedrige Finger verrieten gleich die Künstlerhand, die so wunderbar leicht über die Tasten des Flügels gleiten konnten.

In diesem Moment jedoch glitten Heides Finger ein wenig nervös über die Falten ihres Kleides. Ihre Gedanken irrten durcheinander, denn sie wusste: Wenn Jonas sie gleich heimfuhr, käme eine neue Möglichkeit, mit ihm alleine zu sein, so schnell nicht wieder. Sollte sie wieder von Neuem warten? Immer wieder von Neuem warten? Nein! Und mit einem plötzlichen Entschluss legte sie ihre Hand auf seinen Arm: „Jonas, ich möchte dich um etwas bitten!"

Jonas warf ihr einen erstaunten Blick zu: „Aber natürlich, Heide, was hast du auf dem Herzen?"

„Ich möchte ein wenig durch die frische Luft gehen!" Heide fuhr sich mit der Hand über die Stirn. „Ich habe ziemliche Kopfschmerzen und die vielen Stunden im Zug, weißt du?"

Jonas fasste sich an den Kopf: „Dass mir das nicht selber eingefallen ist! Da siehst du wieder, wie egoistisch wir Männer sind!"

Kurz darauf bremste er und fuhr den Wagen an den bewaldeten Chausseerand. Eine Weile wanderten sie auf dem schmalen Weg, der sich nur für Fußgänger durch den Wald schlängelte. Jonas hatte seinen Arm um Heides Schultern gelegt und jeder, der ihnen begegnet wäre, hätte sie für ein Liebespaar gehalten. Sie sprachen über die vergangenen Jahre, über die fröhlichen Abende im „Studentenkeller" und den armen Musikprofessor, dem sie so gerne einen Streich gespielt hatten.

Allmählich dämmerte es und ohne es zu merken waren sie vom Weg abgekommen. Plötzlich brach Heide mitten im Gespräch ab, blieb vor Jonas stehen und Jonas sah in ihren Augen die stumme Frage. Was ihm vorher niemals in den Sinn gekommen wäre, stand plötzlich klar und deutlich vor ihm: Heide liebte ihn! Er fühlte sich ein wenig hilflos, denn er glaubte, er könne diese Liebe nicht so erwidern, wie Heide es von ihm erwartete. Sollte diese wunderbare Freundschaft daran zerbrechen? Das wollte er auf keinen Fall!

Während er noch grübelte, hörte er Heides Stimme: „Jon! Jon!" Ihre Stimme bebte. „Siehst du es endlich? Fühlst du es nicht endlich? Ich liebe dich! Ich liebe dich ja schon so furchtbar lange, Jon! Ich liebe dich, hörst du? Küss mich doch endlich!"
Erschüttert zog Jonas sie an sich: „Aber Heidekind! Kleine Heide! Was soll aus unserer Freundschaft werden? Ich will doch ehrlich zu dir sein. Ich weiß nicht, ob ich dich so liebe, wie du es ersehnst. Ich hab dich ja auch furchtbar gerne, kleine Heide, aber ..."
Er kam nicht dazu weiterzusprechen. Er fühlte die heißen Lippen der jungen Frau – ihre Hände, die sich um seinen Hals klammerten: „Du brauchst mich nicht zu lieben, Jon, ich will nur einmal dir gehören, nur ein einziges Mal, Jon! Ich möchte eine Frau sein! Ich hab doch nur auf dich gewartet. Kein anderer sollte mich vor dir besitzen! Jon! Ich werde siebenundzwanzig Jahre und bin immer noch ein Mädchen. Es ist furchtbar und ich leide schon unter Albträumen, da kommen Männer zu mir und alle, alle wollen es von mir haben. Aber es gehört dir, nur dir, Jon! Ich habe oft schreckliche Angst. Du musst mir helfen, bitte hilf mir!" Sie weinte furchtbar.
Jonas fühlte den großen Schmerz ihrer Seele und es tat ihm weh. „Weine nicht mehr, kleine Heide! Ich werde dir helfen! Aber es ist nicht ganz schmerzlos, es geht nicht anders!"
„Ich werde glücklich sein!", flüsterte sie.
Als ein leichter Schmerz durch ihren Körper drang, schrie sie leise auf, es war der Schrei einer gequälten Seele, die endlich von einer unerträglichen Sehnsucht befreit war. Sie gab sich Jonas hin und versank in einem Meer von Glückseligkeit und Jonas liebte sie wie nur ein Mann mit Herz und Seele eine Frau lieben kann, und wie aus weiter Ferne hörte er eine zarte Stimme, die immer wieder sagte: „Jon, ich liebe dich, ich liebe dich so sehr", und ohne es zu wissen, hatte dies sich tief in sein Unterbewusstsein eingegraben.
Er vergaß für diesen Moment, dass er ja nur ein Freund sein wollte ...

*

Das Telefon in Irmhilds Arbeitszimmer klingelte lange und anhaltend. Als sie sich endlich meldete, hörte sie die Stimme von Harrys Sekretärin. Sie teilte ihr mit, dass Harrys Maschine aus Los Angeles um 15.00 Uhr auf dem Köln-Bonner Flughafen landen würde und er darum gebeten habe, ihn dort abzuholen.
Irmhild blickte auf die Uhr. Nein, sie würde es nicht schaffen, um 14.30 Uhr war eine Sitzung anberaumt, die sie nicht versäumen konnte! Da fiel ihr ein, dass sie Sandra bitten könnte, ihn abzuholen. „Gut, Frau Groß, dann weiß ich Bescheid!"
Sie legte auf und ging hinüber in Sandras Zimmer, die gerade mit dem Lackieren ihrer Fingernägel beschäftigt war. Sandra blickte nur flüchtig auf, als ihre Mutter ins Zimmer trat.
„Hast du heute Nachmittag etwas vor, Sandra?"
Auf Irmhilds Frage hob Sandra nun den Kopf und schaute ihre Mutter fragend an.
„Wenn nicht, so möchte ich dich bitten, Harry um 15.00 Uhr vom Flughafen abzuholen. Ich bin um diese Zeit noch in einer Sitzung."
Sandra hob gleichgültig die Schultern hoch: „Na schön, ich kann ihn ja abholen!"
Einen Moment sah Irmhild nachdenklich auf ihre Tochter. „Irgendwie hat Sandra sich verändert", dachte sie. „Ich werde einmal mit ihr reden müssen!" Später! Im Augenblick drängte die Zeit. Sie wusste, nachdem Sandra nach ihrem Abitur zunächst erst einmal eine Mannequinschule besucht hatte, diese jedoch nach einem Jahr aufgab, weil es ihr zu „stressig" war, und ein Jahr später das Studium für Kunstgeschichte aufnahm, was sie ebenfalls nach dem zweiten Semester abbrach, dass Sandra mit ihrem Leben so nicht zufrieden war. Über ein anderes, neues Studium wollte sie sich nicht äußern. Alle Bemühungen von Irmhild, sie für die Firma zu interessieren, waren fehlgeschlagen. So ließ sie Sandra erst einmal ihrer Wege gehen. „Aber irgendwann muss ich noch mal mit ihr über alles reden!"
Sie unterbrach ihre Gedankengänge. „Gut, Sandra, fahr bitte rechtzeitig los und grüße Harry ganz herzlich von mir! Falls ich nicht bis 19.00 Uhr zurück bin, wartet nicht mit dem Abendessen auf mich, es kann dann sehr spät werden!"

„Ist in Ordnung", erwiderte Sandra gleichmütig und widmete sich wieder ihren Fingernägeln.

Um 14.00 Uhr holte Sandra ihren kleinen Zweisitzer aus der Garage und fuhr in Richtung Flughafen. Als sie in der Innenstadt bei Rot an einer Kreuzung halten musste, blickte sie zufällig auf den „Linksabbieger" neben sich. „Den kenn ich doch", dachte sie. Natürlich! Jonas Sonthofen! Mit einer hübschen Blondine an seiner Seite! Im gleichen Moment wandte Jonas den Kopf nach rechts und ihre Blicke trafen sich. Sandra verzog den Mund zu einem etwas spöttischen Lächeln, drückte den Gashebel durch, da die Ampel gerade auf Grün schaltete, und sauste über die Kreuzung. Sie konnte den enttäuschten Blick von Jonas nicht sehen, den er ihr nachsandte.
Sandra hatte Jonas seit jener Party noch zweimal im Tennisclub getroffen. Obwohl Jonas immer ihre Nähe gesucht hatte, tat sie, als würde sie es nicht merken. Sie wollte es noch zu keiner Verabredung kommen lassen. Er sollte noch etwas „zappeln".
Als Sandra den Wagen auf dem Flughafenparkplatz abgestellt hatte und auf die Eingangshalle zuging, sah sie schon von Weitem Harrys große Gestalt am Eingang stehen.
Harry erblickte sie und kam ihr entgegen: „Hallo, meine schöne Madonna persönlich! Welche Ehre für mich!" Er lächelte markant und zog ihre Hand an seine Lippen.
Sandra konnte nicht verhindern, dass sie ärgerlich wurde: „Wenn es dir nicht passt, dass ich komme, kannst du dir ja ein Taxi nehmen! Mama lässt dich grüßen, sie hat eine wichtige Besprechung."
Harry nickte: „Ja, ja, du hast eine tüchtige Mama!"
Als er sich zu ihr beugte und ihr ins Ohr flüsterte: „Der Tag heute gehört uns! Ich habe große Sehnsucht nach dir", spürte Sandra plötzlich, dass auch sie auf diesen Moment gewartet hatte. Harry übernahm das Steuer: „Zuerst einmal aus dem Gewühl hier raus."
Eine Weile fuhr er scheinbar ziellos durch die Gegend. Sandra beobachtete ihn schweigend von der Seite. Was fesselt mich nur an diesem Mann? Es waren nicht nur die Äußerlichkeiten, die ihn anziehend machten, seine starke, breitschultrige Figur, seine großen,

kraftvollen Hände, nein, das alles war es nicht! Er hatte eine Art an sich, die sie reizte. Sie liebte ihn nicht, das wusste sie, und doch wollte sie nur ihm gehören! Nur „er" sollte sie „besitzen". Sollte ich ihm etwa hörig sein? Hörig? Zum ersten Mal tauchte dieses Wort in ihren Gedanken auf.
Ein harter Ruck riss sie aus ihrem Sinnen. Harry war an den Straßenrand gefahren und lächelte sie an: „Na, schöne Madonna, was denkst du Böses über mich?" Seine grauen Augen hielten ihren Blick gefangen. Sein Mund kam näher. „Nicht nachdenken, meine Schöne."
Als seine Hand ihre Knie berührte, zuckte sie ein wenig zusammen und wie eine Ertrinkende presste sie ihre Lippen auf seinen Mund. Harry machte sich sanft von ihr los. „Ich habe vierzehn lange Nächte davon geträumt, dass du bei mir bist, Darling. Ich weiß nicht, ob ich dich liebe, aber ich begehre dich wie niemals eine andere zuvor." Er drückte auf den Anlasser.
„Wo willst du hin?", fragte Sandra ein wenig verunsichert. Harry warf ihr einen vielsagenden Blick zu: „Wir fahren in meine kleine Hütte, Darling!"
„Deine Hütte?" Sandra konnte sich nichts darunter vorstellen.
„Du wirst schon sehen", sagte er. „Es war mein streng gehütetes Geheimnis. Du wirst es jetzt mit mir teilen!"
Harry hatte das kleine, aber feine Wochenendhaus „Hütte" getauft. Es war am äußersten Rand der Stadt gelegen und hier hatte er immer Zuflucht gesucht, wenn er wirklich einmal für sich ganz alleine sein wollte.
Die Stunden in dieser „Hütte" gaben Sandra die Gewissheit: „Ich bin diesem Manne hörig!"

*

Dr. Sonthofen sah aufmerksam in Heidelindes blasses Gesicht, die heute als Patientin zu ihm gekommen war. Nur auf Jonas' Drängen hin hatte Heidelinde nachgegeben und seinen Vater konsultiert.

„Wie lange leidest du schon unter so starken Kopfschmerzen, Heide?" Dr. Sonthofen duzte sie, weil er sie schon aus der Studienzeit mit Jonas kannte.

Heide zuckte mit den Schultern: „Eigentlich schon ziemlich lange, aber es war ja nie so schlimm. In der letzten Woche hatte ich zum ersten Mal einen kurzen Ohnmachtsanfall und insbesondere morgens geht es mir schlecht, oft wird mir schwindelig und schrecklich übel."

In Dr. Sonthofen stieg ein Verdacht auf: Schwindel und Übelkeit am Morgen, das wäre nicht das Schlimmste! – Aber Ohnmachtsanfälle, das könnte … Nein! Er hoffte nicht, dass sich dieser schreckliche Verdacht bestätigen würde!

„Bitte, mach dich einmal frei, Heide, ich werde dich erst einmal gründlich untersuchen und gebe dir nachher eine Überweisung zu einem Kollegen, einem Facharzt für Neurologie, Prof. Dr. Sporn, der nach den neuesten Methoden z. B. Elektronentests und spezielle andere Untersuchungen vornimmt. Er wird uns dann bestimmt die genaue Ursache dieser dummen Kopfschmerzen sagen und wir wissen, wie wir dem Übel an den Kragen gehen können!"

Als Dr. Sonthofen mit der Untersuchung fertig war, wusste er, dass sein erster Verdacht stimmte. Heide war in Umständen, es müsste Anfang des ersten Monats sein. Er war sich jedoch nicht im Klaren, ob er es ihr schon sagen sollte oder erst das Ergebnis von Prof. Sporn abwarten sollte. Er entschied sich jedoch dafür, sie gleich aufzuklären, früher oder später würde sie es ja auch selber merken.

Heide hatte sich inzwischen wieder angekleidet und sah ihn nun fragend an.

„Bitte, Heide, setz dich doch!" Er deutete auf den Sessel neben dem Schreibtisch. „Ich möchte nicht in deine privaten Angelegenheiten dringen, aber du solltest bald heiraten! Du erwartest ein Kind!"

Eine jähe Röte schoss Heide ins Gesicht: „Nein, nein! Das, das wollte ich nicht!", stammelte sie und fassungslos liefen ihr die Tränen übers Gesicht.

Dr. Sonthofen strich ihr beruhigend übers Haar: „Aber Kind! Weine doch nicht! Liebst du den Mann nicht?"

„Doch, doch, ich liebe ihn sehr", schluchzte Heide.
„Dann ist ja alles in Ordnung, Heide. Du wirst mit ihm reden und er wird dich so schnell wie möglich heiraten. Du bist etwas ganz Besonderes und so eine Frau wie dich kann man doch nur lieben!" Dr. Sonthofen suchte nach tröstenden Worten.
Allmählich beruhigte Heide sich. Mein Gott, Jonas, dachte sie. Er darf es nie erfahren! Nein! Ich habe das wirklich nicht gewollt!
Auch Jonas' Vater, der so vertrauensvoll mit ihr sprach, durfte das nicht wissen, schließlich war er der Großvater dieses Kindes. Heides Gedanken schwirrten durcheinander: Dr. Sonthofen war an seine Schweigepflicht gebunden, also durfte er mit niemandem darüber reden und somit würde Jonas es auch nicht erfahren!
„Ich werde gleich Prof. Sporn anrufen, Heide, und einen Termin mit ihm vereinbaren", hörte Heide ihn sagen und weiter: „Du musst jetzt mehr denn je an deine Gesundheit denken, Heide."
Der Arzt griff zum Telefon, ließ sich mit Prof. Sporn verbinden und konnte schon für den nächsten Tag einen Termin vereinbaren, denn er wollte so schnell wie möglich Gewissheit haben. Er hoffte von ganzem Herzen, dass sich sein zweiter Verdacht nicht bestätigen würde.
Als Heide sich verabschiedete, zwang Dr. Sonthofen sich zu einem ermutigenden Lächeln: „Kopf hoch, mein Kind! Ich hoffe, bald deinen Bräutigam kennen zu lernen! Wenn dein Gesundheitszustand es erlaubt, dann komm doch morgen Abend zu uns! Wir geben einen kleinen Liederabend und haben ein paar Freunde eingeladen und ich persönlich würde mich freuen, wenn du auch kommen würdest; ich habe dich immer schon gerne spielen hören!"
Heide lächelte schwach: „Danke, Dr. Sonthofen, wenn es geht, komme ich natürlich."
Als Heide schon in der Tür stand, rief er ihr noch nach: „Du kannst auch gerne deinen ‚Zukünftigen' mitbringen, es wäre nett, ihn kennen zu lernen!" Doch das hörte Heide schon nicht mehr, die Tür war hinter ihr zugefallen.

Der nächste Tag brachte nichts Erfreuliches. Heide hatte sämtliche Untersuchungen bei Prof. Sporn hinter sich gebracht. Der Professor wertete noch am gleichen Tag alles aus und am frühen Abend hatte Dr. Sonthofen die Ergebnisse auf seinem Schreibtisch.
Befund bei Heidelinde vom Stein: Gehirntumor im fortgeschrittenen Stadium, inoperabel, Lebenserwartung: längstens 10-12 Monate.
Dr. Sonthofen griff sich an den Kopf: „Das arme Mädchen! Wie soll ich ihr das nur sagen? Kann ich es ihr überhaupt sagen?"
Dann las er im Befund an letzter Stelle: In New York gebe es die Privatklinik des Professors Samuel Morgenstern, eines Spezialisten auf dem Gebiet der Mikrochirurgie, welcher es schon gewagt habe, derartige Operationen auszuführen, man solle sich umgehend mit diesem in Verbindung setzen.
So eine OP auf Leben und Tod in Heides Zustand? Es schien aussichtslos und doch wollte er, nein, musste er mit ihr darüber reden! Er hoffte Heide am heutigen Abend bei sich zu sehen und sie darum zu bitten, ihn umgehend in der Praxis aufzusuchen.

Zu diesem Liederabend hatten Dr. Sonthofen und seine Frau Julia auch Peter Heuser, Chef der Agentur für Vermittlung von Künstlern der klassischen Musik, eingeladen. Gegen zwanzig Uhr hatte sich eine kleine Gesellschaft eingefunden. Unter anderem war auch Sandra Bergheim anwesend, was Jonas mit Herzklopfen zur Kenntnis nahm. Dr. Sonthofen schaute vergeblich nach Heide aus und vertröstete die Anwesenden: „Meine Damen und Herren! Wir freuen uns, dass Sie alle erschienen sind, jedoch warten wir noch auf Heidelinde vom Stein, die meinen Sohn Jonas am Klavier begleiten möchte. Ich hoffe, sie kommt jeden Moment!"
Im gleichen Moment erschien Heide, in einem schlichten, langen, schwarzen Abendkleid sehr elegant, doch wirkte sie auch ziemlich zerbrechlich darin.
Mit einem Lächeln bat sie um Entschuldigung für die Verspätung und wandte sich an Jonas: „Wenn du möchtest, können wir gleich beginnen!"

Jonas nahm ihre Hand und lächelte sie an: „Gerne, Heide, dann wollen wir."

Die Gäste hatten Platz genommen. In vorderster Reihe saß Sandra und schaute mit großen, etwas nachdenklich blickenden Augen auf Jonas. Er sah sie an und nickte ihr mit einem Lächeln zu, was sie ein wenig berührte.

Jonas sang einige Balladen und Heide musste sich während des Spielens sehr konzentrieren, sie hatte Angst vor einem neuen Schwächeanfall.

Jonas sah, dass mit Heide etwas nicht stimmte, und beendete den Vortrag seiner Lieder etwas eher als vorgesehen.

Nach dem Beifall der Gäste ging er zu Heide: „Was ist denn, kleine Heide? Sag mir, wenn es dir nicht gut geht! Ich bin doch für dich da!"

Heide lächelte etwas gequält: „Es ist nichts! Eine kleine Unpässlichkeit! Sei mir nicht böse, wenn ich gleich gehe!"

Jonas schüttelte den Kopf: „Aber nein, Heide, wie könnte ich dir böse sein!"

In diesem Augenblick trat sein Vater, Dr. Sonthofen, hinzu. Er wandte sich an Heide: „Danke, dass du gekommen bist, ich möchte dich morgen früh gerne in meiner Praxis sehen. Versprich mir bitte, dass du kommen wirst!?" Er schaute Heide fragend und gleichzeitig bittend an. Heide zögerte, nickte dann aber.

Jonas verabschiedete sich von Heide und Besorgnis klang in seiner Frage: „Du wirst mir doch nicht wirklich krank werden? Mach mir keinen Kummer!" Dabei hob er den Zeigefinger: „Du weißt, dass du uns allen am Herzen liegst, und sprich mit meinem Vater, der dir auf jeden Fall helfen wird! Oder?" Dabei sah Jonas seinen Vater an und Dr. Sonthofen nickte. „Selbstverständlich, Jonas, was für eine Frage!"

Nun blieb Heide nichts anderes übrig, als Dr. Sonthofen zu versprechen, ihn am anderen Morgen in seiner Praxis aufzusuchen.

Sie bat darum, ihr ein Taxi zu rufen, um nach Hause zu fahren. Jonas bot ihr an, sie heimzufahren, aber Heide bestand darauf, mit dem Taxi zu fahren, Jonas sollte bei seiner Gesellschaft bleiben.

Somit verabschiedete Jonas sich von ihr mit einem freundschaftlichen Kuss auf beide Wangen, nahm sie kurz in den Arm mit den Worten: „Bis bald, kleine Heide, werde schnell ganz gesund, wir werden uns ja auch bald wiedersehen!"
Heide nickte und sah ihm mit leichtem Wehmutsschmerz nach, wie er sich wieder seinen Gästen widmete.
In der Zwischenzeit war das Taxi vorgefahren und Dr. Sonthofen brachte sie zum Wagen: „Morgen, Heidelinde, um 9.00 Uhr bei mir?"
Heide nickte: „Versprochen, Dr. Sonthofen. Bis morgen", stieg ins Taxi, welches auch gleich davonfuhr.

Jonas' Blicke suchten ein ganz bestimmtes Gesicht. Da sah er direkt in Sandras Augen, die ihn fragend und ein wenig herausfordernd anschauten. Er trat auf sie zu, küsste ihre Hand, wie es sich für einen Verehrer und Kavalier gehörte. Leise sagte er: „Sandra, ich habe dieses Wiedersehen ja so herbeigesehnt, seit jener Nacht" (er meinte die Party am 1. Mai-Samstag) „gehst du mir nicht mehr aus dem Sinn!"
Sandra lächelte ihn an: „Wollen wir nicht ein wenig an die frische Luft gehen, wo wir ungestörter sind?"
„Natürlich, du hast Recht!"
Er reichte ihr seinen Arm und sie gingen über die Terrasse in den Garten. Kurz darauf blieb Jonas unvermittelt stehen, nahm Sandras Kopf in seine Hände: „Sandra, mein Liebling, ich träume immer und immer wieder von dir. Dass du endlich bei mir bist und nicht mehr fortgehst. Sandra, ich muss dich jetzt etwas fragen, ich muss es einfach, Liebling: Willst du meine Frau werden? Ich liebe dich!"
Das stürmte so auf Sandra ein, dass ihr für einen Moment die Sprache wegblieb. Ihre Gedanken überschlugen sich. Würde das für sie vielleicht die Lösung sein, endlich von Harry freizukommen? Jonas war ein gut aussehender Mann und er würde einmal berühmt sein! Vielleicht würde sie an seiner Seite ein aufregendes Leben haben! Was sprach eigentlich dagegen, ihn zu heiraten? Sie mochte ihn ja auch, irgendwie hatte sie ihn sogar recht gerne, nur – ob sie ihn

liebte – darüber hatte sie überhaupt noch nicht nachgedacht. Sandra konnte ihre Gedanken kaum ordnen, sie wusste aber, es würde Zeit, ihr Elternhaus zu verlassen, denn sie konnte ihrer Mutter kaum noch in die Augen sehen. Diese Gelegenheit kam eigentlich zum richtigen Zeitpunkt, denn früher oder später wäre das mit Harry aufgeflogen. Also: warum nicht die Gelegenheit beim Schopfe fassen?
Jonas sah, wie Sandra vor sich hinstarrte, und glaubte schon eine Abfuhr zu erhalten, als sie ihn ansah und ein leises „Ja" hauchte.
Jonas atmete tief durch, riss sie in seine Arme und küsste sie zum ersten Mal voller Leidenschaft. „Sandra! Meine Liebste! Lass uns reingehen und wenn du willst, können wir noch heute Abend die Verlobung bekannt geben und morgen werden wir die Ringe kaufen und den Hochzeitstermin festsetzen!"
Er zog sie mit sanfter Gewalt ins Haus. Sandra ging das eigentlich alles etwas zu schnell, doch dann gab sie nach und so fand endlich mal wieder ein gesellschaftliches Ereignis statt. Die Schlagzeilen würden lauten: „Der schon bekannte Tenor Jonas Sonthofen und die Erbin der ‚Electronic Company', Sandra Bergheim, haben sich verlobt und die Hochzeit soll in Kürze sein!"
Peter Heuser gratulierte Jonas und Sandra und an Jonas gewandt sagte er: „Wenn du morgen Zeit hast, komm doch bitte in meine Agentur, die Berliner Oper sucht einen Tenor und ich möchte dir einen Vertrag anbieten."
Erfreut sagte Jonas zu. Nun glaubte er, sein Glück wäre perfekt.
Man tanzte bis in die tiefe Nacht hinein. Nur Heidelinde bekam von alledem nichts mit. Dr. Sonthofen und seine Frau Julia verabschiedeten sich jedoch kurz nach Mitternacht, denn wenn er daran dachte, was er Heidelinde mitteilen musste, war ihm nicht nach Feiern zumute. Obwohl er der Schweigepflicht unterlag, musste er mit Julia darüber reden, denn Julia half ihm hin und wieder in der Praxis aus und hatte somit Zugang zu den Krankenakten. Er wusste, dass er sich auf sie verlassen konnte und sie ihr Wissen niemals weitergeben würde. Er wusste auch: Heidelinde lag ihr sehr am Herzen.

Am nächsten Morgen saß Heide pünktlich um 9.00 Uhr Dr. Sonthofen gegenüber. Dieser sprach mit bewusst ruhiger Stimme auf sie ein: „Liebe Heide, ich muss dir etwas Schlimmes sagen, aber vorweg auch, dass es nicht ganz hoffnungslos ist!"
Heides Augen wurden immer größer.
Dr. Sonthofen nahm ihre Hände. „Heide, du hast einen Gehirntumor, der hier in Deutschland nicht operiert werden kann, aber Professor Sporn hat mit dem berühmten Gehirnchirurgen Prof. Dr. Samuel Morgenstern, der eine Privatklinik in New York hat, bereits einen Termin für dich ausgemacht. Er ist der Einzige, der es bisher gewagt hat, solche Operationen durchzuführen. Aber leider ist die Voraussetzung für diese OP der Abbruch deiner Schwangerschaft. Du musst diese Chance wahrnehmen, sonst hast du nur noch eine Lebenserwartung von zehn bis zwölf Monaten. Bitte, Heidelinde, überlege nicht lange, in drei Tagen musst du in New York sein."
Heide fühlte, wie es ihr den Boden unter den Füßen wegzog. Ihre Gedanken kreisten nur um das ein Wort: „Abbruch". Das Kind! Niemals! Nie! Alles drehte sich um sie und Dr. Sonthofen konnte sie gerade noch auffangen und legte sie behutsam auf die Liege.
Er klingelte ins Vorzimmer, wo heute Julia, seine Frau, die Empfangs-Sekretärin vertrat.
Julia hatte Biochemie studiert und bei einem Empfang Bernd Sonthofen kennen gelernt. Die „Liebe auf den ersten Blick" hatte bis heute gehalten. Als Jonas geboren wurde, gab sie ihre Berufstätigkeit auf und half hin und wieder in der Praxis aus, wenn „Not am Mann" war. Mit Ende vierzig sah sie noch attraktiv aus, sie war eine große, schlanke Frau mit brünettem Haar, die aber weder von sich eingenommen war noch anderweitig borniert. Sie hatte ein freundliches, hilfsbereites Wesen.
Nach dem Klingelzeichen stand sie schnell auf und ging in das Sprechzimmer ihres Mannes hinüber. Sie kannte Heidelindes Krankengeschichte, durfte aber davon keinen Gebrauch machen.
Heide schlug die Augen wieder auf, schaute verwirrt um sich. Als sie sich aufrichtete, nahm Julia sie mütterlich in den Arm: „Kopf

hoch, Heide, wir sind alle für dich da und helfen dir, wo wir können! Nicht wahr, Bernd?" Dabei sah sie ihren Mann fragend an.

„Natürlich!" Und an Heide gewandt: „Bitte, Heide, nimm diesen Termin bei Professor Morgenstern wahr! Bitte, nutze diese Chance, auch wenn sie noch so klein ist und das –", er stockte einen Moment, „liebe Heide, wenn du dann später wieder genesen bist, wirst du auch wieder ein Kind bekommen können!"

Heide hörte seine beschwörenden Worte, mit leerem Blick schaute sie ihn an. Nach New York! Zu Mary!, schoss es ihr durch den Kopf. Ihre liebste Freundin und Vertraute.

Mary und sie waren wie zwei Schwestern. Sie hatten sich durch einen Schüleraustausch kennen gelernt und der Kontakt war nie abgebrochen. Sie telefonierten mindestens einmal pro Woche, besuchten sich gegenseitig während der Urlaubszeiten und wenn Heide es mit ihren Konzertreisen vereinbaren konnte, besuchte sie Mary auch zwischendurch. Es gab keine Geheimnisse zwischen ihnen. Mary, groß und schlank, fast einen Kopf größer als Heide, mit einem schwarzen Pagenkopf, stand im Kontrast zu Heides zierlicher Figur und ihren blonden Locken. Mary hätte Heide gerne bei sich gehabt, doch Heides Wurzeln waren in Bonn, insbesondere seit dem tragischen Unglück ihrer Eltern.

Heides Vater war Direktor einer großen Tierschutzorganisation und ständig unterwegs in fernen Ländern. Ab und zu hatte ihn auch mal ihre Mutter begleitet, so auch bei diesem Unglück, als seine Cesna über dem Urwald von Uganda abstürzte. Suchtrupps fanden beide nach zwei Tagen einige Kilometer entfernt von einem Eingeborenendorf. Nach Überführung der beiden Leichen wurden sie auf dem Bonner Friedhof beigesetzt.

Der Bruder ihres Vater, ihr Onkel Ferdinand, und seine Frau Karin nahmen sich ihrer an. Da Heide seinerzeit erst siebzehn war, wurde ihr Onkel bis zu ihrer Volljährigkeit ihr Vormund. Die beiden hatten keine Kinder und kümmerten sich rührend um Heide, die trotz allem Kummer und Schmerz ihr Abitur machte und ihr Musikstudium auf der Musikhochschule in Düsseldorf begann. Sie wollte ihren

Traum verwirklichen und Pianistin werden, denn ihre Begabung dafür war geradezu sprichwörtlich.
Im Testament ihres Vaters war sie als Alleinerbin eines großen Vermögens eingesetzt.
Als sie volljährig wurde, setzte sie ihren Onkel als Vermögensverwalter ein, da sie vollstes Vertrauen zu ihm hatte.
Ferdinand vom Stein und seine Frau Karin verkauften ihr Haus und zogen in die Villa, um so für Heide da zu sein und alles rund herum in Ordnung zu halten. Ihr Onkel war Studienrat und unterrichtete in Naturwissenschaften und seine Frau war Lehrerin an einer Realschule.
Inzwischen war ihr Onkel Pensionär und Karin hatte sich vorzeitig pensionieren lassen. Beide waren immer um das Wohl Heides besorgt.

Noch konnte Heide keinen klaren Gedanken fassen, als Dr. Sonthofen sagte: „Heide, wenn du möchtest, werde ich mit Jonas reden, der wird es einrichten und dir zur Seite stehen, aber du müsstest mich von der Schweigepflicht entbinden."
„Nein!", kam es spontan von Heide zurück. „Nein, auf keinen Fall. Ich muss da alleine durch! Ich teile Ihnen morgen meinen Entschluss mit, Dr. Sonthofen!"
Julia sah ihren Mann an und schüttelte fast unmerklich den Kopf, was heißen sollte: Lassen wir sie jetzt in Ruhe!
„Gut, Heide, lass es mich morgen bitte wissen, ja? Soll Julia dich jetzt nach Hause fahren?"
Heide stand etwas unschlüssig da, doch sie schien gefasst: „Vielen Dank, das ist lieb gemeint, aber ich denke, ich bin in der Lage, selber nach Hause zu fahren. Ich werde mich dann melden", sagte sie noch, ehe die Tür des Sprechzimmers hinter ihr zufiel.
Dr. Sonthofen und seine Frau Julia ahnten ja nicht, dass auch das Leben ihres Enkelkindes auf dem Spiel stand.

Heide fuhr nach Hause und schon am Mittag rief sie Mary in New York an, schilderte ihr in kurzen Sätzen die schlimme Nachricht.

Mary hatte neben ihrem Architekturstudium auch die deutsche Sprache studiert und da Heide auch perfekt Englisch sprach, konnten also keine Verständigungsschwierigkeiten auftreten. Marys Vater, George Goodman, hatte ein großes Architekturbüro in Manhattan und Mary war für ihn freiberuflich tätig, so dass sie auch über ihre Zeit verfügen konnte.

„Komm bitte sofort hierher", erwiderte sie auf Heides Anruf, „sag mir nur noch Bescheid, ob du morgen einen Flug bekommst, ich hole dich ab!"

„Ja, natürlich, Mary, ich bemühe mich und sage dir Bescheid!"

Anschließend rief Heide ihr Reisebüro an. Man kannte sie dort schon wegen ihrer vielen Buchungen für ihre Konzerte. Die Leiterin des Reisebüros versprach ihr, alles daranzusetzen, einen Flug für sie zu organisieren. Gut eine Stunde später schon rief Frau Bergmann vom Reisebüro bei Heide an: „Frau vom Stein, ich konnte es möglich machen, dass Sie morgen früh 10.00 Uhr, Flughafen Köln/Bonn, einen Platz in der Maschine der American Airlines – Direktflug nach New York bekommen. Ich bereite die erforderlichen Papiere vor. Gegen Abend werden die Unterlagen für Sie bereitliegen. Können Sie die Papiere bei mir abholen?"

„Ja, die Papiere werden abgeholt. Vielen Dank, Frau Bergmann!"

Umgehend rief Heide Mary zurück, um sie zu informieren.

„Ich werde um 19.00 Uhr am Airport sein, und nimm nur die nötigsten Sachen mit, wir können hier noch alles kaufen, was du noch benötigst", sagte Mary.

„Natürlich, Mary." Heides Stimme klang ein wenig aufgeregt. „Ich muss noch meinem Onkel Ferdinand beibringen, dass ich für längere Zeit von hier fort sein werde. Und Karin muss alle meine Termine stornieren, du weißt ja, sie hat meine Auftritte gemanagt. Sie wird sich sehr wundern!"

„Du darfst dich nicht aufregen", hörte sie Mary sagen, „vielleicht sagst du, dass du hier einen Spezialisten für eine Therapie aufsuchst, und so etwas braucht seine Zeit!"

„Dank, Mary, für den Tipp, und ich freue mich, dass ich morgen bei dir sein kann!"
„Ich freue mich auch, Heide, und gib auf dich acht!"

Nach diesem Telefonat suchte Heide ihren Onkel Ferdinand auf und bat auch Karin hinzu. Die beiden schauten Heide ungläubig an, als diese erklärte, sie wolle ab sofort eine „Auszeit" nehmen und auf Anraten von Dr. Sonthofen einen Spezialisten in New York aufsuchen und dort eine Langzeittherapie vornehmen. Sie hatte ja den beiden schon von ihren Schwächeanfällen erzählt, was jetzt wirklich war, nein, damit wollte sie Ferdinand und Karin nicht belasten. Ihr Onkel legte besorgt seine Stirn in Falten: „Du wirst uns doch sagen, wenn etwas Besonderes ist – und du wirst uns doch auch die Ergebnisse von dem Arzt in New York mitteilen, oder? Wir machen uns große Sorgen um dich, Heide, nicht wahr, Karin? Es ist nur gut, dass Mary dort für dich da ist, deshalb sind wir etwas beruhigter, sonst wäre ich oder Karin mit nach New York gekommen!"
Karin nickte zustimmend. „Auf jeden Fall", sagte sie.
Oh Gott, das hätte noch gefehlt, dachte Heide insgeheim und versuchte schnell abzulenken, indem sie zu Karin sagte: „Meine Papiere im Reisebüro, die muss ich nachher noch holen!"
„Kommt gar nicht infrage, die hole ich für dich ab!" Karin nahm Heide an die Hand: „Und nun, mein Kind, ruh dich erst einmal etwas aus, ich helfe dir auch später, deine Sachen zu packen!" Sie geleitete Heide in ihr Zimmer, wo diese sich auch gleich etwas erschöpft aufs Bett fallen ließ. Karin deckte sie noch fürsorglich zu und verließ leise das Zimmer. Heide schloss die Augen und dämmerte vor sich hin.
Ihre Gedanken kreisten nur um eins: Das Kind! Das Kind ihrer Liebe! Sie sollte es hergeben. Nein!, schrie es in ihr, Jonas, mein Liebster, unser Baby, niemals gebe ich es her! Lieber will ich sterben. Bei dem letzten Gedanken fiel sie in einen fast ohnmächtigen Schlaf. Leise kam die treue, schon etwas betagte Hündin Luzia an ihr Bett und mit einem leisen Winseln legte sie ihren Kopf auf Heides Arm,

als wolle sie für immer Abschied nehmen. Sollte das treue Tier etwa die Ahnung einer unabwendbaren, drohenden Katastrophe haben?

Der damals noch kleine Schäferhundmischling war von Heides Vater, der vor seinem Unglücksflug in Kenia war, von dort halb verhungert mitgebracht worden und das hatte ihn vor dem sicheren Tod gerettet. Heides Mutter und sie selber, so, wie sie Zeit hatte, „päppelten" den Hund auf. Sie nannten ihn Luzia, da es eine Hündin war. Das Tier war unendlich dankbar und wurde bald der Liebling aller. Als Heides Eltern dann eines Tages nicht wiederkamen, fing Luzia an zu trauern. Tagelang fraß sie nichts, ja, wollte nicht einmal trinken. Heide verbrachte jede freie Minute mit ihr und gab ihr das Gefühl, genauso geliebt zu werden wie zuvor.
Auch ihr Onkel Ferdinand und Karin bemühten sich sehr um Luzia – endlich kam jedoch der Tag, da fasste sie wohl wieder neuen Lebensmut, die Bindung an Heide wurde jedoch stärker als zuvor. Heide spürte das und es tat ihr auch in der Seele weh, das treue Tier immer wieder alleine zu lassen, wenn sie auf Reisen ging, aber sie wusste Luzia in guter Obhut.

Luzia beobachtete jede Bewegung von Heide, als diese anfing, ihre Sachen in die Reisetasche zu packen. Karin kam herein und half ihr.
„Ich nehme nicht viel mit", sagte Heide, „Mary und ich wollen in New York noch einkaufen."
„Gut, Heide", erwiderte Karin, „ich fahre dich dann morgen früh zum Flughafen."
Plötzlich durchfuhr es Heide: Der Friedhof! Sie musste vorher noch das Grab ihrer Eltern aufsuchen und meinte zu Karin: „Können wir etwas eher los? Ich muss noch das Grab von Mama und Papa aufsuchen!"
„Selbstverständlich, Heide, ich besorge noch einen schönen Blumenstrauß", entgegnete Karin.

Heide hatte eine unruhige Nacht, mit einem Albtraum verbunden; sie erlebte, wie man ihr das ungeborene Kind wegnehmen wollte.

Mit einem Schrei wachte sie auf und tastete nach dem Licht, da fühlte sie das weiche Fell von Luzia, die nicht von ihrer Seite gewichen war, und kam so schnell wieder in die Wirklichkeit zurück. – Es war sechs Uhr in der Frühe und nach einer Weile stand sie auf, um sich in Ruhe fertig zu machen. Gegen sieben Uhr schaute Karin zu ihr herein.
„Ich bin gleich fertig, Karin", sagte Heide.
„Gut, Heide, bis gleich", und Karin verschwand wieder.
Kurz nach acht Uhr holte ihr Onkel Ferdinand das Gepäck und brachte es zum Auto. Als Karin dann kam, nahm er Heide fest in den Arm. „Alles Gute, mein Mädchen, und halte uns auf dem Laufenden! Ja? Versprichst du das?"
Heide nickte. „Sicher, Onkel Ferdi, mach dir keine Sorgen."
„Gut, Heide, ich verlass mich darauf", erwiderte ihr Onkel.
Luzia hatte sie auf Schritt und Tritt begleitet. Heide strich ihr über den Kopf und Luzia schaute sie mit traurigen Hundeaugen an. „Bis bald, meine treue Luzia, bis bald", flüsterte sie ihr ins Ohr. Dann stieg sie schnell ins Auto, denn Karin saß schon am Steuer. Noch einmal winkte sie ihrem Onkel zu, der mit Luzia am Gartentor stand, die Hand hob und ihr zum Abschied nachwinkte.
Sie fuhren Richtung Stadtende zum Friedhof und standen bald vor der Familiengruft, wo Heides Eltern beigesetzt wurden.
„Paul-Rainer vom Stein" und „Gabriele vom Stein" war in schlichten Buchstaben auf den Grabstein gemeißelt.
Nach einem kurzen Gebet stellte Heide den schönen Blumenstrauß aufs Grab, leise, kaum hörbar flüsterte sie: „Vielleicht sehen wir uns schon bald wieder!"
Karin hatte das nicht verstanden, sie umfasste Heides Schultern und sie verließen den Friedhof, um zum Flughafen zu fahren.

In der Halle des Flughafens angekommen, kümmerte Karin sich um die Gepäckaufgabe. Heide schaute sich irgendwie suchend um, ihr Blick ging zu einem Kiosk, zu einem Zeitungsständer mit den vielen bunten Illustrierten hin. Plötzlich zuckte sie zusammen. Ein Bild sprang ihr ins Auge – zwei lachende Gesichter: Jonas und Sandra! Die in Großbuchstaben gehaltene Überschrift gab ihr den Rest: „Jonas Sonthofen, ein Tenor mit großer Zukunft, und Sandra Bergheim, die Erbin der Electronic Company, haben sich verlobt, Hochzeit schon in vier Wochen!"

Mit zitternden Knien setzte Heide sich Halt suchend auf eine der Bänke, ihr Herz raste: Jonas! Jetzt hab ich dich verloren! Meine einzige Liebe, wie soll ich dich denn vergessen können? Wir haben doch ein Kind zusammen! Nein, schoss es ihr durch den Kopf. Er weiß doch gar nichts und er kann es doch auch gar nicht ahnen. Das Kind! Sollte sie es jetzt doch hergeben und die OP wagen? Ganz neue Gedanken kamen auf sie zu. Vielleicht sollte ich die Chance wahrnehmen? Ich werde mit Mary und Professor Morgenstern reden. Heides Gedanken liefen aus dem Ruder. Fast schien es so, als stünde ihr Entschluss fest, sich für die OP und gegen das Kind zu entscheiden.

Mitten in ihre Gedankengänge kam Karin: „Heide, lass uns noch einen Kaffee trinken, die Maschine kommt pünktlich und wir haben noch eine halbe Stunde Zeit."

Etwas abwesend erhob sich Heide und während der „kleinen Kaffeepause" versuchte Karin, Heide ein wenig aufzumuntern: „Heide, wenn du bei Mary bist, lass es dir gut gehen und genieße deine Auszeit und wir hoffen alle, dass die Therapie dir hilft und du wieder neue Kraft bekommst. Auch die Abwechslung ohne berufliche Verpflichtung wird dir guttun und wer weiß –", mit einem Augenzwinkern lächelte Karin Heide an, „vielleicht läuft dir da auch ganz zufällig ein netter, junger Mann über den Weg, der dir ganz besonders gut gefällt!?"

Heide lächelte etwas gequält, sie wusste: Karin meinte es nur gut. „Wir werden sehen, Karin!"

Inzwischen war die Maschine gelandet und nun galt es voneinander Abschied zu nehmen. Beide Frauen umarmten sich mit Tränen in den Augen und leise sagte Heide: „Karin, hab Dank für alles, was ihr für mich getan habt. Grüße noch einmal Onkel Ferdi, meine Luzia und alle, die mich mögen!"

Karin hatte im Abschiedsschmerz nicht wahrgenommen, wie traurig, ernst und fast unwiderruflich diese Worte geklungen hatten. – Doch irgendwie, später, als die Maschine bereits abgehoben hatte, fiel Karin auf, dass Heide in ihren Grüßen Jonas nicht erwähnt hatte. Immerhin war Jonas ihr allerbester und liebster Freund.
Aber sie machte sich dann keine weiteren Gedanken mehr und fuhr heim zu Ferdinand und Luzia, die bestimmt schon auf sie warteten.

*

Von Heides Abreise hatte Jonas also nichts mitbekommen.
Nachdem er mit Sandra die Ringe gekauft hatte (er schenkte ihr zur Verlobung einen wunderschönen Ring mit einem Rubin, von Brillanten eingefasst), machte Sandra einen glücklichen Eindruck.
Nun begann die Suche nach dem zukünftigen Heim, denn der Hochzeitstermin war für Ende August anberaumt. Doch die Suche nach einem geeigneten Haus sollte erstmals Sandras extravagante Wünsche zum Ausdruck bringen. Nach Besichtigung des fünften Objektes lagen Jonas' Nerven blank.
Das erste Haus war nicht ortsnah genug, das zweite Haus hatte zu hohe Räume, das dritte war überhaupt zu alt und das vierte hatte keinen Pool im Haus. – Das fünfte Objekt, eine Villa, sehr gepflegt, nicht allzu weit vom Ortskern entfernt, hatte zwar noch keinen Swimmingpool, dieser ließ sich aber vom Platz her gut einbauen.
„Das nehmen wir, Liebes", sagte Jonas. „Du hast schließlich ein Auto und kannst in wenigen Minuten in der Stadt sein und den Pool geben wir sofort in Auftrag, was meinst du?" Jonas sah sie fragend und bittend zugleich an.
Nach einer kurzen Überlegung willigte Sandra, wenn auch etwas widerwillig, ein. „Ich muss dann aber den ganzen Baulärm ertragen." Sie schaute Jonas unmutig an. „Aber gut, ich kann mich ja so lange bei Mutter und Harry aufhalten." Der Gedanke an Harry bereitete ihr jedoch Unbehagen.
Jonas atmete erleichtert auf.

In wenigen Tagen hatte er noch in der Berliner Staatsoper einen Auftritt, dann konnte auch er sich den Hochzeitsvorbereitungen widmen. Sandra hingegen war schon voll und ganz damit ausgelastet. Für den Kauf des Hochzeitskleides konnte sie ihre Mutter bewegen mitzukommen. In der dritten Boutique endlich fand sie etwas Außergewöhnliches, wo man Details noch nach ihren Wünschen berücksichtigte. Da sie nicht auf den Preis achten musste, wurden ihre Wünsche auch alle erfüllt. Das Kleid war trägerlos mit einem gewagten Ausschnitt, den sie jedoch mit einer zarten Spitze verziert haben wollte. Es war bodenlang, ganz auf ihre Figur hin geschnitten. Da es keine Schleppe hatte, wurde diese noch auf ihren Wunsch hin angefertigt. An einer kleinen Krone sollte nur ein kurzer Schleier befestigt werden. Als Sandra sich im Spiegel besah, wusste sie: Eine schönere Braut würde es so schnell nicht wieder geben!
Irmhild war stolz auf ihre wunderschöne Tochter: „Du siehst aus wie eine Königin, mein Kind!!"
Sandra lächelte und erwiderte: „Genau so fühle ich mich auch!"

*

Um 19.00 Uhr landete die Maschine auf dem JFK Airport, New York.
Mary wartete schon in der Abfertigungshalle, um Heide in Empfang zu nehmen. Als sie Heide kommen sah, erschrak sie, denn vor knapp einem Jahr, als sie Heide zuletzt gesehen hatte, hatte diese noch kräftig und gesund ausgesehen, und nun erblickte sie eine kleine, zarte, fast zerbrechliche Gestalt, aber sie ließ sich nichts anmerken.
„Heidelinde, my dear! Bin ich glücklich, endlich bist du da!"
„Hallo, Mary!" Heide versuchte ein Lächeln. „Ich freue mich ja so!"
Die beiden umarmten sich, als wollten sie sich nie mehr loslassen.
„Mary, ich muss so viel mit dir besprechen", Heides Stimme zitterte leicht, „ich weiß nicht mehr, was ich tun soll!"
Sie holten Heides Gepäck und Mary fasste sie unter den Arm: „Ganz ruhig, my dear, jetzt bist du hier bei mir, sei ganz ruhig." Leise

sprach Mary auf Heide ein. „Komm, mein Auto ist nicht weit, wir fahren sofort heim zu mir."
Und sie fuhren geradewegs zu Mary nach Hause. Sie hatte eine schöne große Apartment-Wohnung mit Gästezimmer und Terrasse im fünften Stock (die Häuser wurden seinerzeit terrassenförmig gebaut) in der 45. Main Street, nicht weit vom regen Treiben der City, aber dennoch ruhig gelegen, nach hinten raus mit einem wunderschönen Blick auf einen Park mit vielen Büschen und Bäumen. Ihr Vater, der bekannte Architekt George Goodman, der immer und überall Beziehungen hatte, hatte ihr vor ein paar Jahren diese Rarität gekauft.

*

Nachdem Sandra das für sie Wichtigste, nämlich den Kauf des Hochzeitskleides, erledigt hatte, bemühte sie sich um die Einrichtung und alles noch Notwendige für den Einzug ins neue Heim. Jonas hatte ihr freie Hand gelassen, lediglich beim Kauf einiger Möbelstücke hatte er ein gewisses „Mitspracherecht", doch auch hier zeigte Sandra ihre Willensstärke und Jonas gab nach.
Da sie noch nicht zusammenlebten, war Sandra am Abend vor Jonas' Abflug nach Berlin, wo er vor der Hochzeit in der Berliner Staatsoper noch eine Aufführung hatte, – bei Jonas zu Gast.
Ihr ungestörtes Beisammensein nahm Jonas nun wahr und küsste sie innig und voller Verlangen: „Liebste, lass uns doch einmal richtig zusammen glücklich sein, bitte!"
Sandra gab nach und fühlte die Kraft von Jonas und glaubte in dem Moment, ihn doch vielleicht lieben zu können: „Jonas, Lieber, ich freue mich auf unsere Hochzeit!"
„Ich auch, mein Liebes, ich auch! Wir werden eine gute Zeit haben!"
Voller Elan und Schwung sprang Jonas auf, holte seinen Koffer und fing an, Sachen einzupacken. Sandra schaute ihm interessiert zu und dachte: „Eigenständig ist er ja! Ich werde ja wohl keine Arbeit

mit ihm haben!?" Schließlich hatte sie ja mit sich selber immer genug zu tun!
Jonas schaute sie fragend an: „Was denkst du, Liebes? Denkst du über uns nach? War es nicht wunderbar mit uns eben? Oder? Sag mir doch, was du denkst!"
Sandra lächelte ihn gekonnt an: „Aber ja, Lieber, ich dachte nur, schade, dass du nun fortmusst!" (In Wirklichkeit war sie froh, dass Jonas keine Gedanken lesen konnte.)
„Es sind ja nur ein paar Tage, Liebes!" Er glaubte Sandra hiermit trösten zu können.

Jonas verabschiedete sich am anderen Morgen von seinen Eltern, als ihm plötzlich etwas einfiel, und an seinen Vater gewandt sagte er: „Sag mal, Vater, ich habe Heide gar nicht mehr gesehen. Weißt du, wie es ihr geht? Ihr Handy hat sie wohl zurzeit abgeschaltet."
Dr. Sonthofen versuchte in harmlosem Ton zu erwidern: „Ich glaube, sie wollte zu Mary nach New York. Sie sprach davon, so etwas wie eine ‚Auszeit' nehmen zu wollen."
„Komisch", erwiderte Jonas, „ohne sich von mir zu verabschieden, das kenne ich gar nicht von ihr."
„Sie hatte es eilig", entgegnete sein Vater, „und es kann sein, dass sie inzwischen schon in New York ist."
„Na gut", meinte Jonas, „dann werde ich versuchen, sie in New York zu erreichen. Sandra bringt mich gleich zum Flughafen, sie ist letzte Nacht bei mir geblieben, wir hatten noch so viel wegen der Hochzeitsvorbereitungen zu besprechen."
In diesem Augenblick erschien auch Sandra schon in Begleitung von Julia, seiner Mutter, die sich natürlich auch von ihm verabschieden wollte.
Froh gelaunt winkte Jonas noch einmal seinen Eltern zu, ehe Sandra davonfuhr.
„Ob Jonas wirklich so glücklich wird, wie er es sich vorstellt? Geht das nicht alles etwas zu schnell?" Julia schaute ihren Mann fragend an.

Dr. Sonthofen zuckte mit den Schultern. „Er muss wissen, was er tut. Er ist alt genug, aber wenn ich an das Sprichwort denke ‚Eine schöne Frau gehört einem Mann nie alleine', dann komme ich auch ins Grübeln, und Sandra ist nun mal eine außergewöhnlich schöne Frau!"
Julia seufzte leicht: „Wir können nur das Beste hoffen."
Bernd Sonthofen nahm Julia in den Arm. „Du hast Recht, er sollte mindestens so glücklich werden, wie wir beide es waren, eh –", er verbesserte sich, „… und noch sind."
Julia lächelte ihn vielsagend an.

*

Mary und Heide saßen sich gegenüber. Der große, modern und schön eingerichtete Wohnraum ließ einen guten Geschmack erkennen. Die riesigen Fenster gaben über die Terrasse hinweg einen tollen Blick in den herrlichen Park frei. Wer es nicht wusste, ahnte nicht, dass noch keine fünfzehn Minuten weiter der Trubel einer City stattfand.
Mary holte tief Luft: „So, my dear, jetzt erzähl mir alles, was dich bedrückt, aber alles, hörst du?"
Heide nickte: „Ja, Mary, wo soll ich denn nur beginnen? Aber zuerst: Du weißt, dass Jonas und ich ganz enge Freunde waren – vielleicht auch noch sind!"
„Was heißt vielleicht?", warf Mary fragend ein.
„Augenblick, Mary, du wirst gleich alles besser verstehen." Heide fuhr fort: „Da war jener fünfzehnte Mai, als Jonas mich vom Flughafen abholte – und da ist es passiert. Ich wusste schon länger, dass ich Jonas liebe. Auf einem Spaziergang im Wald habe ich ihn gebeten, mich einmal zu lieben, verstehst du, so wie ein Mann eine Frau liebt. Jonas wollte nicht so recht, weil er Angst um unsere Freundschaft hatte. Aber ich habe ihm versprochen, es würde sich an unserer Freundschaft nichts ändern.
Und dann – Mary, oh Mary, ich habe ihn so geliebt, ich habe alles vergessen um mich herum – und dann – oh Mary, dann ist es pas-

siert! Ich wurde schwanger, verstehst du? Ich bekomme ein Kind von Jonas. Ein Kind der Liebe! Ein Kind von der Liebe meines Lebens!"

Heide schwieg etwas erschöpft. – „Aber Heide", sagte Mary, „das ist doch wunderbar! Weiß Jonas schon davon?"

„Nein, nein!" Fast schrie Heide dieses „Nein" heraus. „Er darf es nicht erfahren." – Und etwas gefasster: „Vielleicht niemals!"

Ungläubig schüttelte Mary den Kopf.

Heide sprach weiter: „Da ist noch etwas, Mary: Jonas heiratet in ein paar Wochen. Er hat sich verliebt. Er heiratet die Erbin der Electronic Company, sie ist eine wunderschöne Frau. Somit darf er von mir überhaupt nichts erfahren. Und falls dein Handy geht – meines bleibt abgeschaltet – bitte: Ich will und werde nicht mit ihm reden!"

Mary blickte immer erstaunter drein: „Das kann doch nicht dein Ernst sein, Heide!"

„Doch, Mary – und jetzt muss ich dir das Allerschlimmste sagen: Ich habe einen Gehirntumor, der wahrscheinlich nicht operiert werden kann!"

„Nein, Heide, bitte sag, dass das nicht wahr ist." Fast entsetzt schrie Mary auf; sie nahm Heide fest in den Arm. Heide nickte nur, während Mary die Tränen nicht zurückhalten konnte. „Das nehmen wir nicht hin, Heide! Wir werden hier einen Spezialisten aufsuchen, ich kümmere mich sofort!" Mary sprang auf und griff schon zum Telefon.

Heide hielt sie zurück: „Halt, Mary! Ich habe für übermorgen einen Termin bei einem Gehirnchirurgen hier in New York. In der Privat-Klinik bei Professor Morgenstern. Er ist der Einzige, der es gewagt hat, solche Operationen schon auszuführen!"

Sofort war Mary wieder bei Heide: „Oh Heide, das ist doch wunderbar. Du wirst diese Operation wahrnehmen und es wird dir wieder gut gehen. Glaube mir, dear, ich bin so glücklich darüber! Und du wirst nicht alleine sein, ich werde dich überall hin begleiten!"

Mary fühlte sich erleichtert, dann sah sie, wie Heide den Kopf schüttelte: „Ich muss erst abwarten, was der Professor sagt. Dr. Sonthofen (Jonas' Vater) sagte mir, Voraussetzung für diese OP sei ein Schwangeschaftsabbruch. Er hatte ja keine Ahnung, dass es sein Enkelkind sein würde!!"

„Mein Gott, Heide", wandte Mary ein, „dein Leben hat Vorrang und ein Kind kannst du später doch immer noch bekommen!"

„Ich weiß nicht, was ich machen soll, Mary, es hängt alles von dem Gespräch mit Professor Morgenstern ab."

Mary nickte: „Verstehe, Heide. Darf ich dich zu diesem Termin begleiten?"

„Natürlich, Mary, ich bin dir so dankbar. Selbst Onkel Ferdi und Karin wissen über gar nichts Bescheid, ich wollte sie nicht beunruhigen!"

Mary versuchte, Heide zu verstehen. Mit diesem furchtbaren Wissen hatte sie sich schon so lange alleine gequält. Sie nahm Heide bei der Hand und führte sie auf die wunderschöne Dachterrasse zu einer Liege. „So, my dear, bis zu dem Termin bei dem Professor wirst du dich erst einmal erholen. Ich habe mich bei Dad für eine unbestimmte Zeit freistellen lassen, um für dich da zu sein und dir zur Seite zu stehen."

Dankbar drückte Heide Marys Hand und fiel nun erschöpft auf die bereitstehende Liege und Mary ging ins Gästezimmer, packte die wichtigsten Sachen von Heide aus, damit Heide sich später ohne Weiteres zur Ruhe begeben konnte.

Am anderen Morgen war Mary gegen acht Uhr leise aufgestanden. Sie hatte Heide am Abend noch ein paar Baldriantropfen zur Beruhigung gegeben und Heide war bald in einen tiefen Schlaf gefallen. Mary versuchte, Heide nicht zu stören, doch plötzlich ging ihr Handy, es war Jonas. „Hallo, Mary! Hier Jonas! Ich rufe aus Berlin an. Ist Heide vielleicht zu sprechen?"

Mary reagierte schnell: „Hallo, Jonas! Heide schläft noch. Ich will sie jetzt nicht wecken!"

„Okay", sagte Jonas, „richte ihr doch bitte aus, ich hätte zu Hause schon versucht, sie zu erreichen, aber mein Vater sagte mir, dass sie ziemlich plötzlich abgeflogen ist. Ist denn alles in Ordnung?"

„Ja, Jonas, alles okay hier. Ich richte Heide aus, sie soll zurückrufen!"

„Ach, Mary", es klang, als würde Jonas noch etwas einfallen, „weißt du, dass ich in Kürze heiraten werde? Ich wollte es Heide doch ganz gerne persönlich sagen, nun kann sie nicht zu meiner Hochzeit kommen!"
Es klang etwas bedauerlich. Mary musste sich zwingen, ihm nicht die passende Antwort zu geben, darum erwiderte sie gefasst: „Heide weiß Bescheid! Wir wünschen dir alles Gute!"
Sie hatte das „Wir" betont und Jonas nahm es zur Kenntnis: „Danke, Mary, alles Liebe für Heide und sie soll bald gesund und munter zurückkehren!"
„Okay, danke, Jonas, bye!" Mary legte das Handy beiseite. Sie würde auch künftig alle Telefonate für Heide abblocken, weil sie es so wünschte. Mit Sicherheit würde sich auch bald ihr Onkel Ferdinand melden!
Leise bereitete Mary das Frühstück vor, doch sie glaubte im Gästezimmer etwas zu hören und schaute nach. Heide war schon aufgewacht.
„Guten Morgen, dear! Hast du schon Lust auf Kaffee?"
„Ich weiß nicht, vielleicht etwas später!" Heide richtete sich auf. „Hattest du eben einen Anruf?"
„Ja, Heide, es war Jonas. Er wollte dich sprechen und ich soll dir viele liebe Grüße ausrichten. Er hatte auch schon versucht, dich zu Hause zu erreichen, um dir von seiner bevorstehenden Hochzeit Kenntnis zu geben! Er will sich eventuell noch mal melden, oder du könntest ihn zurückrufen!"
„Danke, Mary!", erwiderte Heide. „Aber ich will und kann nicht mit ihm reden. Ich muss ihn vergessen!" Mit tränenerstickter Stimme sagte sie noch: „Mary, ich liebe ihn so sehr!"
Mary musste sie schnell ablenken: „Ich weiß, my dear, aber schau, wir haben Wichtiges vor – und wir gehen auch gleich in die City zum Shoppen. Du brauchst etliche Sachen und so kommst du auch auf andere Gedanken. Ist das okay?"
Heide wusste: Mary meinte es nur gut mit ihr. Dankbar nahm sie ihre Hand. „Natürlich, Mary, ich verspreche dir, dass ich mich zusammenreiße."

„Wonderful. Heide, komm einen Kaffee trinken und dann machen wir uns ausgehfein."

Zwei Stunden später gingen sie schon neugierig suchend in sämtlichen Boutiquen auf der Einkaufsmeile der 5th Avenue einher. Nach ca. vier Stunden machten sie eine Pause: „Wenn wir hier nicht alles finden, fahren wir später nach Manhattan zu Macy's, du weißt ja, es ist das größte Kaufhaus überhaupt und dort werden wir sicherlich alles bekommen, was uns noch fehlen sollte! Was meinst du?!" Mary schaute Heide fragend an.
„Oh Mary!" Heide stöhnte etwas gekonnt auf. „Jetzt bin ich erst einmal etwas geschafft und wir haben doch schon so viel gekauft! Ich denke unter später meinst du vielleicht in einigen Tagen, oder?"
„Aber natürlich, Heide! Für heute reicht es erst einmal. Wir werden auf dem Nachhauseweg noch ein paar hübsche Sandalen für dich kaufen, denn es soll sehr warm werden!"
Als Mary schwieg, lächelte Heide: „Du hast mich mit deiner Kauflust so angesteckt, dass ich sogar meine Sorgen fast vergessen habe! Ich bin dir so dankbar, Mary, und so froh, dass es dich gibt!"
Mary legte spontan ihren Zeigefinger auf Heides Mund: „Ganz ruhig, dear, ich will so etwas nicht hören, denn umgedreht würdest du dasselbe für mich tun! Oder?"
Heide nickte nur.
„Na also", sagte Mary nun zufrieden. Etwas ausgeruht verließen sie das kleine Café, um allmählich den Heimweg anzutreten.

Nun war der Tag gekommen, wo Heide und Mary im Vorzimmer von Professor Morgenstern saßen. Die Empfangsdame hatte sie bereits angemeldet und bald darauf bat der Professor Heide ins Sprechzimmer. Als Mary mitkam, schaute er zuerst abweisend, aber nach einer kurzen Erklärung von Heide nickte er und meinte an Mary gewandt: „Sie wissen ja, dass Frau vom Stein mich erst Ihnen gegenüber von der Schweigepflicht entbinden muss?"
„Selbstverständlich, Herr Professor", erwiderte Mary.

Der Professor war Deutsch-Amerikaner. Seine Eltern waren im Dritten Reich während der Judenverfolgung nach Amerika ausgewandert und somit sprach er fließend Deutsch. Nachdem die Formalitäten für die Schweigepflichtentbindung erledigt waren, richtete der Professor das Wort an Heide: „Frau vom Stein – oder darf ich Heidelinde sagen?" Der Professor schaute Heide fragend an.
Heide nickte: „Natürlich, Herr Professor."
„Und ich bin Mary", warf diese ein.
„Okay, Ladys! Heidelinde und Mary also", murmelte er vor sich hin und lächelte beide an.
„Nun, Heidelinde", fuhr er fort. „Sie haben einen sehr seltenen, leider auch aggressiv auftretenden Tumor. Nach den mir vorliegenden Untersuchungen und Aufzeichnungen der Kollegen Dr. Sonthofen und Professor Sporn ist der Tumor so unglücklich angesiedelt, dass er in der Regel nicht operiert werden kann. Ich habe es gewagt, wider besseren Wissens der gesamten Wissenschaft, doch solche Operationen durchzuführen, um den todgeweihten Menschen noch einen Funken Hoffnung zu geben."
Er schwieg einen kurzen Moment und schaute Heide nachdenklich an: „Sie sind jung und ich glaube, Sie wären auch bereit zu kämpfen. Nur muss ich Ihnen leider auch alle möglichen Risiken aufzeigen."
„Was für Risiken?" Heide schaute gebannt auf die Lippen des Professors.
„Nun", Prof. Morgenstern blätterte in den Unterlagen auf seinem Schreibtisch, „ich habe gelesen, dass Sie schwanger sind! Es müsste die zehnte Woche sein, also wäre ein sofortiger Abbruch noch möglich. Nach einigen Erholungstagen, wenn Ihr Allgemeinzustand es dann erlaubt, könnten wir den Eingriff wagen." Er machte wieder eine kleine Pause. – „Dies leider als Erstes. Die weiteren Risiken wären: Im allerschlimmsten Fall könnte der Eingriff tödlich verlaufen, aber das muss nicht sein, im anderen Fall könnten Sehstörungen oder Sprachstörungen eintreten oder aber auch Lähmungserscheinungen. Ich habe bisher fünf solche OPs ausgeführt. Die erste ist leider tödlich verlaufen, die anderen vier jedoch sind nur mit leichten Behinderungen erfolgt, die teilweise durch entsprechende

Therapien regeneriert werden konnten. Diese vier Menschen führen nun wieder ein lebenswertes Leben, die ansonsten schon lange nicht mehr da wären. Auf die von mir genannten Behinderungen kann sich ein Mensch einstellen, es kann aber auch durchaus sein, dass diese OP ohne schlimme Folgen verläuft. Nur – die Garantie hierfür kann ich Ihnen nicht geben. Leider müssen Sie sämtliche Risiken berücksichtigen, aber Sie haben eine Chance!"
Der Professor schwieg. Er schaute zuerst Heide, dann Mary vielsagend an. „Beraten Sie sich bitte und teilen Sie mir Ihren Entschluss so schnell wie möglich mit. Ich werde für einen korrekten Schwangerschaftsabbruch sorgen und danach einige Untersuchungen vornehmen. Denken Sie daran: Viel Zeit bleibt uns nicht. Es ist ein schnell wachsender Tumor. Ihre Lebenserwartung, liebe Heidelinde, würde, wenn überhaupt, noch ca. ein Jahr betragen!"
Heide war immer blasser geworden. Ihr Herz klopfte zum Zerspringen. „Das, das sind keine guten Voraussetzungen!" Ihre Stimme klang gequält und wie Hilfe suchend schaute sie Mary an. Auch Mary konnte das Gehörte noch nicht richtig nachvollziehen. Sie nahm Heides Hand und an den Professor gewandt sagte sie: „Vielen Dank für das Gespräch. Ich glaube, Heidelinde braucht auf jeden Fall Zeit, um Ihre Informationen zu verarbeiten. Ich werde ihr zur Seite stehen!"
Die beiden Frauen erhoben sich und verabschiedeten sich von dem Professor mit dem Versprechen, ihm bald Bescheid zukommen zu lassen.

Bedrückt und schweigend fuhren Mary und Heide nach Hause. Nun saßen sie sich im Wohnzimmer bei Mary gegenüber und Mary ergriff zuerst das Wort. Ein wenig leise sagte sie: „Heide, ich weiß nicht, was ich dir für einen Rat geben soll, aber ich bitte dich, denke daran, dass du eine Chance hast, auch wenn sie gering ist. Du bist zu jung, um dich aufzugeben. Bitte, Heide, du musst an dich denken!" Marys Stimme wurde eindringlicher. „Es muss doch nicht passieren, was Professor Morgenstern alles gesagt hat. Es kann doch

auch gut gehen! Bitte, Heide, kämpfe um dein Leben!" Jetzt klang Marys Stimme beschwörend. „Gib dich nicht auf, ich bitte dich!"
Als Mary nun schwieg, hob Heide den Kopf: „Du hast ja eigentlich Recht, Mary. Aber die Risiken, hinterher behindert zu sein, vielleicht nie mehr Klavier spielen zu können oder gar anderen zur Last zu fallen –", sie schüttelte leicht den Kopf, „– und dafür das Kind opfern! Das Kind! Ich fühle, es wird leben, und ich werde die Kraft aufbringen, dass es gesund zur Welt kommt, ja, ich weiß es, es wird ein wunderbares kleines Wesen werden und ich fühle und ahne, dass es ein Mädchen sein wird. Ein kleines, wunderbares, niedliches Menschenkind. Mary! Ich weiß, du meinst es gut mit mir!"
Mary schaute Heide ungläubig an: „Heide, bitte überlege dir noch einmal alles in Ruhe, vielleicht kannst du einmal darüber schlafen und morgen sieht alles anders aus!"
Heide wollte Mary nicht noch einmal vor den Kopf stoßen: „Also gut, Mary, ich verspreche dir, noch einmal alles zu bedenken!"
Mary atmete ein wenig auf: „Das ist sehr vernünftig von dir, Heide." Sie stand auf, umfasste Heides Schultern und sagte: „Was auch immer sein wird, my dear, ich bin für dich da und lasse dich niemals im Stich!"
Heide lächelte zaghaft. „Ich bin dir unendlich dankbar, Mary."
„No, my dear, no, das ist ganz normal. Komm, ich bringe dich in dein Zimmer, du siehst wirklich erschöpft aus!"
Sie geleitete Heide bis zur Tür des Gästezimmers: „Wenn du einen Wunsch hast, lass es mich bitte wissen!"
„Ja, Mary, das werde ich! Ich will versuchen, ein wenig zu schlafen."
Somit ließ Mary Heide alleine.

Am anderen Morgen fand Mary Heide schon sehr früh im Wohnzimmer vor. Ihre rot umränderten Augen ließen darauf schließen, dass sie wahrscheinlich so gut wie gar nicht geschlafen, sicherlich auch geweint hatte, doch ihr Gesichtsausdruck deutete auf eine gewisse Entschlossenheit hin.
„Hallo, my dear!" Mary strich Heide zart übers Haar. „Du hast nicht gut geschlafen?"

Es war eine Frage, gleichzeitig aber auch eine Feststellung. Heide schüttelte den Kopf: „Nein, Mary, ich habe fast die ganze Nacht darüber nachgedacht, was ich tun soll. Nun steht mein Entschluss fest: Ich werde das Kind bekommen. Es ist das Kind meiner einzigen großen Liebe. Das Kind wird leben und mit dem Kind werde ich weiterleben. Ich kann nicht anders! Verstehst du das, Mary? Ich kann es einfach nicht! Ich kann nicht das töten, was ich liebe, mehr noch als mein Leben. Was wäre mein Leben, sicherlich mit einer Behinderung, denn noch wert? Mary, versuche mich zu verstehen, bitte, bitte!" Fast flehentlich sah Heide Mary an.
Mary kamen die Tränen, sie wusste, was es bedeuten würde; sie würde Heide, ihre geliebte Freundin, verlieren und sie ahnte, dass Heide ihr das Kind anvertrauen würde. Sie umarmte Heide: „Wenn du es so beschlossen hast, my dear, ich werde auch später für dein Baby da sein, du musst dir deshalb keine Sorgen machen. Wir müssen Professor Morgenstern informieren!"

Am nächsten Tag klingelte gegen zwölf Uhr mittags das Telefon bei Dr. Sonthofen. Als er sich meldete, hörte er am anderen Ende der Leitung die Stimme von Professor Morgenstern: „Hallo, Dr. Sonthofen! Ich muss Ihnen eine nicht gerade erfreuliche Mitteilung machen: Unsere Patientin Heidelinde vom Stein hat sich für ihr Kind und somit gegen eine OP entschieden. Ich musste ihr ja leider alle Risiken dieser OP offenlegen!"
Etwas irritiert hörte Dr. Sonthofen zu, dann sagte er: „Das kommt ja einem Todesurteil gleich! Wollen Sie nicht noch einmal mit ihr reden, dass sie wenigstens diese kleine Chance wahrnimmt, sie hat es doch in der Hand, ihr Leben zu retten!"
„Das habe ich schon versucht", entgegnete der Professor. „Ich habe ihr noch weitere Gespräche angeboten, um ihr den eventuellen Erfolg dieser OP noch einmal darzulegen. Aber sie hat so entschieden abgelehnt und ich sehe hier keine Chance. Leider!"
Als der Professor schwieg, antwortete Dr. Sonthofen nach einer kleinen Pause: „Okay, Professor, ich danke Ihnen! Ich versuche noch einmal mit ihr zu reden!"

„Okay, Herr Kollege!" Der Professor räusperte sich fast verlegen. „Wenn sich irgendetwas ändern sollte, ich bin jederzeit für unsere Patientin da!"
„Gut zu wissen, Professor." Dr. Sonthofen bedankte sich. „Und hoffentlich bis bald!"
„Okay, Herr Kollege, vielleicht bis bald!" – Das Gespräch war beendet.

Dr. Sonthofen stützte seinen Kopf in die Hände: So eine unvernünftige Frau! Wirft ihr junges Leben weg, nützt nicht einmal diese einmalige Chance.
Er klingelte nach Julia, die bald darauf sein Zimmer betrat. Er schilderte ihr in kurzen Sätzen die Geschichte: „Am liebsten würde ich umgehend nach New York fliegen und so lange auf Heide einreden, bis sie ihre Gesinnung ändert. So geht das doch nicht!"
Julia konnte seinen Unmut verstehen, dennoch schüttelte sie leicht den Kopf: „Nein, Bernd! Du würdest nichts ändern. Wie ich Heide kenne, steht ihr Entschluss fest. Lass uns mal versuchen, mit ihr zu telefonieren. Vielleicht kann sie uns dann noch Argumente sagen, die wir so nicht kennen. Es ist ihr eigenes Leben."
Als sie schwieg, schaute Bernd sie an. „Das Kind hat doch einen Vater, Julia! Der muss doch informiert werden! Vielleicht kann er für das Kind da sein, wenn Heide …" Er brach ab. „Ich habe Heide gebeten, mir den Namen zu nennen, aber sie wollte ihn nicht preisgeben. Ich rufe sie heute noch an!"
„Ja, du hast Recht, Bernd. Du musst versuchen, vielleicht mit ihr noch einmal ein Gespräch zu führen, aber ich habe kein gutes Gefühl. Vielleicht kann Mary uns noch Näheres mitteilen. Nicht einmal ihr Onkel Ferdinand und Karin wissen irgendwas. Warum hat sie sich so abgekapselt? Jonas hat auch schon gefragt, was denn mit ihr los ist. Aber du weißt ja, dass ich ebenso schweigen muss, denn offiziell darf ich ja nichts wissen!"
Bernd nickte: „Ich weiß, Julia. – Ich werde gleich telefonieren und sage dir, wie das Gespräch verlaufen ist."

„Gut, mein Lieber." Julia nahm seine Hand. „Ich weiß, dass dir das alles nicht gleichgültig ist, denn Heide ist ja nicht ‚irgendeine' Patientin, mir geht es genauso wie dir! Aber wir müssen es gegebenenfalls als Schicksal hinnehmen. Bis gleich!" Sie wandte sich zur Tür.
„Du gibst mir Bescheid?"
„Natürlich, Julia", erwiderte Bernd, „bis gleich."
Julia schloss die Tür hinter sich und Dr. Sonthofen griff zum Telefon. Als Mary sich meldete, fragte er als Erstes: „Mary, ist es möglich, mit Heidelinde zu sprechen?"
Nach kurzer Pause erwiderte Mary: „Sorry, Doc! Heide möchte momentan gar niemanden sprechen. Sie hat sich ganz zurückgezogen und ich soll allen sagen, wenn es an der Zeit ist, wird sie auch allen eine entsprechende Nachricht geben!"
Dr. Sonthofen sprach noch längere Zeit mit Mary, aber sie ging auf seine eindringlichen Fragen nicht ein, so musste er letztendlich resignieren.
„In Ordnung, Mary, grüße Heidelinde recht herzlich von uns, insbesondere von Jonas, der sich auch schon Sorgen gemacht hat!"
„Thanks, Doc, ich werde es ihr sagen! Bye-bye!"
Als Mary aufgelegt hatte, starrte Dr. Sonthofen noch eine Weile auf das Telefon, dann rief er Julia und erzählte ihr von dem Gespräch.
„Sie liebt dieses Kind mehr als ihr Leben, Bernd. So etwas gibt es nicht oft auf dieser Welt. Aber sie hat sich so entschieden und es ist ihr Leben. Wir müssen es akzeptieren!"
Julia trat hinter ihren Mann, der am Schreibtisch saß, und umfasste seine Schultern. „Warum sie nicht sagt, wer der Vater des Kindes ist, er müsste sich doch später darum kümmern!"
Bernd schaute seine Frau an: „Wie Mary mir eben am Telefon sagte, wird sie das Kind zu sich nehmen. Sie wird die Mutterstelle einnehmen. Es ist schon alles geregelt. Lass uns eine Pause machen, Julia, ich muss das auch alles erst einmal verarbeiten!"
Sie verließen gemeinsam sein Sprechzimmer.

*

Die Hochzeitsvorbereitungen waren in vollem Gange. Sandra hatte hin und wieder ihre Mutter „loseisen" können und Jessica, eine etwas engere Freundin, half ihr ebenfalls. Irmhild konnte nach langem Hin und Her im Hotel Radenberger Hof, dem ersten Haus am Platze, einen entsprechenden Gesellschaftsraum reservieren. Es würden einhundert geladene Gäste kommen und für eventuelle zusätzliche Gäste wäre auch noch Platz vorhanden.

Sandra hatte sich zwei Tage vor ihrem Hochzeitstag bei ihrer Mutter in ihren „Mädchenräumen" einquartiert und hatte vor, auf sie zu warten, denn sie war in der Frühe noch nach Hamburg zur Zweigstelle der Firma gefahren. Harry sollte in Bonn einige wichtige Termine wahrnehmen.

Harry hatte darauf bestanden, dass Theo, der Chauffeur, sie fahren würde und dass sie dort übernachten sollte, um am nächsten Tag, vor Sandras Hochzeit, nicht so gestresst zu sein.

Sandra hatte es sich gerade bequem gemacht, als es klopfte und gleichzeitig die Tür aufging. Harry ging geradewegs auf sie zu: „Guten Abend, meine Schöne! Endlich sind wir wieder einmal ganz alleine! Weißt du, wie sehr du mir gefehlt hast, meine Schöne?"

Sein Gesicht berührte schon ihre Wangen und Sandra versuchte auszuweichen: „Harry, bitte! Ich heirate übermorgen!"

„Ich weiß, meine Schöne, aber das ändert doch nichts zwischen uns!"

Er küsste sie und Sandra stellte ihre Abwehrversuche ein. Sie erwiderte seinen Kuss und die ganze Leidenschaft überkam sie, genauso wie auch Harry.

„Das ist das letzte Mal, Harry, hörst du? Das allerletzte Mal!" Leise, fast zu leise kamen diese Worte über Sandras Lippen.

„Psst, mein Liebes." Harry verschloss ihr den Mund mit einem Kuss. Die Leidenschaft riss beide hinab, als würden sie in einen Abgrund stürzen. Nichts mehr existierte für sie außer Lust und Leidenschaft, berauscht von einer grenzenlosen Sinnlichkeit.

Sandra schaute auf die Uhr: 23.00 Uhr! Harry hatte ihr mitgeteilt, dass ihre Mutter in Hamburg übernachten würde und erst am

nächsten Vormittag zurückkäme, also zog Sandra sich vollständig an und Harry sah, dass sie jetzt alleine sein wollte. Er strich ihr zärtlich übers Haar: „Bis bald, meine Schöne, wir bleiben auch weiterhin miteinander verbunden, das weißt du auch!" Er küsste sie auf die Stirn und mit dem Lächeln eines selbstbewussten Eroberers verabschiedete er sich: „Du weißt, dass du mir gehörst, und du wirst niemand anders so lieben wie mich! Bis bald, meine schöne Madonna!" Dann ließ er Sandra alleine.
Sandra nahm hastig ihre Tasche und verließ fast fluchtartig das Haus und fuhr geradewegs in ihr neues Heim. Nur schnell weg! Auf andere Gedanken kommen, das kann und darf so nicht weitergehen. Ihre Gedanken überschlugen sich. Sie atmete tief durch. „Ruhig, ganz ruhig", sagte sie sich, „erst einmal abschalten und auf andere Gedanken kommen!"
Sie war inzwischen vor dem Haus angekommen, wo die Handwerker einen Tag vorher noch die letzten Arbeiten getätigt hatten, und die Möbel waren ebenfalls nach und nach eingetroffen. – Die Arbeiten am Schwimmbad waren in Angriff genommen und sollten bis nach ihrer Hochzeitsreise fertiggestellt sein.

Sie stand noch im Bad, war aber gerade fertig, um ins Schlafzimmer zu gehen, als sie die Haustür hörte. Jonas!, durchfuhr es sie. Er kam doch schon früher, als sie gedacht hatte. Sie ging ihm entgegen.
„Hallo, Lieber! Du bist ja schon da!"
„Ja, mein Schatz!" Freudig nahm Jonas sie in den Arm. „Ich konnte gerade noch einen Platz im letzten Flieger erwischen!" Er küsste sie zärtlich auf den Mund. „Aber du glaubst nicht, wie geschafft ich bin!" Er seufzte auf. „Doch ich wollte so schnell wie möglich bei dir sein!"
„Das ist ganz lieb von dir", entgegnete Sandra. „Ich hatte vor, gerade schlafen zu gehen!"
„Gut", sagte Jonas, „ich komme nach, sobald ich im Bad fertig bin!"
Als Sandra sich ins Bett legte, dachte sie: Ich fühle mich schlecht. So kurz vor der Hochzeit hätte das mit Harry nicht mehr passieren

dürfen! Hoffentlich ist Jonas zu müde, sonst muss ich mich irgendwie herausreden!

Jonas kam und legte sich an ihre Seite, nahm ihren Kopf in seinen Arm und streichelte zärtlich über ihr Haar. „Sei mir nicht böse, Liebes, aber ich bin zu gar nichts mehr fähig. Hast du ein wenig Nachsicht mit mir?"

Sandra atmete auf, laut sagte sie: „Aber natürlich, Lieber. Ich freue mich, dass du da bist, und wenn wir morgen früh wach werden, holen wir alles nach. Jetzt schlaf einfach nur ein!" Sie küsste ihn etwas flüchtig auf die Wange und sah, dass Jonas schon die Augen geschlossen hatte.

„Ich liebe dich, Sandra." Leise murmelte er noch diese Worte, dann war er auch schon eingeschlafen.

Mein Gott, dachte Sandra, dieser Mann ist so grundehrlich. Soll ich ihn wirklich heiraten? Aber es ist meine größte Chance, endlich von Harry loszukommen! Warum bin ich nur so schwach, dass ich ihn noch zwei Tage vor der Hochzeit betrüge. Das hat er nicht verdient! Aber nun gibt es kein Zurück mehr. Diese Hochzeit wird stattfinden!

Sie wollte nicht mehr weiter über alles nachdenken. Der kommende Tag würde noch sehr turbulent werden. Das waren ihre letzten Gedanken, ehe auch sie im Land der Träume landete.

Nachdem Sandra recht früh aufgestanden war, so leise, dass Jonas es nicht mitbekam, bereitete sie das Frühstück vor und machte sich sogleich auch ausgehfertig. Der letzte Tag vor ihrer Hochzeit. Ihre Mutter hatte sich ab mittags den Tag freigemacht, um ihr noch zu helfen.

Jonas hatte nun doch mitbekommen, dass Sandra bereits aufgestanden war. Er stand nun ebenfalls auf, ging ins Wohnzimmer und begrüßte Sandra zärtlich: „Guten Morgen, Liebes, warum bist du schon so früh auf?"

„Hallo, Jonas, Lieber." Sandra lächelte ihn an. „Wir haben heute noch einen anstrengenden Tag. Ich fahre gleich ins Hotel, um den Gesellschaftsraum zu inspizieren. Ich möchte noch einmal die Spei-

sekarte durchgehen und die Blumengestecke für die Tische arrangieren. Du weißt ja, man kann mir nicht immer alles recht machen. Oder?" Sie sah Jonas fragend an, denn es klang vielleicht etwas spitzfindig.
Mit einem verständnisvollen Lächeln erwiderte Jonas: „Natürlich, mein Liebes, ich will dir dabei nicht im Wege stehen. Du weißt ja, ich muss mich auch noch um einige Dinge kümmern, die dich nicht belasten sollen!"
Er nahm sie in den Arm und Sandra glaubte eine gewisse Sehnsucht in seinen Augen zu sehen, darum löste sie sich schnell von ihm. „Lass uns einen Kaffee zusammen trinken, Jonas, danach muss ich dann leider auch schon weg."
„In Ordnung, Liebes, wie du willst!"
Jonas hatte sie dann den ganzen Tag, bis auf eine flüchtige Begegnung in Begleitung ihrer Mutter, nicht mehr gesehen; sie kam erst spät am Abend heim.

Samstag, 16. August, der Tag der Hochzeit. Die Sonne schien schon früh am Morgen und man konnte ahnen, dass es ein wunderschöner Tag werden würde. Sandra hatte ihren großen Auftritt, als sie in ihrem äußerst eleganten, langen Kleid, ganz auf ihre Figur hin gearbeitet, aus weißer Atlasseide und schulterfrei, die Treppen hinunterschritt. Die Schleppe betonte zusätzlich die Eleganz. Der kurze Schleier wurde von einem Diadem, mit kleinen, blitzenden Diamanten besetzt, gehalten. Jessica, ihre Freundin, die Friseuse und gleichzeitig auch Kosmetikerin war, hatte ihr langes schwarzes Haar hochgesteckt, so kam ihr schmaler, feiner Hals zur Geltung. Ihre Mutter hatte ihr aus dem Familienschmuck eine schöne zweireihige Perlenkette umgelegt, dazu trug sie passende Ohrstecker.
Sandra dachte bei sich, als sie die bewundernden Blicke der Anwesenden sah: Heute bin ich der Star. Heute werde ich im Mittelpunkt stehen! Dieser Gedanke gab ihr ein beglückendes Gefühl.
Die kirchliche Trauung war für 14.00 Uhr angesetzt.
Jonas würde mit seinen Eltern zur Kirche kommen.

Nun trat Harry auf sie zu: „Liebe Sandra, ich habe kein passendes Kompliment für dich! Nie habe ich eine schönere Braut gesehen."
Vornehm küsste er ihr die Hand.
Sandra sah in seinen Augen ein verstecktes Begehren und schnell wandte sie sich ihrer Mutter zu: „Was sagst du zu diesem Schmeichler, Mama?"
Irmhild lächelte: „Tja, mein Kind, so ist er nun mal!"
Ein kleiner Junge und ein Mädchen standen zum Blumenstreuen bereit mit Körben voll wunderschöner roter Röschen.
Somit war alles perfekt. Um 13.30 Uhr fuhr der schwarze, elegante Mercedes mit einem wundervollen Blumenarrangement vor. Harry überreichte Sandra den von ihr gewünschten Brautstrauß, gebunden aus herrlichen dunkelroten, kombiniert mit rosaroten Rosen und weißem Schleierkraut, dann fuhren alle los, Sandra mit Harry und Irmhild voraus, denn Harry sollte sie zum Altar führen.

Jonas war aufgeregt wie ein kleiner Junge. Bernd und Julia waren stolz auf ihren einzigen Sohn und freuten sich auf eine schöne Feier.
„Schau, Vater! Sitzt mein Anzug richtig?" „Mutter, die Fliege verbiegt sich immer!"
Bernd und Julia schauten sich etwas amüsiert an: „Ruhig, mein Sohn, alles geht in Ordnung. Wir achten auf alles und wir sind echt stolz auf dich", sagte seine Mutter, die ein feines, schlicht geschnittenes, langes, schwarzes Kleid, das mit winzigen Silberfäden durchwirkt war, trug, so dass es nach etwas ganz Besonderem aussah. Um den Hals trug sie ein wunderschönes Collier aus Weißgold mit Smaragden und Brillanten. Das brünette, etwas gelockte Haar war stufig geschnitten, so dass die Ohren frei waren und man die schönen Ohrclips, passend zum Collier, sehen konnte. Bernd schaute stolz auf seine immer noch schöne Frau.
„Mit euch beiden habe ich das große Los gezogen", sagte er und zog beide liebevoll an sich.
„O mein Gott", Jonas war fast erschrocken. „Ich wollte doch Heide anrufen! Sooft ich es auch versucht habe, ihr Handy war immer abgeschaltet. Einmal war Mary dran, aber angeblich war Heide gerade

bei ihrem Therapeuten. Sie versprach, dass Heide mich zurückrufen würde. Aber es kam nichts! Nicht ein einziger Rückruf."
Sein Vater schaute ihn etwas nachdenklich an, er konnte und durfte Jonas nichts sagen und meinte: „Ich glaube, Heide wird sich erst melden, wenn sie ihre Therapie beendet hat." Dabei schaute er Julia an, denn auch Julia durfte von ihrem Wissen keinen Gebrauch machen.
„Komisch ist es schon", erwiderte Jonas. „Ein kurzer Anruf wäre doch immer mal möglich gewesen. Ich habe sie schon vermisst und es wäre so schön, wenn sie heute hier sein könnte!" Jonas war arglos und ahnte auch nicht, dass Heide, egal in welcher Situation auch immer, nie zu dieser Hochzeit gekommen wäre.
„Warten wir es ab, Jonas; sie wird sich schon melden!" Sein Vater wandte sich zur Tür: „Meine Lieben, es geht los!"
„Die Ringe! Die Ringe!", rief Julia, eilte zu einem kleinen Schränkchen und holte das Schmuckkästchen. Daneben lag noch ein längliches Kästchen, das Hochzeitsgeschenk von Jonas für Sandra: ein goldenes Armband mit Rubinen und Brillanten, passend zu ihrem Verlobungsring.
„Das wäre ja eine Gaudi geworden", grinste Jonas' Vater und gab Jonas das Kästchen mit den Ringen, die Jonas vorher dem Pfarrer geben musste.

Die Kirche war voll bis zum letzten Platz. Geladene und auch ungeladene Gäste sowie auch etliche Neugierige hatten sich bereits eingefunden. Natürlich durften auch die entsprechenden Fotografen nicht fehlen, schließlich fand hier ein gesellschaftliches Ereignis statt.
Nun fuhr der BMW mit Jonas und seinen Eltern vor. Als Jonas zur Kirche schritt, schauten sich insbesondere einige Damen vielsagend an, denn dieser Bräutigam ließ die Frauenherzen höher schlagen.
„Ein Mann wie aus dem Bilderbuch", raunte eine der anderen zu.
„Nein, wie ein Märchenprinz", erwiderte diese und seufzte aus tiefster Brust.

Julia begleitete Jonas zum Altar und kurz darauf erschien Sandra am Arm von Harry. Als sie auf dem Gang zum Altar langsam auf ihn zuschritt, war Jonas von ihrer Erscheinung fasziniert. Sein Herz klopfte zum Zerspringen und er musste sich mit Gewalt zusammenreißen, doch er hatte sich schnell wieder gefangen. Als Sandra dann neben ihm stand und er ihren wunderbaren Duft einatmete, flüsterte er ihr leise ins Ohr: „Ich bin so glücklich, dass du heute meine Frau wirst! Danke, meine Liebste!"
Sandra lächelte ihn einfach nur an.
Der Pfarrer kam und begann mit der Trauungszeremonie wie nach alter Sitte, nur hatten beide, Sandra und auch Jonas, den Passus „Bis dass der Tod Euch scheidet" nicht haben wollen und der Pfarrer hatte statt dessen „Für eine lange, glückliche Zeit" eingebracht. Nachdem beide ihr Jawort gegeben und die Ringe getauscht hatten, gab Jonas Sandra einen zärtlichen Kuss, doch just in dem Moment tauchte vor seinen Augen Heides Gesicht auf und er sah, wie ihr Tränen die Wangen hinunterliefen. Ein eisiger Schreck durchfuhr ihn. Er riss die Augen auf, doch die Vision war verschwunden.
Sandra schaute erstaunt: „Was ist denn, Lieber?"
„Ach, gar nichts, Liebes, ich glaube, es ist die Aufregung!"
Vor der Kirche wurden sie von Fotografen mit Blitzlichtgewitter empfangen, bis Jonas abwinkte. Viele Gratulanten bedrängten sie geradezu, so dass beide froh waren, als sie im Auto saßen und geradewegs ins Hotel Radenberger Hof fuhren. – Es wurde ein rauschendes Fest, worüber man nach einiger Zeit noch Berichte und Bilder in den „bekannten, bunten Zeitungen" finden konnte.

Sandra und Jonas hatten so gut wie gar nicht geschlafen, als sie dennoch in der Frühe ihre bereits gepackten Koffer einluden und ihre Hochzeitsreise antraten – 14 Tage nach Venedig – ein Geschenk von Jonas' Eltern. Der Swimmingpool hinter ihrem neuen Zuhause war ein Geschenk von Irmhild und Harry. Beide konnten zufrieden sein und somit eigentlich in eine glückliche Zukunft fahren.

✳

Dr. Dr. med. Richard Miller, Chefarzt der gynäkologischen Abteilungen im University Hospital of New York, saß an seinem Schreibtisch in seinem Sprechzimmer und vor ihm lag eine Akte, die seine ganz besondere Aufmerksamkeit verlangte. In großen Buchstaben stand ganz oben „ATTENTION", darunter: „Heidelinde vom Stein", zugesandt von Professor Samuel Morgenstern. Dr. Miller hatte diese Akte mehr als einmal studiert. In seiner langen Praxis hatte er viele Höhen und Tiefen und menschliche Schicksale erlebt, doch dieses hier berührte ihn dennoch bis ins Innerste. Eine junge Frau, todkrank, nimmt die wenn auch nur geringe Chance weiterzuleben nicht wahr, weil sie um jeden Preis ihr Kind auf die Welt bringen will. Sie hat damit ihren eigenen Tod besiegelt. Doch irgendwie – und Dr. Miller wusste nicht, wieso, kam ihm der Gedanke: Wenn Heidelinde die Geburt überleben würde, dass nach einer Erholungsphase vielleicht doch noch eine OP möglich sein könnte. Aber er wusste, dass dies ein Wunschdenken war. Es wäre mehr als ein Wunder. Er war Realist und glaubte nicht an Wunder. Er staunte über seine geheimen Gedanken, die er wohlweislich niemandem mitteilte, und das war auch gut so.

Es klopfte. Caroline, seine Vorzimmerdame, meldete zwei Damen: Heidelinde vom Stein und Mary Goodman.

„Immer herein mit den beiden!" Er wollte bewusst etwas optimistisch wirken und begrüßte Heide und Mary betont herzlich. Er war informiert, dass Mary immer dabei sein würde, und war ihr gegenüber auch von der Schweigepflicht entbunden. „Nun, liebe Heidelinde, wie geht es uns beiden?" Dabei schaute er augenzwinkernd auf den noch kaum sichtbaren Bauch von Heide.

„Danke, Doktor, ich fühle mich eigentlich gut und hatte auch kaum Probleme, nicht wahr, Mary?"

Mary nickte eifrig: „Yes, Doc, Heide ist guten Mutes."

„Okay, das hört sich gut an", erwiderte der Arzt. „Wir haben heute die zweite Routinekontrolle. Wir könnten ein Ultraschallbild machen, wenn Sie möchten?"

„Ja, gerne, Doktor Miller", entgegnete Heide. Sie legte sich auf die Liege und der Arzt begann mit dem Abtasten.

„Da, schauen Sie, Heidelinde, und Sie auch, Mary, wie sich das kleine Wesen schon entwickelt hat!"
Die beiden Frauen sahen fast atemlos auf den Bildschirm. Dr. Miller erläuterte: „Sehen Sie die Konturen des kleinen Körpers, hier der Kopf, die Ärmchen und Beinchen – ich glaube fast mit Sicherheit, es wird ein kleines Mädchen." Zum Schluss druckte er ein Bild aus. Als Heide es in Händen hielt, sah man ihren fast ungläubigen Gesichtsausdruck, es war ein Staunen und gleichzeitig ein Glücklichsein und ein Glänzen in ihren Augen. Sie reichte Mary das Bild: „Schau, Mary. Meine Tochter! Ich wusste, dass es ein Mädchen wird! Mein Baby!"
Mary betrachtete das Foto fast ehrfurchtsvoll: „Ja, Heide, dein Baby! Es wird deine süße, kleine Tochter!"
Heide nahm das Bild wieder an sich und drückte es fest an ihre Brust: „Ich liebe es, ich liebe es mehr als mein Leben." Fast flüsternd sagte sie diese Worte, doch Mary und Dr. Miller hatten es gehört und schauten sich vielsagend an.
An Dr. Miller gewandt sagte Heide leise, mit etwas zittriger Stimme: „Danke, Doktor, vielen Dank! Ich danke Ihnen für alle Ihre Mühe bisher!"
Dr. Miller schüttelte leicht den Kopf: „Nein, liebe Heidelinde! Ich bin gerne für Sie da und stehe Ihnen jederzeit zur Seite und ich hoffe, dass es Ihnen bis zur nächsten Kontrolluntersuchung weiterhin so gut geht wie bisher." Und an Mary gerichtet: „Ich denke, Sie sind die beste Freundin der Welt. Sie werden auf unsere werdende Mama schon aufpassen?"
„Das ist doch keine Frage, Doktor." Mary lächelte den Arzt an und dieses Lächeln hatte es Dr. Miller irgendwie angetan.

Heide und Mary verabschiedeten sich von Dr. Miller.
Auf dem Nachhauseweg sah Mary, dass Heide Tränen in den Augen hatte. „Heide, dear, warum bist du jetzt so traurig?"
Heide schüttelte den Kopf. „Nein, Mary, im Gegenteil, ich bin glücklich. Ich werde eine kleine Tochter zur Welt bringen. Ein Kind von Jonas! Ich liebe es jetzt schon so sehr, wie ich Jonas geliebt

habe und immer noch liebe." Das Letztere sagte sie sehr leise, aber Mary hatte es verstanden. „Ich glaube, ich weiß auch schon einen Namen", sagte sie dann lauter.
„Ach", meinte Mary, „einfach so, ohne mich zu fragen?" Etwas amüsiert schaute sie Heide an. „Wie soll die kleine Prinzessin denn heißen?"
„Amily", antwortete Heide stolz, „Amily-Mary vom Stein! Und? Wie findest du ihn?"
„Super, Heide, ganz super!" Mary lächelte Heide an. „Ich freue mich mit dir, Heide, und der Name gefällt mir!"
Mary fuhr den Wagen in die Garage und beide Frauen waren im Augenblick mit den Ergebnissen des Tages zufrieden.

Nachdem Sandra und Jonas in Venedig angekommen waren und ihr Gepäck in das vorbestellte Appartement gebracht worden war, begann Sandra unverzüglich damit, ihre Sachen auszupacken. Als sie ihre Kosmetiktasche zur Hand nahm und ihr plötzlich die kleine bunte Pillendose in die Hände fiel, durchfuhr sie ein eisiger Schreck. „Mein Gott! Die Pille!", stieß sie hervor. Seit Tagen hatte sie in all dem Trubel vergessen, die Pille zu nehmen. Nicht auszudenken, dass vielleicht etwas passiert sein könnte! Zwei Tage vor ihrer Hochzeit hatte sie noch mit Harry geschlafen – und dann – die Hochzeitsnacht mit Jonas am übernächsten Tag! Das wäre ja eine Katastrophe!
Sandra schüttelte den Kopf: nein, nein, und nochmals nein! Es kann und darf nicht sein! Sie konnte sich kaum beruhigen. In vierzehn Tagen würde sie erst Gewissheit haben, durch einen Schwangerschaftstest, den sie erst einmal selber vornehmen konnte. Bis dahin musste sie mit der Ungewissheit leben, was sich leider in den „Flitterwochen" sehr negativ auswirken würde, denn ihre dadurch bedingte schlechte Laune konnte sie nicht immer verbergen und ihre gezwungene Fröhlichkeit ließ Jonas zweifeln, warum und weshalb Sandra sich so verhielt, und Sandra fiel es immer schwerer,

sich Jonas zu widmen. Sandra stellte schon in dieser kurzen Zeit fest, dass sie Jonas nicht liebte und sich selber etwas vorgemacht hatte. Doch dieses und das andere „Problem" würden erst einmal ihr Geheimnis bleiben.
Jonas konnte mit Sandras Launen nichts anfangen. Er kannte sie zeitweise nicht wieder. Ihre ungezwungene Fröhlichkeit, ihre Leichtigkeit und ihr amüsiertes Lachen, das ihn oft fröhlich machte und ihn manchmal sogar mitriss und ihn Sorgen und sogar auch manchmal etwas Schwermut vergessen ließen, waren einfach nicht mehr da. Gerade dieses hatte ihn unter anderem auch so verliebt gemacht – aber jetzt – er konnte kaum damit umgehen, versuchte aber Verständnis zu zeigen und nachgiebig zu sein, denn schließlich waren sie ja auf Hochzeitsreise.
Als er Sandra einmal darauf ansprach, tat sie dieses nur mit einer Handbewegung ab und deutete auf die ganze gehabte Stresssituation hin. Weiteres Fragen unterließ er dann.

Am letzten Tag vor der Abreise hatte Jonas in einem kleinen Antiquitätenladen eine Porzellanfigur in Form einer kleinen Madonna gekauft, um Sandra noch eine Freude zu machen. Er überreichte ihr das kleine Päckchen in einer wunderschönen Aufmachung mit den Worten: „Schau mal, Liebes, ein Erinnerungsgeschenk von mir, mit der Hoffnung, dass es dir gefällt!"
Sandra zwang sich zur Freundlichkeit: „Danke, Lieber, es wird sicher etwas Besonderes sein. Soll ich gleich nachschauen?"
„Natürlich, Liebes", sagte Jonas etwas erwartungsvoll.
„Nun gut." Sandra nestelte an dem Päckchen herum, zog die Schleife auf und als sie das Kästchen öffnete, war sie sichtlich gerührt.
Jonas hatte sie beobachtet: „Es gefällt dir, Liebes?"
Sandra nickte: „Sehr, Jonas, es ist wunderschön." Und sie küsste ihn zart auf die Wange. „Danke, mein Lieber, ich werde sehr darauf achten und es wird mir immer eine schöne Erinnerung sein!"
Jonas atmete insgeheim auf. Es schien ihm fast, als wirke Sandra etwas gelöster. Laut sagte er: „Das ist lieb von dir, Sandra. Weißt du,

diese kleine Figur ist fast wie du: schön und klar in ihrer Form." Er strich ihr liebevoll übers Haar.
Sandra bekam fast ein schlechtes Gewissen. Obwohl sie ihm manchen Tag vermiest hatte, war er stets geduldig, ja, liebevoll geblieben, hatte ihr keine Vorwürfe gemacht, obwohl sie manchmal zu spüren glaubte, dass sie an die Grenze seiner Geduld gekommen war. Insgeheim nahm sie sich vor, sich künftig mehr in der Gewalt zu haben, und sobald ihr „Problem" gelöst wäre, würde sie die Welt auch wieder mit anderen Augen sehen.
Aus ihren Gedanken heraus meinte sie nun zu Jonas: „Wir müssen allmählich unsere Sachen zusammenpacken. Freust du dich, bald wieder zu Hause zu sein?"
Sie sah ihn fragend an. Jonas überlegte eine Weile.
„Nun, wir haben bis jetzt von unserem neuen Heim noch nicht viel gehabt und das Schwimmbad soll fertig sein, wenn wir wieder da sind!"
So war er der Frage geschickt ausgewichen, denn dass diese Hochzeitsreise nicht gerade nach seinen Vorstellungen verlaufen war und er eigentlich froh war, dass die Zeit endlich vorbei war, wollte er ihr nicht unmittelbar sagen.
„Ja, du hast Recht", erwiderte Sandra. Im Stillen konnte sie es jedoch kaum erwarten, daheim zu sein, denn die Zeit war gekommen, um sich Gewissheit zu holen.
„Heute Abend möchte ich noch einmal mit dir eine romantische Gondelfahrt machen, Liebes, und dann chic essen gehen", sagte Jonas. „Bist du damit einverstanden?" Er sah sie erwartungsvoll an.
Sandra nickte. „Natürlich, Jonas, gerne!" Sie wollte Jonas, so gut sie konnte, diesen letzten Abend nicht vermiesen.

*

An einem Sonntagnachmittag, es war der dritte Sonntag im September – Heide saß am Klavier und spielte einige Kompositionen von Robert Schumann –, als Mary aus der Küche kam und ihr einen frisch gepressten Orangensaft reichte mit den Worten: „Hier, dear, Vitamine für dich."

Heide nahm den Drink dankbar an.

„Würdest du gleich für mich Mozart spielen?" Mary sah sie fragend an und lächelte vielsagend. „Du weißt schon ..."

Heide nickte. „Ich weiß, dein Lieblingsstück, die kleine Nachtmusik."

„Danke, dear." Mary nahm gegenüber vom Klavier in einem bequemen Sessel Platz und machte es sich gemütlich. Sie schloss die Augen und gab sich ganz den Klängen der Klaviermusik hin. Immer wieder bewunderte sie die Hingabe von Heide und die Leichtigkeit des Spiels, wie Heides Finger geradezu über die Tasten schwebten. Unglaublich, dachte sie, dass es so ein Talent gibt, und so etwas muss der Musikwelt verloren gehen.

Sie schaute in dem Moment auf Heide, im gleichen Augenblick hörte Heide auf zu spielen, Schweiß trat ihr auf die Stirn. Mary sprang auf und konnte sie gerade noch auffangen, ehe sie vom Klavierhocker gefallen wäre. Sie legte Heide vorsichtig auf den Teppichboden und bettete ihren Kopf auf ein Kissen. Sie konnte sehen, dass Heide ohnmächtig war. Unverzüglich griff sie nach ihrem Handy. Sie hatte Dr. Millers Nummer als erste eingegeben, es war seine sogenannte persönliche Notruf-Handy-Nummer und so immer erreichbar. Schon hörte Mary seine Stimme.

Nach kurzer Schilderung sagte er ohne Zögern: „Ich komme auf dem schnellsten Weg."

Mary kniete sich besorgt neben Heide und tupfte den Schweiß auf ihrer Stirn mit Erfrischungstüchern ab. Bald darauf ging auch schon die Türklingel und Mary ließ Dr. Miller herein.

Als er mit schnellen Schritten zu Heide eilte, schlug diese gerade die Augen wieder auf.

„Hallo. Da sind wir ja wieder. Machen Sie mir keine Sorgen, liebe Heidelinde!" Man hörte die Sorge in Dr. Millers Stimme. „Wollen doch mal sehen, was unser Herz so macht." Er horchte Heides Herz ab und tastete auch gleichzeitig vorsichtig ihren Leib ab. „Nun, das Herz ist okay und unserem Baby scheint es auch gut zu gehen." Nun lächelte er Heide freundlich an. „Wenn ich mir aber demnächst Sor-

gen machen muss, meine Liebe, werde ich in meiner Klinik ein Bett für Sie reservieren."
Heide schüttelte den Kopf und lächelte zaghaft. „No, Doc, ich will ganz brav sein; es soll nicht wieder vorkommen."
„Das nenne ich einen guten Vorsatz", erwiderte der Arzt. „Dann, Ladys, sehen wir uns in einer Woche zur Routinekontrolle, okay?" Dabei schaute er auch Mary an.
Mary nickte. „Natürlich, Doktor, wir kommen pünktlich."
„Dann sage ich bye-bye."
Er wandte sich zur Tür. Mary begleitete ihn hinaus. Auf dem Flur schauten sich beide sorgenvoll an. Sie wussten, dass so etwas jederzeit wieder passieren konnte. Mit sehr ernster Miene bat er Mary: „Lassen Sie Ihre Freundin so wenig wie möglich alleine!"
„Wenn nichts ganz Außergewöhnliches anliegt, werde ich nicht von ihrer Seite weichen", erwiderte sie.
Der Arzt bestätigte dies. „Ich weiß, auf Sie kann man sich verlassen, schön, dass Ihre Freundin Sie hat!"
Dr. Miller verabschiedete sich von Mary mit einem Händedruck, den Mary nicht so recht deuten konnte. Er drückte ihre Hand fester und länger, als gewöhnlich, und es war ihr, als fühle sie ein leichtes Prickeln. „Blödsinn", sagte sie zu sich selber, als er die Tür hinter sich geschlossen hatte, und schüttelte verwundert den Kopf, doch die Sorge um Heide ließ sie nicht weiter nachdenken. Schnell ging sie wieder ins Wohnzimmer und setzte sich zu ihr.
„Keine Angst, my dear, ich bleibe bei dir."
Heide schloss erschöpft die Augen und mit einem kaum hörbaren „danke, Mary" war sie schon eingeschlafen.

*

An diesem gleichen Sonntag (dem 3. im September) fuhr um ca. 9.00 Uhr morgens der rote BMW-Sportwagen gen holländische Grenze, am Steuer saß Sandra. Sie hatte nach ihrer Heimkehr aus Venedig sofort einen „Selbsttest" gemacht und – wie schon befürchtet – zeigte dieser „positiv" an. Um ganz sicher zu gehen, suchte sie

noch ihre Gynäkologin, Frau Dr. Roswitha Koch, auf. Nach eingehender Untersuchung kam die für sie schockierende Gewissheit: Sie war schwanger.
„Gratuliere, Frau Sonthofen, Sie sind in der siebten Woche schwanger. So kurz nach Ihrer Hochzeit. Das ist ja noch ein schönes Geschenk!"
Sandra zwang sich zu einem Lächeln. „Sie sagen es, Frau Doktor!" Sandra fiel es schwer, freundlich zu sein.
„Dann sehen wir uns im berühmten dritten Monat zu einer Kontrolluntersuchung wieder", entgegnete die Ärztin, stand auf und reichte Sandra die Hand, doch die Bemerkung: „Tja, Sie wissen ja am besten, dass leider immer noch etwas passieren kann", konnte Sandra nicht unterlassen.
Frau Dr. Koch war jedoch schon wieder mit einem Papier beschäftigt und achtete nicht auf den leisen Unterton in Sandras Stimme.
„Bis bald, Frau Sonthofen, alles Gute bis dahin", hörte Sandra sie noch sagen, ehe sie die Tür schloss.
Vor der Praxis holte Sandra tief Luft, sie wusste, was zu tun war. Niemand würde davon erfahren, nicht einmal ihre Mutter. Nur musste sie sich ihrer Mutter und Jonas gegenüber noch eine glaubhafte Ausrede einfallen lassen (Harry zählte in diesem Fall nicht für sie), warum sie so kurz nach der Hochzeitsreise einen Urlaub an der Nordsee machen wollte und Jonas nicht zu seiner nächsten Aufführung begleitete, obwohl sie es ihm versprochen hatte, nur um ihm einen Gefallen zu tun und seinem Drängen nachzugeben.
Es gab vor ihrer Abreise nach Holland noch eine recht unangenehme Auseinandersetzung mit ihrer Mutter, die für ihr Verhalten kein Verständnis hatte. „Musst du deinen Mann so kurz nach der Hochzeitsreise alleine lassen? Er scheint dir ja nicht gerade viel zu bedeuten. Du bist mit allem in deinem Leben leichtfertig umgegangen. Hast deine Studien abgebrochen, tingelst durch die Gegend, machst dir ein schönes Leben und weißt nichts mit dir anzufangen. Ich dachte, die Ehe mit Jonas würde dir neue Aufgaben bringen, neue Perspektiven, ja, vielleicht würdet ihr ein Baby bekommen."

Irmhild holte tief Luft – und Sandra erwiderte etwas brüskiert: „Mach dir nur keine unnötigen Sorgen über mein Leben, Mutter! Es geht alles seinen Gang und mit Jonas ist alles abgeklärt. Ich hatte schon Anfang des Jahres, so wie jedes Jahr, mit meinen ehemaligen Studienfreundinnen den Nordseeurlaub im Spätsommer geplant. Verena Mühlenbach und Eva von Berleburg kommen extra aus dem Ausland nach Scheveningen und ich wollte die beiden nicht enttäuschen. Ich wusste ja Anfang des Jahres nicht, dass ich im August schon verheiratet bin. Außerdem habe ich Jonas fest zugesagt, wenn er aus Bayreuth wieder da ist, dass ich ihn zur nächsten Aufführung ganz bestimmt begleite."
Sandra verschwieg natürlich, dass sie den beiden Frauen schon lange vor der Hochzeit abgesagt hatte, und man hatte das Treffen einvernehmlich auf das nächste Jahr verschoben.
Irmhild zuckte mit den Schultern. „Nun, Sandra, du bist alt genug. Versuche deinem Leben einen Sinn zu geben und vergiss nicht: Du hast einen wunderbaren Ehemann und die sind auch nicht gerade dick gesät! Ich wünsche dir trotzdem eine gute Fahrt und melde dich einmal von dort!"
„Natürlich, Mutter." Sandra umarmte Irmhild dennoch, denn ein wenig hatte sie doch ein schlechtes Gewissen, als sie sich zum Gehen wandte.

Ein anderes Bild hatte sie noch vor Augen: Zwei Tage vor ihrer Abreise war sie alleine in der Villa bei ihrer Mutter. Jonas hatte einen Termin bei seinem Agenten Peter Heuser, als Harry plötzlich in der Tür stand.
„Hallo, meine Schöne! Endlich sehe ich dich einmal alleine. Du kannst dir gar nicht vorstellen, wie sehr du mir gefehlt hast!" Er ging auf sie zu, um sie an sich zu ziehen.
„Lass das", sagte Sandra schroff (sie hatte für ihre Hörigkeit eine Aggression gegen ihn aufgebaut, um sich so besser von ihm lösen zu können). „Hiermit ist jetzt Schluss und komm mir nicht mehr zu nahe!"

Erstaunt wich Harry zurück. „Nanu, machen wir einen auf treue Ehefrau?" Es klang ein wenig hämisch.
„Ehefrau hin, Ehefrau her, kapier endlich, dass es vorbei ist, aus und vorbei. Widme dich künftig mehr deiner Ehefrau, sonst erleidest du da auch noch Schiffbruch!" Sandras Stimme klang hart und abweisend.
„Ach nein, was du nicht sagst!" Jetzt hörte man deutlich, dass Harry zornig wurde. „Glaubst du, ich lasse mich wie einen Wischlappen in die Ecke schmeißen? Deine Lust zu befriedigen, dafür war ich gut genug, wie? Mit wie vielen hast du es denn schon so getrieben? Nur war diesmal deine Mutter die Leidtragende! Wenn sie wüsste, was für ein Früchtchen ihre Tochter ist! Vielleicht sollte man ihr einmal einen anonymen Tipp zukommen lassen!"
Das war zu viel für Sandra, sie hob die Hand und schlug ihm ins Gesicht. „Verschwinde!" Sandras Stimme überschlug sich. „Verschwinde aus meinem Leben!" Sie riss die Tür auf. „Und jetzt raus hier, auf der Stelle!"
Harry schaute sie wütend an: „Okay, du Hexe, du kommst noch einmal angekrochen! Darauf freue ich mich jetzt schon!"
„Niemals", zischte Sandra, „und jetzt raus!"
Harry verschwand durch die offen stehende Tür und warf ihr noch einen undurchdringlichen, aber bösen Blick zu.
„Endlich!" Sandra schloss die Tür und lehnte sich aufatmend dagegen. Wenn der wüsste, dachte sie, dass ich vielleicht von ihm schwanger bin, aber es könnte auch genauso gut von Jonas sein. Sie schüttelte den Kopf: Damit könnte ich sowieso nicht leben – wer auch immer der Vater ist. Ein Kind passte nicht in ihre Lebensplanung und außerdem würde sie eine miserable Mutter sein. Ein Kind wäre bei ihr nicht gut aufgehoben. „Es ist gut so, wie ich es mache. Für alle so das Beste", sagte sie zu sich – und es gab auch nichts, was sie von ihrem Entschluss abbringen würde. Den Termin hatte sie ja schon in der Tasche.

Einmal noch schweiften ihre Gedanken ab zu Jonas.
Als sie ihm von ihrem „Nordseeurlaub" berichtete, schaute er sie zunächst ungläubig an. „Aber wir waren doch gerade erst verreist.

Du kannst doch den beiden Frauen absagen, oder du könntest auch später ohne sie einmal an der See Urlaub machen. Ich habe mich darauf gefreut, dass du mit nach Bayreuth kommst, die Festspiele sind immer etwas ganz Besonderes und man hat Peter Heuser gebeten, mich für einen erkrankten Kollegen für die Zeit der Aufführungen zu verpflichten. Da kann man doch nicht nein sagen. Überlege es dir doch noch einmal, Liebes, ja?"
Er schaute sie bittend an und Sandra konnte ihm nicht in die Augen sehen. Sie trat zu ihm, umarmte ihn und küsste ihn zärtlich und Jonas erwiderte ihren Kuss mit Leidenschaft. So schlief Sandra noch einmal mit Jonas und hatte ihn mit dem festen Versprechen, ganz bestimmt zur nächsten Aufführung mitzukommen, noch im Guten „herumgekriegt".
Es war Samstagmorgen – Jonas ließ sich mit einem Taxi abholen und zum Flughafen bringen. Sandra winkte ihm von der Tür aus zum Abschied lächelnd nach – und holte tief Luft, denn nun musste sie sich für den Sonntagmorgen auf ihren „Nordseeurlaub" vorbereiten. All diese Vorgänge waren ihr während der Fahrt noch einmal durch den Kopf gegangen.

Sandra hatte inzwischen die Grenze hinter sich gelassen und fuhr der Route Amsterdam nach. Es war ein gutes Durchkommen, schließlich war es Sonntag, und sie hatte in der Privatklinik bei Dr. Jan van de Beek einen extra Termin erhalten. Um 14.00 Uhr fuhr sie vor und wurde am Portal freundlich empfangen. Dr. van de Beek hatte sie bereits erwartet.
Der Arzt hatte ihr noch ein Gespräch mit einem Psychologen angeboten, was Sandra aber dankend ablehnte. Es war ersichtlich, dass ihr Entschluss feststand.
Nachdem Sandra am nächsten Tag nach erfolgtem Eingriff noch einen Tag und eine Nacht in der Klinik verbracht hatte und der Arzt sein Okay gab, fuhr sie weiter nach Scheveningen. In einer kleinen Pension, nicht weit von der See weg, hatte sie sich ein Zimmer gemietet. Sie hatte das Gefühl, dass sich irgendwie etwas verändert hatte. Plötzlich war ihr, als fehle ihr etwas. Sie brauchte drei Tage,

um wieder zu sich zu finden, und dann wusste sie: Sie würde ihr Leben von Grund auf ändern. Die Worte ihrer Mutter: „Du hast noch nichts Gescheites aus deinem Leben gemacht", kamen ihr plötzlich in den Sinn. Es fehlte ihr auf einmal die Leichtigkeit, über Dinge hinwegzusehen – oder zu hören.
Ja, sagte sie zu sich, es stimmt! Ich habe bisher noch nichts aus meinem Leben gemacht. Aber das soll sich jetzt ändern! Wenn ich wieder zu Hause bin, werde ich als Erstes mit Jonas reden. Ich werde ihm sagen, dass die Hochzeit ein Fehler war, dass alles überstürzt gewesen ist, dass ich ihn sehr mag und schätze, ihn aber nicht so lieben würde, wie er es von einer liebenden Ehefrau erwarten könne. Er wird sicherlich bitter enttäuscht sein, aber ich muss ehrlich zu ihm sein.
Außerdem war sie bei all ihren intensiven Überlegungen zu dem Schluss gekommen: Sie würde ihr Studium wieder aufnehmen, eventuell ein neues beginnen, nämlich: Moderne Kunst und Design, was ihr am meisten liegen würde. Sie würde nach Frankreich, nach Paris gehen, um ihr Französisch zu perfektionieren, und sich in der Uni einschreiben.
„Ja", sagte sie sich, „das werde ich tun. Ich fange ein total neues Leben an. So und nicht anders soll es sein." Sandra hatte das Gefühl, in den wenigen Tagen, sie glaubte, sicher auch durch das Erlebte, ein ganz anderer Mensch geworden zu sein.
Ich hoffe nur, dachte sie, Mutter wird zu mir stehen und dass Jonas mir nicht feindlich gesinnt ist.
Den Bruch mit Harry hatte sie ja schon vollzogen. Sie war im Grunde froh, sich so entschieden zu haben.

*

Auf dem Weg zum Klavier blieb Heide plötzlich wie erstarrt stehen. Da! In ihrem Bauch war eine Bewegung! Das Baby! Es hatte sich bewegt! „Mary! Mary! Schnell! Komm!", schrie sie.
Mary kam angelaufen. „Was ist los? Ist etwas passiert? Mein Gott, Heide!"

„Nein, nichts Schlimmes! Hier!" Sie nahm Marys Hand und hielt sie auf ihren Bauch. „Das Baby, Mary! Es hat sich bewegt. Fühl nur – warte einen Moment, vielleicht kannst du es gleich fühlen. Da! Jetzt!" Sie schaute Mary mit großen, glücklichen Augen an.
„Ja, Heide, ich fühle es! Es muss wunderschön sein für dich! Oder?" Heftig nickte Heide: „Mein Kind, Mary, mein geliebtes, kleines Mädchen!" Sie setzte sich in einen Sessel und strich zärtlich über ihren Bauch.
„Das müssen wir feiern, Heide!", rief Mary ganz spontan. „Lass uns gleich ganz toll essen gehen."
„Aber ...", Heide stockte, „ich hab doch gar nichts Besonderes anzuziehen – es passt mir ja nicht mehr alles." Dabei schaute sie Mary etwas sorgenvoll an.
„Ach was", konterte Mary, „wir werden schon noch was Schönes für dich finden und außerdem – man sieht doch noch so gut wie gar nichts!"
Sie ging zu Heides Schrank und holte sämtliche Sachen hervor und legte Heide schließlich eine schicke weiße Bluse, die ein wenig leger geschnitten war, vor.
„Hier, dear, schau. Die Bluse ist sehr schön und eine Hose mit Gummizug hast du auch. Also mach dich fein. Ich bestelle uns einen Tisch und um 18.00 Uhr fahren wir beide los, okay?"
Heide gab ihren Widerstand auf und so fuhren sie am Abend zu „Alfredo", ihrem Lieblingsitaliener. So konnte Heide ihr „großes Erlebnis" feiern. Heimlich legte sie hin und wieder eine Hand auf ihren Bauch, vergaß ihren Schmerz, lächelte vor sich hin und Mary verdrängte die Trauer, die sie hin und wieder überkam, wenn sie an Heides Schicksal dachte.

*

An dem Tag vor seinem letzten Auftritt, es sollten „Die Meistersinger" aufgeführt werden, hatte Jonas etwas Zeit und Muße, über vieles nachzudenken. Er konnte sich Sandras verändertes Wesen nicht erklären – in so kurzer Zeit – und die Auseinandersetzungen

– er wusste nicht mehr, was er davon halten sollte, und zweifelte inzwischen auch daran, dass die Hochzeit richtig war, zumindest war alles überstürzt gewesen. Aber er war von Sandra so beeindruckt gewesen und hatte sich Hals über Kopf in sie verliebt und geglaubt, es wäre die Liebe seines Lebens. Inzwischen jedoch stellte er fest, dass das Verliebtsein nur ein Strohfeuer gewesen war und er sich die wahrhaftige Liebe nur eingebildet hatte.
Ohne Zweifel war Sandra eine schöne Frau; selbst wenn sie nicht geschminkt war, strahlte sie noch einen besonderen Reiz aus. Nun waren Jonas Zweifel gekommen. Die Realität sah anders aus. Es musste eine Lösung her. Er würde sich mit Sandra aussprechen und, wenn es sein musste, auch über eine Trennung nachdenken. In Gedanken verloren ging er die Zeit zurück – bis vor seiner Hochzeit –, plötzlich tauchte vor seinem geistigen Auge ein anderes Gesicht auf: Heidelinde! Ein schmales, etwas blasses Gesicht, umrahmt von blonden Locken bis auf die Schultern, große, blaue Augen schauten ihn sinnend, manchmal etwas fragend an. Wenn sie ihren kleinen, leicht herzförmigen Mund öffnete, konnte man eine Reihe makelloser weißer Zähne sehen. Wenn ihre schlanken, zarten Finger über die Klaviertasten glitten, war ihr Gesicht verklärt, bald so, als ob sie ihre Seele offenbarte. Ihre bescheidene Art hatte nichts von Unterwürfigkeit, nein, sie drückte nur Freude und Dankbarkeit aus. Das Publikum dankte es ihr mit viel Beifall und Anerkennung. Plötzlich kam Jonas die Begegnung mit Heide, als er sie seinerzeit vom Bahnhof abgeholt hatte, wieder voll zu Bewusstsein. Er hatte damals mit Heide geschlafen – einmal – und weil er trotzdem nur ihr Freund bleiben wollte, hatte Heide es akzeptiert.
Er schüttelte über sich den Kopf. „Mein Gott!" Und Heide liebte ihn! Er hörte plötzlich aus seinem Unterbewusstsein heraus eine zarte Stimme, die immer wieder sagte: „Ich liebe dich, Jon, ich liebe dich so sehr!" Hatte er damals nicht für eine kurze Zeit vergessen, dass er nur ein Freund sein wollte? Er hatte sie damals wahrhaftig geliebt. Er glaubte wieder ihren zarten Körper zu fühlen, spürte ihre Hingabe, hörte ihre in Liebe gestammelten Worte. Es war ihm im Nachhinein nicht klar geworden, dass er sie nicht als Freund,

sondern als Mann mit Leib und Seele geliebt hatte, und er hatte es nicht realisiert!

Mein Gott, Heide! Ich fühle es ganz tief in mir, dass du mich immer noch liebst. Ich war ein Esel, ein Dummkopf! Ich war verblendet von der Schönheit einer anderen Frau! Aber sie kann dir nicht das Wasser reichen! Kleine Heide, es fällt mir wie Schuppen von den Augen: Ich liebe dich! Unsere Verbundenheit, unsere innige Freundschaft, das alles war schon Voraussetzung für eine Liebe, die du erkannt hast und ich Esel nicht! Ich habe dir so viel zugemutet, wollte dich sogar noch bei meiner Hochzeit dabeihaben. Hochzeit! – Da war es wieder. Sandra! Ich war verblendet von ihr. Ich war verliebt, aber es ist nicht die wahre Liebe und ich glaube inzwischen fest daran, dass Sandra in mir auch nicht ihre wahre Liebe gefunden hat. Ich werde sofort, wenn ich zu Hause bin, eine Klärung mit ihr herbeiführen. Sie wird es vielleicht nicht verstehen, aber ich muss es tun. Dann muss ich mit Heide Kontakt aufnehmen, ich werde alles daransetzen, sie zu erreichen. Ich muss ihr sagen, was bei mir im Argen liegt und dass ich erkannt habe, dass ich sie in Wirklichkeit liebe. Sie soll es so schnell wie möglich erfahren. Hoffentlich kann sie mir verzeihen. Ich fühle, dass Heide mich immer noch liebt, nein, ich weiß es!

Die letzte Aufführung in Bayreuth schloss mit einem Riesenerfolg und Jonas war auf seiner Karriereleiter schon wieder ein enormes Stück nach oben gekommen. Sein Bekanntheitsgrad hatte kaum mehr Grenzen und die Musikwelt stand ihm offen.

*

Am letzten Sonntag im September – Sandra war zur Mittagszeit heimgekommen und hatte gerade ihren Homedress angezogen, nachdem sie sich frisch gemacht hatte, als sie einen Wagen vorfahren hörte. Sie sah durchs Fenster und erblickte Jonas, der gerade aus dem Taxi stieg, seine Reisetasche nahm und auf den Hauseingang zuging. Sandras Herz klopfte etwas schneller: Wie sollte sie ihn empfangen? Wie nachher das Gespräch beginnen? Während sie noch grübelte, trat Jonas ein.

„Hallo, Sandra, gutes Timing." Er lächelte sie an und gab ihr einen Kuss auf die Stirn. Im Stillen wunderte Sandra sich, aber es war ihr recht so.

„Hallo, Jonas", erwiderte Sandra ebenfalls lächelnd. „Schön, dass du wieder da bist. Ich mache uns einen Kaffee und da ist auch noch etwas Gebäck. Oder hast du richtigen Hunger?"

Jonas schüttelte den Kopf: „Nein, Sandra, eigentlich nicht. Ich bin nur froh, wenn ich in den nächsten Tagen endlich wieder einmal zur Ruhe komme. Es war einmalig schön und alles ist super gelaufen, aber total anstrengend!"

Während Sandra mit der Kaffeemaschine hantierte und im Stillen hoffte, dass Jonas keine Annäherungsversuche machen würde, stand er plötzlich neben ihr, und mit ziemlich ernster Miene legte er seinen Arm um ihre Schulter.

„Sandra", seine Stimme klang etwas verhalten.

„Ja, Jonas?"

„Können wir uns nachher einmal ernsthaft über einiges unterhalten?"

Sandra glaubte, dass er ihr Vorwürfe machen wollte, weil sie ihn vernachlässigte, ihre eigenen Wege ging, aber sie nickte. „Natürlich, Jonas, auch ich möchte mit dir reden!" Nun war es raus und sie wollte alles, was ihr auf der Seele lag, schnellstens loswerden.

Sie trug die Kaffeekanne ins Wohnzimmer, stellte Tassen auf den Tisch und die Gebäckschale dazu. Sie setzte sich aufs Sofa und Jonas nahm ihr gegenüber in einem Sessel Platz.

Sandra sah ihn fragend an. „Willst du ... oder?"

Jonas musste mit sich kämpfen. Sandra sah, dass es ihm schwerfiel. Sie sagte: „Nun, Jonas, dann fang ich an. Also: Du weißt, ich war an der See und ich war auch einige Tage alleine da und habe mir viele Gedanken über uns gemacht."

Jonas schaute sie erstaunt an und meinte nur: „So?"

„Ja, Jonas, ich bin zu dem Schluss gekommen, dass unsere Hochzeit überstürzt stattgefunden hat. Wir kannten uns viel zu wenig, wussten so gut wie nichts voneinander, das heißt nicht, dass ich dich nicht mag, ich mag dich sogar sehr und ich war stolz darauf, deine Frau geworden zu sein. Aber: Ich habe festgestellt, ich kann deine Liebe nicht erwidern, nicht so, wie du es vielleicht erwartest. Nein!" Sie schüttelte den Kopf. „Du brauchst eine Frau, die dich wahrhaftig liebt. Sei mir nicht böse, nach so kurzer Zeit schon von mir so enttäuscht zu werden!"

Als Sandra nun schwieg, sah Jonas sie zum ersten Mal richtig deprimiert, und ihre Augen schauten ihn wie um Verzeihung bittend an. Es war eine Seite an ihr, die er so noch nicht kannte. Jonas holte tief Luft – und atmete hörbar auf: „Sandra, ich bin dir nicht böse und du musst auch nicht so deprimiert sein. Was ich dir nun sage, wirst du kaum glauben: Wir haben den gleichen Sinn, die gleichen Gedanken gehabt. Auch ich habe festgestellt, dass wir beide ins kalte Wasser gesprungen sind und uns gehörig etwas eingehandelt haben! Glaube mir, ich war hoffnungslos verliebt in dich und hielt es natürlich für die einzig wahre Liebe. Doch es war wie ein Strohfeuer, so auflodernd, so heiß, unsagbar schön. Doch nun – das Feuer scheint erloschen und es ist mir klar geworden, dass wir zwei ganz unterschiedliche Charaktere sind, aber dennoch liegst du mir sehr am Herzen und ich mag dich sogar sehr. Du bist eine wunderschöne Frau, aber ich weiß nun, dass Schönheit alleine nicht alles ist. Ich werde dich immer verehren und als Freund für dich da sein, wenn du es willst!" Nun schwieg er und schaute Sandra forschend an, wie sie wohl reagieren würde.

Sandra sprang auf. „Jonas! Wir hatten instinktiv die gleichen Gedanken! Ist das nicht bald wie ein Wunder?" Sandra fühlte sich wie befreit. Im gleichen Moment verdunkelte sich ihre Miene: „Wie wollen wir es bloß unseren Eltern beibringen? Mutter wird bestimmt bitter enttäuscht sein von mir, denn als Erstes wird sie mir natürlich die alleinige Schuld geben. Aber ich habe ein Trostpflaster zur Hand: Ich kann ihr sagen, dass ich gleich nach Weihnachten nach Paris gehen werde, um ein neues Studium anzufangen. Ich habe große Lust, Moderne Kunst und Design zu studieren. Ich hoffe, Mutter damit milde zu stimmen. Ich werde lange fort sein und ein ganz neues Leben beginnen."

Jonas konnte es kaum glauben. „Sandra, ich kenne dich gar nicht wieder. Aber es ist wunderbar, wie du zu alledem stehst, und ich bin überglücklich, dass wir beide zu dieser tollen Lösung gekommen sind. Auch ich werde viel unterwegs sein, wie du ja weißt, und unsere Trennung sollten wir möglichst noch vor Weihnachten kundtun. Was hältst du davon?"

Sandra nickte zustimmend. „Ja, damit bin ich einverstanden." (Jonas hatte wohlweislich verschwiegen, dass er so bald wie möglich Kontakt mit Heide aufnehmen wollte.)

Sandra und Jonas nahmen sich in den Arm und beide fühlten, dass es nur freundschaftlich war. Sie schauten sich an und mussten lachen.

„Wer hätte das gedacht", sagte Sandra.

„Tja", meinte Jonas, „wer wohl! Darf ich dich heute Abend zum Abendessen einladen, dann können wir mit einem guten Glas Wein unsere neue Freundschaft besiegeln!"

„Gerne", erwiderte Sandra, „ich bin um achtzehn Uhr bereit, mein Freund." Dabei lächelte sie ihm offen zu und er wusste, dass er dieses Lächeln im positiven Sinne als Freund deuten konnte.

*

Der Indian Summer war eingekehrt. An einem schönen, noch milden Herbsttag hatten Mary und Heide einen Ausflug in den Central Park geplant. Vorher jedoch mussten sie morgens einen Termin bei Professor Morgenstern wahrnehmen. Nur auf Drängen von Dr. Miller und Bitten von Mary hatte Heide nachgegeben, noch einmal Professor Morgenstern aufzusuchen. Heide wollte nicht wahrhaben, dass sich bei ihr vielleicht eine Verschlechterung ergeben hatte, sie wollte nur an ihr Baby denken und dass sie so lange durchhalten musste, bis ihr Baby zur Welt kam, alles andere wollte sie nicht wissen. Nun saß sie dennoch bei Professor Morgenstern und hatte die ganze Untersuchungsprozedur schon hinter sich, als der Professor mit den Aufnahmen kam: „Nun, Ladys, ich darf Ihnen auf diesen Aufnahmen einmal etwas zeigen."

Dabei nahm er einen Stift und kreiste eine bestimmte Stelle ein. Mary schaute gebannt, doch Heide musste sich überwinden hinzuschauen.

„Sehen Sie hier ..." Der Professor deutete auf die eingekreiste Stelle. „Hier ist der Tumor, das ist das Bild von heute, und sehen Sie hier ...", er nahm eine andere Aufnahme zur Hand und deutete auf einen ebenfalls runden Kreis, „das war unsere erste Aufnahme. Und was fällt Ihnen auf? Nun?"

Mary hatte es zuerst erkannt und schaute fragend, interessiert den Professor an. „Es sieht bald so aus, als wäre der Tumor gar nicht gewachsen? Schau nur, Heide!" Dabei lenkte sie Heides Aufmerksamkeit auf den kleinen, runden Kreis.

Nun sah Heide auch genauer hin und an den Professor gewandt fragte sie vorsichtig: „Kann das denn sein, Herr Professor?"

„Nun ...", der Professor zögerte etwas mit der Antwort und sagte dann etwas bedächtig: „Den Nachmessungen zufolge hat sich der Tumor so minimal vergrößert, dass es schon verwunderlich ist, denn nach unseren Erkenntnissen ist es doch ein aggressiver, schnell wachsender Tumor. Aber dieses hier ist medizinisch gesehen ein Phänomen. Sie müssen unbedingt in spätestens sechs Wochen zu einer neuen Kontrolle zu mir kommen!"

Heide war verunsichert und schaute Mary an: „Was meinst du, Mary?"

Mary nahm die Hand ihrer Freundin und sprach eindringlich auf sie ein. „Das musst du unbedingt, dear! Tu es für dein Baby!"

Das wirkte auf Heide: „Gut, Herr Professor, ich werde noch einmal zu einer Untersuchung kommen, einmal noch, okay?"

Der Professor war erfreut. „Ich werde gleich einen Termin für Sie reservieren." Er nahm den Telefonhörer und ließ sich von seiner Vorzimmerdame einen Termin vorschlagen, es war der 6. Dezember. Heide und Mary akzeptierten ihn.

Nachdem die beiden Frauen die Praxis des Professors verlassen hatten, schwiegen sie erst einmal, bis Mary dann endlich das Wort ergriff: „Es war doch eine gute Neuigkeit eben, dear, willst du darüber reden?!"

Heide schüttelte heftig den Kopf. „Nein, Mary, vielleicht sollte man das alles erst einmal nur so zur Kenntnis nehmen, ich will mir keine falschen Hoffnungen machen!"
„Du hast Recht, dear! Lass uns den heutigen schönen Tag genießen. Habe ich dir überhaupt gesagt, dass wir noch einen kleinen Abstecher zu Dads Büro machen müssen? Ein Mitarbeiter ist krank geworden und ich soll für ihn einspringen, es sind Arbeiten, die ich zu Hause mit dem Laptop ausführen kann. Es handelt sich um Skizzen und Berechnungen für ein geplantes Neubaugebiet abseits von Manhattan."
„Natürlich, Mary, ich freue mich auch darauf, deinen Dad wiederzusehen."
Mary hatte zugesagt, dass sie am späteren Vormittag in George Goodmans Büro, das sich am Ende der Fifth Avenue in einem großen Bürogebäude befand, eintreffen würden.
Marys Vater empfing sie freundlich, in seiner etwas polternden Art: „Hallo, Ladys, willkommen und hereinspaziert!"
„Hallo, Dad!" Mary begrüßte ihn herzlich mit einer Umarmung und einem Wangenkuss. Auch Heide begrüßte George Goodman sehr herzlich, denn sie mochte seine etwas polternde Art. Sie wusste: Dahinter verbarg sich eine Portion Gutmütigkeit.
„Kommt, ihr beiden, Jenny bringt uns gleich einen Kaffee, ist das okay?"
„Lieber einen Tee", erwiderte Heide, „einen grünen, bitte!"
„Aber sicher, liebe Heide, wird erledigt."
Auf einen Knopfdruck hin erschien Jenny, eine hübsche, aber nicht ganz schlanke, doch gut gebaute Blondine in den mittleren Jahren.
„Ja, George, eh ... Herr Goodman?"
Mary hatte jedoch schon seit Längerem die Vermutung, dass Jenny etwas mehr als nur die Sekretärin und Vertraute ihres Vaters war. Seit ihre Mutter mit sechsundvierzig an Krebs gestorben war, hatte George Goodman sich die ersten Jahre sehr zurückgezogen, lebte nur noch für seinen Beruf. Mary konnte ihm nicht sehr viel helfen, da sie die Trauer um ihre Mutter selber kaum bewältigen konnte.

So hatte Jenny im Laufe der Jahre eine immer größere Rolle im Leben ihres Vaters gespielt.

*

Mary hatte es heimlich beobachtet und akzeptiert, als sie sah, wie ihr Vater wieder auflebte. „Bitte einen grünen Tee für Heide und zwei Tassen starken Kaffee für Mary und mich", sagte George freundlich zu Jenny.
„Kommt sofort." Jenny verschwand, um das Gewünschte zu holen. Es dauerte auch nicht lange, da servierte Jenny Tee und Kaffee und stellte noch etwas Gebäck dazu. „Kann ich noch etwas für Sie tun?" Jenny schaute fragend in die Runde.
„Nein, danke.",
Und Mary sah, wie George ihr ein Auge zuzwinkerte, lächelnd ging Jenny wieder an ihren Schreibtisch.
Mary wandte sich an ihren Vater: „So, Dad, nun sag mir genau, was anliegt, was ich für dich tun kann."
„Sofort, Mary, lass uns erst einmal den Kaffee trinken, dann werde ich dir im Arbeitszimmer alles zeigen und erklären. Du kannst im Laptop schon mal die Vorarbeiten anschauen, wenn du danach im Bilde bist und wir alles besprochen haben, kannst du ihn mitnehmen und von zu Hause aus weiterarbeiten." Und an Heide gewandt: „Vielleicht macht es dir Spaß, liebe Heide, einmal zu sehen, wie so Gebäude entstehen und wie so etwas dann später einmal aussehen wird?"
Heide nickte. „Ja, ich glaube schon, dass mich das interessiert."
„Wonderful", sagte George.
Während Mary und er sich anschickten, nach nebenan zu gehen, ging noch einmal die Tür vom Sekretariat auf und Jenny schaute herein. „Wird noch etwas benötigt?"
George winkte ab, doch dann meinte er: „Liegt noch viel an im Büro?"
„Ich habe noch ein wichtiges Schreiben und ein Fax zu erledigen", erwiderte sie. „Es könnte heute wieder etwas später werden."

„Bei mir wird's heute auch später", erwiderte George mit einem vielsagenden Lächeln, das hieß: Man wollte den Abend gemeinsam verbringen.
Mary schaute ihren Vater herausfordernd an. „Wann wollt ihr es denn offiziell machen, Dad?"
„Tja, Mary, klar, dass du schon Bescheid weißt. Wir haben so an Weihnachten gedacht."
„Das ist toll!" Mary klang begeistert. „Hast du gehört, Heide? Dann können wir uns Weihnachten alle zusammensetzen. Ist das nicht schön?"
Heide nickte zustimmend. „Ja, Mary, ich finde das auch schön."
Nachdem Mary und George ihren Kaffee getrunken hatten, gingen sie ins angrenzende Arbeitszimmer, dem sich ein großer Raum mit Zeichenbrettern, Linealen, Farben und allen möglichen Zeichenutensilien anschloss.
Heide hatte es sich auf dem Besuchersofa bequem gemacht und blätterte in einem Magazin, als ihr plötzlich schwarz vor Augen wurde. Sie lag wohl schon eine Weile so, als Mary wieder in den Raum trat. Erschrocken lief sie zum Sofa.
„Heide! Heide!" Mit einem Erfrischungstuch rieb sie ihr die Stirn ab. „Wir müssen einen Notarzt rufen, schnell, Dad!"
Doch in dem Moment schlug Heide die Augen wieder auf. „Kein Arzt, Mary, es geht schon wieder." Sie richtete sich auf. „Es war nicht so schlimm, ich fühle mich schon wieder gut."
Mary und ihr Vater schauten sich wissend an. George war informiert und gab den beiden auch jede Hilfe, wenn sie benötigt wurde.
„Lass uns an die frische Luft gehen, Mary." Heide stand auf und nach ein paar unsicheren Schritten stand sie wieder fest auf den Beinen.
„Natürlich, Heide, sofort!" Mary packte ihre Unterlagen und die beiden verabschiedeten sich von George und auch von Jenny, um den geplanten Ausflug im Central Park anzugehen und um die Sonne noch zu genießen.

*

Am Abend des gleichen Tages saßen die beiden Frauen gemütlich beisammen am Kamin. Mary hatte einige Berechnungsbögen vor sich auf den Knien liegen und war darin vertieft. Heide hatte sich zurückgelehnt und grübelte vor sich hin.
Als Mary aufsah, fragte sie besorgt: „Ist etwas nicht in Ordnung, Heide? Worüber denkst du so angestrengt nach?"
„Ich denke tatsächlich über etwas nach, und das auch schon seit einiger Zeit", erwiderte Heide.
„Willst du mir nicht sagen, worüber du dir vielleicht Sorgen machst?" Mary schaute Heide eindringlich an. „Sag es mir, du weißt, ich tu alles, was ich kann."
„Also gut." Heide holte tief Luft. „Ich möchte mit dir zu einem Notar gehen. Ich möchte hinterlassen, dass, wenn mir etwas passiert" – sie machte eine kleine Pause – „dann – dann sollst du das Sorgerecht für mein Baby bekommen. Ich möchte es bei einem Notar niederlegen und beglaubigen lassen, damit dir die Behörden später keine Probleme machen können."
Als Heide schwieg, sagte Mary nach einer Weile: „Heide, es ist doch noch so viel Zeit." Sie wusste, wie schwer es Heide wohl fallen würde, diese heikle Sache nun zu regeln.
Doch Heide schüttelte denn Kopf. „Nein, Mary, so etwas Wichtiges soll man nicht vor sich herschieben und ich bin dann auch beruhigter" – dabei strich sie zart über ihren kleinen, jetzt doch sichtbaren Bauch – „wenn ich weiß, dass für mein geliebtes Baby alles in Ordnung geht. Du weißt nicht, Mary, wie dankbar ich dir bin." Heide nahm Marys Hände und legte sie auf ihren Bauch. „Ich weiß, dass du mein Baby auch lieben wirst."
Gerade in diesem Moment fühlte Mary, wie sich das Baby in Heides Bauch drehte. Ein seltsames Gefühl überkam sie. Sie hatte bis jetzt mit Heide gelitten, doch es war auch ein wunderbares Glücksgefühl, mitzuerleben, wie das Baby heranwuchs, und mit Heide zusammen das Werden des kleinen Menschenkindes zu beobachten.
„Wenn du es unbedingt so möchtest, Heide, werde ich mich morgen um einen Termin bei der Kanzlei Brother and Brother, Rechtsanwäl-

te und Notare, kümmern. Ich kenne den Anwalt und Notar Dan Brother jun. gut. Er wird uns gut beraten."
„Danke, Mary, ich glaube, jetzt kann ich etwas beruhigter sein." Heide legte sich entspannt zurück und schloss die Augen.
Mary notierte sich den Anruf wegen eines Termins für den nächsten Tag. Sie wollte Heide ihren Wunsch so schnell es ging erfüllen.

*

Heides Onkel, Ferdinand vom Stein, und seine Frau Karin machten sich große Sorgen um Heidelinde und auch um Luzia. Luzia wollte keine großen Spaziergänge mehr machen und schlief viel. Sie lag fast immer in ihrem Hundekorb, den Karin am Fußende von Heides Bett hingestellt und mit einer Decke von Heide ausgelegt hatte. Hier lag Luzia und konnte durch die offene Tür das Geschehen im Hause in etwa mitbekommen. Manchmal schmeckte ihr auch das Fressen nicht mehr so richtig. Der Tierarzt diagnostizierte eine altersbedingte Herzschwäche. Sie erhielt deshalb ein herzstärkendes Medikament und Vitamin-Aufbaupräparate.
Ferdinand und Karin hatten es sich im Wohnzimmer gemütlich gemacht und unterhielten sich gerade über Heide, als das Telefon klingelte. Ferdinand nahm den Hörer ab und sein Gesicht nahm einen erstaunten und erfreuten Ausdruck an. „Heide, Mädchen! Das ist aber eine schöne Überraschung. Gerade haben wir von dir gesprochen! Sag bitte als Erstes: Wie geht es dir? Kommst du bald wieder? Es ist nicht mehr lange bis Weihnachten. Wir hätten dich so gerne hier. Und bring doch Mary mit!"
Einen Augenblick war es still in der Leitung, dann kam Heides Stimme: „Onkel Ferdi, sei mir nicht böse, aber es ist nicht gut, wenn ich jetzt eine anstrengende Reise mache, so mitten in der Therapie, und die wird sich noch über drei Monate hinziehen. Macht euch keine Sorgen, bitte!" Heide hatte versucht, ihrer Stimme Festigkeit zu geben, was ihr auch recht gut gelang. „Bitte, Onkel Ferdi, ich möchte nicht, dass ihr wegen mir Kummer habt! Ich werde mich ganz bestimmt in Kürze auch wieder melden!"

Als Heide nun schwieg, antwortete Ferdinand: „In Ordnung, Heide, wir warten immer auf einen Anruf von dir oder eine Nachricht. Die letzte E-Mail kam von Mary, aber es wäre schön, von dir selber einmal Post zu bekommen. Verstehst du das, Heide?"
„Natürlich", sagte Heide, „verstehe ich das und ich verspreche, euch bald einen Brief zu schicken. Doch gib mir bitte einmal Karin."
Karin meldete sich umgehend und Heide hörte, wie erfreut und erleichtert Karins Stimme klang. „Sag mir, liebe Heide, ob du irgendeinen Wunsch hast. Können wir irgendetwas für dich tun?"
„Ja, Karin, fast hätte ich es vergessen, sag bitte Onkel Ferdi, er möge für mich zehntausend Euro aus einem Aktienfonds auf mein Konto hier in Amerika überweisen, das gleiche Konto, wo mein monatliches Geld draufkommt. Onkel Ferdi weiß Bescheid."
„Selbstverständlich", sagte Karin, „aber warte, ich gebe dir Onkel Ferdinand noch einmal", und abschließend an Heide: „Gib gut auf dich acht, mein Kind, und lass bald wieder von dir hören!"
„Okay, Karin", erwiderte Heide, „bis später und bleib gesund!"
Ferdinand nahm noch einmal den Hörer zur Hand. „Ich hab's schon mitbekommen, Heide. Das mit dem Geld geht in Ordnung. Mach dir keine Gedanken! Aber noch etwas sollst du wissen: Bei Luzia, du weißt ja, sie hat inzwischen ihr Alter, hat der Tierarzt eine leichte Herzschwäche festgestellt und sie bekommt Medikamente, auch macht sie nur noch kleine Spaziergänge."
„Oh!" Ein wenig erschrocken klang nun Heides Stimme. Nach einer kleinen Pause sagte sie: „Onkel Ferdinand, geh mit dem Telefonhörer zu ihr und halte ihn einmal an ihr Ohr."
„Mache ich", sagte Ferdinand und ging zum Hundekorb und hielt den Hörer an Luzias Ohr. „Jetzt, Heide, kannst du ihr was sagen."
Ferdinand und Karin hörten am anderen Ende der Leitung Heides Stimme, die zu Luzia sprach: „Luzia, mein treues Hundemädchen, hörst du mich?"
Luzia spitzte die Ohren und schaute aufmerksam, als wolle sie sagen: „Natürlich höre ich dich!"

„Luzia", sprach Heide weiter, „mach uns keinen Kummer, wir werden uns ja wiedersehen, mein lieber, treuer Weggefährte, leb wohl bis dahin!"
Ferdinand nahm den Hörer wieder ans Ohr. „Du glaubst es nicht, Heide, wie Luzia gelauscht hat und geschaut, als ob sie alles verstanden hätte."
„Das ist schön, Onkel Ferdi, ich weiß, dass sie es bei euch gut hat." Heides Stimme schwankte ein wenig und sie wusste, dass es Zeit wurde, das Gespräch zu beenden. „Nun mach ich Schluss, Onkel Ferdi, grüße Karin noch einmal ganz lieb und umarme Luzia von mir und noch einmal vielen Dank an euch beide. Ich werde nie vergessen, was ihr alles für mich getan habt. Bis später, ihr Lieben!"
„Bis später, meine liebe Heidelinde. Gib auf dich acht!"
Etwas zögerlich legte Ferdinand den Hörer auf, mit einem seltsamen Gefühl, das er nicht beschreiben konnte. Karin nickte ihm erleichtert zu. „Gott sei Dank, Heide hat sich gemeldet!"

*

Mary hatte bei dem Notar Dan Brother einen kurzfristigen Termin bekommen. Es war Anfang November und Heide war damit einverstanden, und so saßen sie dann am 8. November Dan Brother gegenüber.
„Nun, Ladys, ich hoffe, ich kann Ihnen helfen?" Er schaute fragend von Mary zu Heide.
Heide nickte. „Ja. Mr Brother, das können Sie. Ich möchte für meine liebe Freundin Mary eine Verfügung oder Urkunde hinterlegen. Sie soll, für den Fall, wenn mir etwas zustößt, nach der Geburt meiner Tochter das Sorgerecht erhalten, auch eine Adoption soll nicht ausgeschlossen sein."
Dan Brother schaute erstaunt. „Aber Mrs vom Stein, wollen Sie denn nachher für Ihr Baby nicht da sein?"
Nun schaltete Mary sich ein. „Dan, ich glaube, Sie müssen etwas wissen – soll ich?" Sie sah Heide fragend an. Heide bestätigte ihre Frage mit leichtem Kopfnicken. Mary holte tief Luft. „Also, Dan,

es ist nämlich so …" Es fiel ihr nicht leicht, darüber zu reden, dann jedoch sprach sie zügig und schilderte dem Notar die Situation.
Dan bekam während der Schilderung ein seltsames Mitgefühl, was er so noch nicht kannte. Diese junge Frau wollte ihr Baby zur Welt bringen um den Preis ihres Lebens. Wie groß musste die Liebe zu dem Vater des Kindes sein und diesem ungeborenen Baby. Er fasste sich jedoch schnell. „Nun, dann wollen wir ein entsprechendes Dokument aufsetzen, Ladys."
Er diktierte im Beisein von Heide und Mary den entsprechenden Schriftsatz, so wie Heide es haben wollte. Nach drei Tagen konnten sie das Dokument beglaubigt und unterschrieben abholen. Eine Ausfertigung verblieb im Notariat.

*

Sandra und Jonas hatten sich arrangiert. Nach außen hin spielten sie noch das perfekte Ehepaar. Jonas' Eltern sowie Irmhild und Harry konnten keine Diskrepanzen feststellen und gingen somit von einer guten und problemlosen Ehe aus, denn beide, Sandra und Jonas, waren recht gute „Schauspieler".
So hatte Sandra sich mit ihrer Mutter unterhalten, dass sie Anfang November nach Paris wollte, zu einer großen Modenschau mit berühmten Modeschöpfern und bekannten Mannequins. Einen Augenblick lang war Irmhild geneigt, Sandra zu begleiten, und meinte: „Ach, Sandra, das wäre für mich ja auch einmal interessant, ich könnte dich vielleicht begleiten, wenn es meine Termine erlauben."
Sandra schluckte. „Tja, Mama, nur – ich bleibe wahrscheinlich eine Woche, das kannst du sicher nicht mit deinen Terminen vereinbaren." (In Wirklichkeit wollte Sandra sich nach einer kleinen Wohnung umschauen.)
„Eine Woche?", wiederholte Irmhild. „Das ist in der Tat für mich nicht drin! Vielleicht drei Tage?" Doch dann schüttelte sie den Kopf. „Nein, das wird mir zu stressig. Lassen wir's lieber."
Sandra atmete insgeheim auf.
„Aber was sagt Jonas dazu?" Irmhild schaute sie fragend an.

Sandra lächelte. „Jonas ist einverstanden. Bis auf eine kleine Unterbrechung ist er in Berlin an der Staatsoper bis Weihnachten verpflichtet." Um Irmhilds Skepsis ein wenig zu dämpfen, sagte sie: „Ich werde Jonas auch in Berlin besuchen."
„Das ist in Ordnung, mein Kind. Du kannst eure junge Ehe ja nicht nur mit Abwesenheit strapazieren, du warst ja kürzlich erst in Holland."
„Ich weiß, Mama, ich weiß."
Sandra hatte ihre Mutter nun beruhigt und atmete innerlich auf.

Jonas hatte seinen Eltern gegenüber nichts von Sandras Reise nach Paris erwähnt. Sie waren übereingekommen, beide Eltern erst kurz vor Weihnachten über alles zu informieren.

Sandra wollte gleich nach Weihnachten fort, eventuell schon am zweiten Weihnachtstag, und Jonas hatte seinen Agenten Peter Heuser gebeten, zu versuchen, für ihn gleich nach Weihnachten eine Aufführung, vielleicht in der Carnegie Hall in New York, zu arrangieren. Und wie Peter Heuser ihm ziemlich schnell mitteilte, konnte er zu Silvester, am 31. Dezember, bei einem Liederabend mit klassischer Musik von Schumann und anderen auftreten, müsste aber mindestens drei Tage wegen vorheriger Proben da sein.
„Das ist toll, Peter." Jonas war begeistert. „Bitte regele alles, so dass ich spätestens am 28. Dezember in New York sein kann.
„Geht in Ordnung, Jonas." Peter Heuser war eigentlich der einzige Freund und auch Vertraute von Jonas, der stets für ihn da war.

Jonas sprach mit Sandra und sie kamen überein, dass man baldmöglichst einen Anwalt aufsuchen sollte, damit die Scheidung auf schnellstem Wege eingeleitet würde. Sie vereinbarten kurzfristig einen Termin bei einem bekannten und guten Anwalt, der zuerst wegen des vorgeschriebenen Trennungsjahres Bedenken äußerte, aber doch einen Weg finden würde, die Scheidung baldigst „über die Bühne" zu bringen, da es eine einvernehmliche Scheidung wäre

und keinerlei Differenzen über Vermögenswerte, diverse Eigentumsrechte usw. bestehen würden.
In Gedanken war Jonas schon in New York bei Heide. Er musste versuchen, sie telefonisch zu erreichen, um ihr seine jetzige, neue Situation zu erklären.
Dass er inzwischen wusste, dass er sie liebte, wollte er ihr lieber persönlich sagen, wenn er ihr gegenüberstand.

*

Die letzte Kontrolluntersuchung für Heide stand an. Sie hatte ihr Wort gehalten und nun saßen sie und Mary dem Professor wieder gegenüber.
„Guten Tag, Ladys, ich freue mich, dass Sie gekommen sind." Er war betont freundlich und hatte die Unterlagen von Heide vor sich liegen. Er nahm einen Brief zur Hand. „Liebe Heidelinde, ich habe mich noch einmal mit Dr. Miller unterhalten und er findet es auch ganz besonders wichtig, dass Sie noch einmal eine Kontrolluntersuchung machen. Mit Ihrem Baby ist alles bestens und die Untersuchung hier wird ihm keinesfalls schaden. Sie können also ganz beruhigt sein."
„Okay, Herr Professor." Heide versuchte ihre Nervosität zu verbergen. „Wollen wir es so schnell wie möglich hinter uns bringen!"
„Sie haben Recht. Die allgemeinen Voruntersuchungen sind Ihnen ja schon geläufig. Schwester Monica hilft Ihnen. Kommen Sie bitte in den U-Raum 1, danach nehmen wir sofort die Hauptuntersuchung vor."
Mary wandte sich an Heide. „Ich warte im Vorzimmer auf dich, Heide, und der Professor kann mich jederzeit herbeirufen."
„Danke, Mary, ich weiß."
Heide begleitete den Professor in den U-Raum, wo seine Assistentin schon wartete.
Die Voruntersuchungen ergaben nichts Auffälliges. Nach gut dreißig Minuten kam der Professor, schaute die Ergebnisse an und nick-

te. „Okay, Schwester Monica, lassen Sie uns jetzt in U 2 gehen zur Hauptuntersuchung."
Nach Beendigung der Hauptuntersuchung, nachdem der Professor zwei Vorgänge getätigt hatte, denn das erste Ergebnis auf dem Bildschirm wollte er nicht glauben, doch auch die zweite Aufnahme zeigte ihm, dass der Tumor sich gegenüber der vorherigen Untersuchung nicht verändert hatte, das hieß: Er stagnierte. So etwas hatte er in seiner bisherigen Laufbahn noch nicht erlebt!
Der Professor studierte noch einmal gründlich die Aufnahmen, aber es blieb dabei: Der Tumor stagnierte. Nach allen wissenschaftlichen Erfahrungen und Erkenntnissen war diese Art Tumor schnell wachsend und in der Regel tödlich. Seine Eingriffe bisher waren einmalig in der medizinischen Welt.
„Kommen Sie, liebe Heidelinde, ich muss Ihnen etwas zeigen, und lassen Sie Ihre Freundin auch kommen."
Mary kam nun auch wieder in das Sprechzimmer des Professors und sie saßen diesem nun wiederum gegenüber und schauten in das erfreut aussehende Gesicht des Professors.
„Ladys, ich glaube ja nicht an Wunder, aber schauen Sie", er nahm die letzte Aufnahme, „schauen Sie hier!" Er zeigte den Umfang eines kleinen, rot umrandeten Kreises, den Tumor. – „Hier, und schauen Sie die alte Aufnahme." Dabei zeigte er wieder auf einen rot umrandeten Kreis. „Sehen Sie, hier, keine Veränderung, das heißt, der Tumor stagniert. Wenn das auf längere Sicht so bleibt, liebe Heidelinde, und Sie Ihr Baby bekommen haben, heißt das, Sie hätten dann immer noch die Chance, eine OP wahrzunehmen. Es grenzt an ein Wunder und ich kann es selber kaum glauben, aber es ist wunderbar für Sie, liebe Heidelinde, es bleibt Ihnen dann die Chance, Ihr Leben wieder in die Hand zu nehmen. Nun, was sagen Sie dazu?"
Als der Professor schwieg, schaute Heide ihn ungläubig an. „Sie meinen, ich hätte noch eine Chance, dass …" Ihre Stimme versagte. Mary nahm sie in den Arm. „Heide, das ist die schönste Nachricht, die ich je in meinem ganzen Leben gehört habe. Du wirst leben, Heide." Sie drückte Heide fest an sich.

Heide liefen Tränen übers Gesicht und mit erstickter Stimme bedankte sie sich bei dem Professor. „Ich hatte mich schon mit meinem Schicksal abgefunden und nun darf ich wieder hoffen!"
Der Professor ahnte, wie sehr diese junge Frau schon gelitten haben musste und sich dennoch so tapfer in ihr Schicksal ergeben hatte.
„Wir hoffen und beten alle, dass dieses Wunder bestehen bleibt. Ich werde Dr. Miller diese gute Nachricht umgehend mitteilen, denn Ihr Schicksal war auch ihm nicht gleichgültig."
Mary strahlte den Professor an. „Jetzt brauchen wir beide Zeit, um dies Glück fassen zu können. Ist es so, Heide?"
Heide nickte nur, ging auf den Professor zu und mit Tränen in den Augen sagte sie: „Ich bin Ihnen so dankbar, Herr Professor, ich weiß nicht, wie ich Ihnen danken soll." Und mit einer schüchternen Umarmung zeigte sie Professor Morgenstern ihre Dankbarkeit.
Sichtlich gerührt nahm der Professor ihre Hände. „In erster Linie haben Sie selber dafür gesorgt. Sie sind stark geblieben und haben gekämpft. In ca. vier Monaten soll das Baby kommen, wollen wir vorher noch einmal eine Testuntersuchung machen?"
Heide sah Mary an und beide nickten. „Okay!"
Der Professor war zufrieden. „Dann sehen wir uns direkt nach Weihnachten und" – er hob mahnend den Zeigefinger – „keine Aufregungen, ob positiv oder negativ, und sehr viel Schonung!"
Mary schaute den Professor bedeutungsvoll an. „Darauf können Sie sich verlassen."
Der Professor lächelte, als er den beiden seine Hand gab. „Ich glaube nicht, dass es eine bessere Freundin für Heidelinde auf der ganzen Welt gibt."
Mary wollte etwas erwidern, aber Heide kam ihr zuvor: „Der Professor hat Recht, Mary, keine Diskussion!"
„Akzeptiert", lachte Mary und mit leichteren Herzen als je zuvor verließen sie den Professor.

*

Mary konnte nach dem Besuch bei Professor Morgenstern beobachten, wie Heide innerhalb weniger Tage zu einem anderen Menschen wurde. Ihre oft rot umränderten Augen morgens, wenn sie nach fast schlafloser Nacht mit Tränen zum Frühstück kam, waren verschwunden. Oft konnte sie Heides Schmerz kaum ertragen, aber sie musste die Stärkere sein, denn Heide hatte in ihr Halt und Trost gesucht. – Seit Kurzem nun sah sie, wie Heide auflebte, sie schaute jetzt positiv in die Zukunft und konnte sogar schon mal wieder richtig von Herzen lachen.

Nach dem dritten Tag sagte sie plötzlich zu Mary: „Sag mal, was hältst du davon, wenn wir uns einmal Babysachen anschauen? Eine Wiege, einen Kinderwagen und was es sonst noch für schöne Dinge gibt!"

„Natürlich, Heide." Mary war sofort begeistert. „Wir fahren zur 6th Avenue auf die große Mall ins Einkaufszentrum. Dort gibt es viele Läden und tolle Boutiquen, da wirst du alles finden, was dein Herz begehrt. Wir fahren morgens rechtzeitig los und können dort auch in einem schönen Restaurant zu Mittag essen", schlug Mary vor.

Voller Vorfreude machten sich die beiden am anderen Morgen auf den Weg. Mit einem bedeutsamen Blick auf Heide meinte Mary: „Ich werde aber schon darauf achten, liebe Heide, my dear, dass es nicht zu anstrengend wird für dich."

„Ich weiß, Mary, du bist einfach nur gut zu mir und ich kann zum ersten Mal sagen: Ich bin wieder glücklich und freue mich jetzt noch mehr, denn ich weiß nun, dass ich mein Baby in den Armen halten werde. Ich bete jeden Abend, dass alles so bleibt und das Schicksal es gut mit mir meint."

„Es wird alles gut, dear, ich bin voller Zuversicht", entgegnete Mary. Mit einem tiefen Seufzer hängte Heide sich bei Mary ein und ein großer, aufregender Tag begann, als sie im Einkaufszentrum angelangt waren. – Gegen Abend kamen sie mit vielen Tüten und Päckchen voll bepackt nach Hause. Mary hatte streng darauf geachtet, dass Heide nur ganz leichte Sachen trug. Alles auszupacken schafften beide nicht, nur das eine oder andere Päckchen. Plötzlich hielt Heide ein total niedliches Strampelhöschen in Händen. „Schau,

Mary, wie niedlich! Sieh nur, in Weiß und Rosa. Mein Gott, wird Amily-Mary süß darin aussehen. Glaubst du nicht auch?"
Mary sah ein glückliches Leuchten in Heides Augen. Sie konnte ihr eigenes Gefühl kaum beschreiben, denn auch sie war in diese Situation emotional so eingebunden, das unbeschreibliche Glück ihrer Freundin war für sie fast wie ein Märchen. Mit gespielter Strenge jedoch sagte sie: „Ich glaube auch, dass dein Baby ganz süß darin aussehen wird, aber es war alles sehr anstrengend und deshalb werden wir uns, das heißt du als Erste, frühzeitig zur Ruhe begeben und" – sie hob den Zeigefinger – „keine Widerrede, denk auch daran, was der Professor gesagt hat: Schonung ist angesagt."
„Okay, Mary, du hast ja Recht." Heide versuchte erst gar nicht zu widersprechen. „Allmählich fühle ich auch eine gewisse Müdigkeit."
Gegen 21.30 Uhr legte Heide sich schlafen, während Mary noch ein wenig für Ordnung sorgte. Als sie ca. eine halbe Stunde später nach Heide schaute, sah sie diese tief schlafend mit dem kleinen Strampelhöschen fest an ihre Brust gedrückt. Vor sich hin lächelnd zog Mary leise die Tür zu.

*

Jonas hatte nach der Generalprobe für die Aufführung der Oper „Don Carlos" es sich am frühen Nachmittag in seinem Hotelzimmer bequem gemacht, um sich von den Anstrengungen zu erholen. Zur Entspannung schaltete er das Radio ein und suchte nach entsprechender Musik, als er gerade noch die Ankündigung hörte „… und hören Sie eine Aufzeichnung von dem Galakonzert des Deutschen Sinfonieorchesters in Berlin, unter anderem mit Klavierkompositionen von Rachmaninows zweitem Klavierkonzert, gespielt von der jungen und sehr begabten und auch schon bekannten Pianistin Heidelinde vom Stein. Wir hoffen von dieser aufstrebenden Künstlerin künftig noch viele schöne Stücke und Kompositionen zu hören. Doch nun, meine Damen und Herren, lauschen Sie diesen wunderbaren Klängen."

Jonas sah Heide vor sich; dann fiel ihm ein: Dieses Konzert, das war doch damals, als er sie danach vom Bahnhof abgeholt hatte und als Heide ihm ihre Liebe gestanden hatte. Er hatte damals ihrer Bitte nachgegeben und mit ihr geschlafen.

Er hatte geglaubt, ihr als Freund helfen zu müssen. Heute wusste er: Es war damals schon mehr gewesen – nur – er wollte es nicht wahrhaben – dann trat Sandra in sein Leben und er hatte es vergessen, nein, eher verdrängt. Er kannte Heide schon seit vielen Jahren und mochte ihre zurückhaltende und unaufdringliche Art. Wie groß musste wohl ihre Überwindung gewesen sein, als sie ihm ihre Liebe offenbarte!

Nun sah er sie ganz deutlich vor sich: ihr schmales, apartes Gesicht, die großen, blauen Augen, blonde, etwas widerspenstige Locken, die ihr hin und wieder in die Stirn fielen, ihr manchmal etwas scheues Lächeln. Dann ihre Hände, sie schienen während des Klavierspielens über die Tasten zu schweben. Lange, feingliedrige Finger, die ihm damals zärtlich sein Gesicht streichelten, und plötzlich war ihre Stimme da, leise und voller Hingabe, die immer wieder sagte: „Ich liebe dich, Jon, ich liebe dich so sehr."

Jonas stöhnte auf. „Ich Esel, ich dummer, dummer Esel! Wirst du mir jemals verzeihen können, kleine Heide?" Während er den Klavierklängen im Radio lauschte, schoss es ihm durch den Kopf: „Ich rufe sie an! Ich rufe sie gleich noch an! Ich muss wissen, wie es ihr geht, und ich werde ihr sagen, dass ich sie am 28. Dezember besuchen werde. Ich muss ihr sagen, was für ein Dummkopf ich war! Wenn sie mich noch liebt, wird sie mir alles verzeihen. Ich werde sie darum bitten, ja, auf Knien, wenn es sein muss."

Jonas' Entschluss stand fest: Er würde Heide umgehend anrufen, er konnte nicht mehr bis nach Weihnachten warten, er wollte jetzt schon den Kontakt, so schnell wie möglich.

Sandra war inzwischen schon nach Paris gefahren, um sich nach einer passenden Wohnung umzuschauen und um eventuell alte Freunde wiederzufinden oder neue Freundschaften zu knüpfen. Auch wollte sie sich gleichzeitig für ein neues Studium an der Uni eintragen. – Die Scheidung war in die Wege geleitet und der Anwalt konnte ihnen inzwischen zusichern, dass sie Anfang des neuen Jahres, im Februar oder März, geschieden sein könnten. Nur beide Elternteile mussten noch vor Weihnachten die neue Situation erfahren.

*

Nachdem Mary wusste, dass Heide selig eingeschlafen war, setzte sie sich noch an den Schreibtisch, um die Berechnungen für das Neubaugebiet, über welches ihr Vater den Auftrag erhalten hatte, fertigzustellen. Es war 22.30 Uhr, sie nahm den Laptop zur Hand und wollte gerade die bereits erledigten Daten aufrufen, als Heides Handy klingelte.
„Verdammt", sagte sie. „Wieso ist das nicht abgeschaltet?" Nach dem dritten Klingelton jedoch blieb es still, aber Sekunden später hörte sie ihr Handy. „Ach, die Rufumleitung!"
Sie meldete sich: „Hallo, hier Mary Goodman, wer ist dort?"
Dann hörte sie die Stimme eines Mannes: „Mary? Hier spricht Jonas! Jonas Sonthofen! Entschuldige, ich weiß, es ist schon spät bei euch, aber ich rufe nur ganz kurz an. Kann ich vielleicht mit Heidelinde sprechen?"
Mary wurde es etwas unbehaglich zumute, sie wollte ihn aber nicht unhöflich abweisen und sagte: „Sorry, Jonas, Heide schläft schon fest. Ich möchte sie nicht gerne aufwecken, aber ich kann ihr eine Nachricht von dir geben, okay?"
„Tut mir leid, Mary, ich wollte nicht stören, aber kannst du ihr bitte sagen, dass ich am 28. Dezember in New York bin, weil ich am 31. Dezember in der Carnegie Hall einen Auftritt habe und Ende Januar dann noch für eine Aufführung in der Metropolitan Opera verpflichtet bin. Sag ihr doch bitte, dass sie mich zurückruft, damit wir einen genauen Zeitpunkt für ein Treffen vereinbaren können!"
Mary schossen viele Gedanken durch den Kopf. Wie soll das vor sich gehen? Wie wird Heide darauf reagieren? Sie darf sich auf keinen Fall aufregen. Schließlich sagte sie: „Okay, Jonas, ich rede mit ihr. Aber kommst du mit deiner Frau oder alleine?"

„Ach ja, Mary, das muss ich dir noch eben sagen. Sandra und ich, wir haben uns getrennt und auch schon die Scheidung eingereicht. Wir haben beide sehr schnell erkannt, dass wir mit der überstürzten Heirat einen Fehler gemacht haben. Sandra geht nach Paris und möchte dort noch einmal ein Studium aufnehmen, aber weißt du, das alles möchte ich Heide gerne persönlich sagen, aber ich denke, du wirst sie nun auch vorher informieren. Oder?"

Es blieb eine Weile still in der Leitung; sie konnte diese Neuigkeit gar nicht so schnell einordnen, doch sie fasste sich bald. „Mal sehen, Jonas, wie es Heide so geht – ob ich ihr das alles sofort sage – ich weiß es im Moment noch nicht. Aber gut, dass du mich informiert hast. Vielen Dank, Jonas!"

„Du wirst es aber Heide ausrichten, dass sie mich zurückruft? Du sagst es ihr doch! Oder?" Jonas' Stimme klang eindringlich, sogar bittend.

Mary konnte nicht anders, als es ihm zu versprechen. „Okay, Jonas, ich verspreche es dir. Sie wird sich in den nächsten Tagen bei dir melden! Ganz bestimmt!"

Sie hörte ihn am anderen Ende der Leitung tief durchatmen. „Danke, Mary, vielen Dank! Ich verlass mich auf dich und jetzt will ich dich auch nicht länger stören! Bis bald und alles Gute, bye-bye, Mary."

„Bye, Jonas!"

Als Mary den Hörer beiseitelegte, war sie nicht mehr in der Lage, sich den Berechnungen zu widmen. Sie musste Heide die Neuigkeiten vorsichtig beibringen, denn Aufregungen, egal welcher Art, sollten von ihr ferngehalten werden. Nun, sie würde schon einen Weg finden.

Mit diesen Gedanken versuchte sie nun auch zur Ruhe zu kommen.

Ganze zwei Tage hatte Mary gebraucht, um den richtigen Zeitpunkt zu finden, Heide von dem Telefonat mit Jonas in Kenntnis zu setzen. Heide hatte einen guten Tag gehabt und am späten Nachmittag saßen sie bei Gebäck und Tee im Wohnzimmer.

„Ich sehe, es geht dir heute wirklich gut, Heide." Mary tastete sich langsam vor. „Eh ... da ist etwas, was ich dir unbedingt sagen muss."
Heide schaute fragend. „Ja? Dann sag es doch, Mary! Oder ist es etwas Schlimmes?"
Mary schüttelte leicht mit dem Kopf, etwas zögerlich meinte sie: „Ich ... ich weiß nicht, ob du es als schlimm ansiehst."
„Oh!" Heide schien ein wenig erschrocken. „Ist etwas mit dir, Mary? Bist du krank?"
Mary winkte ab. „Nein, Heide, also nun sag ich es dir: Jonas hat angerufen, es war schon spät abends, du hast schon geschlafen und ich wollte dich nicht wecken. Es war der Tag, an dem wir einkaufen waren. Nun, ich war mir aber auch nicht sicher, ob du überhaupt mit ihm hättest reden wollen."
Etwas irritiert schaute Heide nun doch und man konnte förmlich sehen, wie die Gedanken hinter ihrer Stirn arbeiteten.
Mary konnte Heides Unsicherheit sehen. „Er hat mich gebeten, dir zu sagen, du möchtest ihn doch zurückrufen, es wäre ganz, ganz wichtig."
Heide schüttelte den Kopf. „Nein, Mary, was soll ich ihm denn sagen? Dass ich ein Kind von ihm bekomme, ihm von meiner Krankheit erzählen? Damit er sich dann mit seiner Frau darüber unterhalten kann? Nein, Mary, ich rufe ihn nicht zurück."
„Moment, Heide." Mary unterbrach sie. „Wir haben nicht sehr lange gesprochen, aber er hat mir gesagt, dass er bereits in Scheidung lebt. Seine Frau und er haben sehr schnell erkannt, dass diese Ehe ein Fehler war. Seine Frau geht wieder nach Paris, um ein neues Studium zu beginnen, und er auf eine größere Tournee. Übrigens: Am 31.12. hat er einen Auftritt in der Carnegie Hall und ist am 28. schon hier und da möchte er dich gerne besuchen."
Mary sah, wie Heide blass wurde und ihre Hände ineinander verkrampfte. „Was soll ich denn jetzt tun, Mary? Er wird sehen, dass ich ein Baby bekomme! Er hat doch keine Ahnung! Wie wird er denn dazu stehen? Das kann ich ihm doch nicht am Telefon sagen! Was soll ich denn nur machen?" Heide fühlte sich wie in die Enge getrieben.

Mary setzte sich zu ihr und legte ihre Arme um Heides Schulter. „Du darfst dich nicht aufregen, dear! Ist es nicht wunderbar, dass Jonas so an dich denkt – und ich glaube fast, er liebt dich! Du bekommst ein Baby von ihm und er wird bestimmt glücklich sein darüber. Er wird sehen, wie sehr du ihn liebst. Natürlich sagst du nichts am Telefon. So etwas muss man persönlich erleben. Über deine Krankheit musst du erst viel später reden, vielleicht erst, wenn das Baby da ist, und du kannst ihm dann auch gleich von der OP erzählen, so wie der Professor es uns gesagt hat. Ruf ihn einfach nur an, damit er weiß, dass er dir nicht gleichgültig ist. Ruf ihn an, sag ihm, du freust dich darauf, wenn er nach New York kommt."
Nun schwieg Mary. Sie sah Tränen in Heides Augen schimmern.
„Soll ich ihm dann auch sagen, dass ich ihn immer noch liebe?"
Mary lächelte. „Warte ab, bis er hier ist."
„Tja, Mary, du hast Recht. Ich rufe ihn gleich morgen früh an. Ich glaube, ich bin schon glücklich, wenn ich nur seine Stimme höre. Ob noch alles gut wird, Mary?"
Mary nickte. „Es sieht bald so aus, dear. Nur aufregen darfst du dich nicht. Versprich mir das, ja?"
„Ich verspreche es, Mary!" Heides Stimme zitterte ein wenig und nun rollte ihr doch eine Träne die Wange hinunter.

*

Es war der 19. November, ein Freitag und Julias Geburtstag.
Dr. Sonthofen hatte für diesen Tag eine Vertretung für seine Praxis, um an diesem Tag nur für Julia da zu sein. – Es war acht Uhr früh, als Julia in den Wintergarten ging, um das Frühstück zu richten, doch sie fand einen wunderbar gedeckten Tisch vor, mit einem riesigen Strauß dunkelroter Rosen (bestimmt fünfzig Stück, dachte sie).
Frau Müller, die Haushaltshilfe, war schon etwas früher gekommen. Als sie Julia sah, lief sie freudestrahlend auf Julia zu.
„Guten Morgen, Frau Sonthofen, alles, alles Gute und dass Sie auch immer gesund bleiben." Etwas schüchtern gab sie Julia die Hand und mit der anderen reichte sie Julia ein kleines Päckchen. Verlegen

sagte sie: „Ich habe für Sie etwas ganz Besonderes gebacken – Sie wissen schon –?"
Julia lachte. „Vielen, vielen Dank, Frau Müller, ich weiß schon – so etwas können auch nur Sie! Ich freue mich sehr darüber!" (Es waren ganz besondere Butterkekse nach einem alten Spezialrezept von Frau Mülles Mutter und Julias Lieblingsgebäck.)
„Aber nun glaube ich, dass wir uns um den Kaffee kümmern müssen, mein Mann wird gleich erscheinen. Sie wissen ja, 8.30 Uhr ist seine Zeit!"
„Selbstverständlich, Frau Sonthofen, bin schon weg", und Frau Müller verschwand in der Küche.
In diesem Moment kam auch schon Bernd Sonthofen. „Guten Morgen, Geburtstagskind." Er nahm Julia in den Arm und gab ihr einen liebevollen Kuss. „Alles Liebe und erdenklich Gute."
Selbst nach dreißig Jahren Ehe war er immer noch verliebt in Julia und ihr dankbar, dass sie trotz Höhen und Tiefen immer an seiner Seite war.
Julia schmiegte sich an ihn. „Danke, Lieber, ganz lieben Dank, auch für die wunderschönen Rosen. Einfach zauberhaft!"
Nun brachte Frau Müller den Kaffee, doch im gleichen Moment klingelte das Telefon.
„Ganz sicher für dich, Liebes." Bernd gab ihr gleich den Hörer. „Hier Julia Sonthofen! Oh, Jonas!", rief sie erfreut. „Ist das schön, von dir zu hören!"
Am anderen Ende der Leitung erklang Jonas' Stimme. „Guten Morgen, liebste Mama, alle guten Wünsche von mir mit der Bitte, dass du mir ja gesund bleibst und noch ganz, ganz viele Jahre für mich und Vater da bist. Hat Vater dir schon den Briefumschlag von mir gegeben? Da du ja nicht wolltest, dass ich heute nach Bonn komme, wegen meiner Aufführung, habe ich mir etwas einfallen lassen."
„So", sagte Julia, „hast du das? Da bin ich aber mal gespannt! Ich sehe schon, dein lieber Vater wedelt schon mit dem besagten Briefumschlag und macht mich natürlich neugierig. Ich rufe dich gleich noch einmal zurück, Jonas, denn ich möchte mich ja auch bei dir bedanken."

„Ist gut, Mama, „ich nehme mein Handy mit, damit du mich erreichst, falls ich unterwegs bin. Bis später und grüße Vater ganz herzlich. Bis nachher!"

Bernd reichte Julia den Umschlag, den sie schnell öffnete. Als sie die wunderschöne Karte aufklappte, sah sie zwei Opernkarten für den 20. November im Opernhaus Berlin für die Aufführung „Tristan und Isolde" sowie zwei Flugtickets und eine Reservierung in dem kleinen, aber noblen Hotel „Unter den Linden" am Kurfürstendamm.

Julias Augen strahlten. „Du hast es gewusst, Bernd, nicht wahr?"

„Natürlich, mein Schatz, ich wusste, wie sehr du dich darüber freuen würdest."

Julias Augen schimmerten feucht. „Jetzt muss ich mich erst mal setzen und einen Kaffee trinken, dann rufe ich sofort Jonas an. Ich freue mich so sehr, ich kann gar nicht sagen, wie sehr!"

Bernd staunte immer wieder, wie sehr Julia sich immer noch freuen konnte, und deshalb reichte er ihr noch ein kleines, längliches Päckchen mit den Worten: „Ich hoffe, dass du dich auch hierüber freust."

„Ach, Lieber", Julia war ganz aufgeregt, „so viel Freude am frühen Morgen. Ich glaube, ich muss gleich nachschauen, soll ich?"

„Selbstverständlich", erwiderte Bernd, „ich muss doch wissen, ob ich das richtige Geschenk gekauft habe."

Julia begann etwas vorsichtig die schöne Schleife aufzuziehen und hatte eine dumpfe Ahnung, was es sein könnte. Als sie die Schachtel öffnete, schimmerte ihr ein wunderschönes Armband entgegen, Weißgold in Filigran gearbeitet, was sie einmal im Schaufenster eines Juweliers gesehen hatte, als Bernd neben ihr stand und sie so daher sagte: „So etwas Schönes, Ausgefallenes könnte mir noch gefallen, aber was soll's, ich habe ja schon etliches, muss nicht sein."

Bernd hatte dazu geschwiegen, war aber zwei Tage später zu dem Juwelier gefahren und hatte das Armband reservieren lassen.

„Du hast es dir damals gemerkt, Lieber, stimmt's?" Julia bedankte sich herzlich bei Bernd und gab ihm einen liebevollen Kuss.

„Komm, ich lege es dir um, mein Schatz", sagte Bernd.

Stolz bewunderte Julia das schöne Stück.

„Was hältst du davon, wenn wir jetzt in Ruhe Kaffee trinken?" Bernd schaute auf die Uhr. „Du weißt ja, um elf Uhr ist der Sektempfang mit Snacks und Kanapees, ab fünfzehn Uhr kommen ja nur ein paar enge Freunde zum Kaffeetrinken, übrigens: Irmhild und Harry haben auch zugesagt. Du weißt ja, dass Sandra in Paris ist, angeblich konnte sie es zeitlich nicht schaffen zu kommen, man hat sie gebeten, ein erkranktes Mannequin zu vertreten, denn der Organisator kannte sie von früher, wo sie auch schon mal hobbymäßig als Mannequin aufgetreten war."

Julia schüttelte leicht mit dem Kopf: „Weißt du, Bernd, ich verstehe so manches nicht. Immer lässt sie Jonas allein. Ach, was soll's! Ich will mir heute den Tag nicht verderben. Und wie du schon sagtest, Bernd: Es ist alles bestens geregelt und das Menü heute Abend im Goldenen Anker dürfte wohl bei den Gästen gut ankommen!"

Bernd nickte zustimmend. „Lass uns nach dem Kaffee noch eine halbe Stunde ruhen und uns dann für den Empfang fertig machen. Was meinst du, Julia?"

Julia seufzte leicht: „Ja, es wird wohl doch ein anstrengender Tag, aber man wird ja schließlich nur einmal fünfzig im Leben. Außerdem freue ich mich ganz doll auf morgen, endlich Jonas wiederzusehen, endlich ihn wieder einmal in die Arme zu schließen. Ach, ich muss ihn sofort anrufen, dass ich das ja nicht vergesse!"

Bernd stand auf, holte das Telefon und reichte es Julia.

*

Am gleichen Tag um 17.30 Uhr klingelte das Handy bei Jonas. Als er sich meldete, hörte er am anderen Ende der Leitung eine leise, etwas zaghafte Stimme: „Hallo, Jonas, hier ist Heide, ich rufe aus New York an. Du wolltest mich unbedingt sprechen?"

Jonas fühlte, wie sein Herz schneller schlug. „Hallo, Heide, ist das schön, dich zu hören. Endlich wieder deine Stimme zu hören! Ja, ich wollte dich unbedingt sprechen und möchte dir so viel sagen. Du glaubst ja nicht, was mir alles so auf der Seele liegt. Aber zuerst: Wie geht es dir? Hat dir die Therapie schon geholfen und wie lange dauert sie denn noch? Ach, das Wichtigste: Ich komme am 28. Dezember nach New York, weil ich am 31., also am Silvesterabend, in der Carnegie Hall für einen klassischen Liederabend verpflichtet bin. Ich möchte dich besuchen, wenn es dir recht ist, gleich am 28. Ist es dir denn recht, liebe Heide? Ich möchte dir persönlich sagen, was mir alles am Herzen liegt!"

Heides Hand zitterte leicht und sie zögerte, als sie sagte: „Nun, Jonas, ich habe von Mary gehört, dass deine Ehe schon vor dem Aus steht. Das tut mir leid, du schienst doch so glücklich mit deiner Sandra. Oder irre ich da?"

Schnell erwiderte Jonas: „Ja, es schien wohl so, aber weißt du, Heide, wenn beide rechtzeitig erkennen, dass es eine überstürzte Sache war, dann kann man damit leben! Aber ich möchte gerne persönlich über alles mit dir reden, wenn ich komme, liebe Heide. Ich denke oft an dich und freue mich, dich bald zu sehen."

Heide hatte ihm aufmerksam zugehört und ihre Stimme klang etwas unsicher, als sie sagte: „Ich freue mich auch, Jonas, doch jetzt muss ich für heute Schluss machen."

Heide fühlte, wie ihr schon der Schweiß ausbrach. Nur nicht aufregen, ganz ruhig, sagte sie zu sich. Mary sah, wie dieses Telefonat Heide mitnahm. Sie nahm Heide den Hörer aus der Hand und sagte zu Jonas: „Hallo Jonas! Heide darf sich nicht aufregen. Wenn du gesagt hast, was du sagen wolltest, dann verabschiede dich bitte."

„In Ordnung, Mary, nur noch ein paar Worte an Heide."

Heide meldete sich wieder: „Ja, Jonas, hier bin ich noch mal."

Sie hörte Jonas sagen: „Liebe Heide, ich kann es kaum erwarten, bis ich bei dir bin, und ich kann auch bleiben, denn anschließend bin ich für eine Aufführung in der Metropolitan Opera verpflichtet. Morgen, am 20. November, habe ich hier in Berlin noch eine Aufführung und in der letzten Dezemberwoche bin ich noch einmal in der Züricher Oper. Sag mir noch zum Schluss, freust du dich, dass ich nach New York komme und dich besuche? Sag es mir ganz ehrlich, dann kann ich dieses Gespräch auch beruhigt beenden."

Als er schwieg, schaute Heide zu Mary hinüber, sie hatte die letzten Sätze mitgehört und nickte. Darauf sagte Heide fast flüsternd ins Telefon: „Ja, Jonas, ich freue mich wirklich, wenn du kommst."
Heide hörte, wie Jonas aufatmete: „Dann sage ich dir jetzt bis bald, liebe Heide, gib gut auf dich acht, bis wir uns wiedersehen. Auf Wiedersehen, kleine Heide."
„Auf Wiedersehen, Jonas, bis bald!"
Heide hatte das Gespräch beendet und schaute Mary fragend an.
„Wir machen es so, wie wir es besprochen hatten", sagte Mary und strich Heide behutsam übers Haar. „Du musst dir keine Sorgen machen, dear, es wird alles gut!"
Heide lächelte. „Ja, Mary, ich glaube nun auch, dass alles gut wird."

Pünktlich um 10.45 Uhr landete die Air Berlin auf dem Flughafen Tempelhof. Jonas war bereits vor Ort, um seine Eltern abzuholen. Er hatte für diesen Tag einen Pkw gemietet. Er stand in der Nähe der Abfertigungshalle und hatte seine Eltern kommen sehen: „Hallo, ihr beiden, hier bin ich!"
Er ging ihnen nun entgegen. Er umarmte und drückte liebevoll seine Mutter: „Gut siehst du aus, Mama, noch einmal von mir alles, alles Liebe und viel Glück für eine lange, lange Zeit."
„Danke, mein Junge", sagte Julia sichtlich gerührt. „Und noch einmal herzlichen Dank für die heutige Einladung, das ist mehr, als ich erwartet habe."
Sie lächelte Jonas liebevoll an: „Aber vergiss nicht, auch deinen Vater zu begrüßen."
„Nein, nein, auf keinen Fall!" Er wandte sich seinem Vater zu, umarmte auch ihn herzlich mit der Bemerkung: „Du weißt doch, Vater, Ladys first. Und ganz besonders diese Lady." Seine Augen wanderten zu Julia.
Bernd Sonthofen grinste verständnisvoll: „Natürlich, mein Sohn, das ist doch keine Frage."

Nachdem das Gepäck abgefertigt war, wollte Bernd ein Taxi rufen, doch Jonas winkte ab: „Heute bin ich euer Chauffeur. Draußen steht ein Mietwagen. Darf ich euch ‚einladen'?"
Auf dem Weg zum Parkdeck sagte Jonas: „Ich habe mir erlaubt, für heute Mittag einen Tisch zu reservieren. Wenn ihr möchtet, trinken wir noch einen Kaffee zusammen, danach habt ihr noch Zeit, euch frisch zu machen. Ich fahre zwischendurch noch einmal ins Ritz und bin dann pünktlich zum Mittagessen wieder da. Danach haben wir den ganzen Nachmittag für uns, um siebzehn Uhr muss ich dann wieder ins Hotel, um mich für die Aufführung vorzubereiten. Ist es euch recht so?"
Julia und Bernd nickten beide zustimmend.
„Es ist uns natürlich recht", sagte sein Vater, „denn du hast ja alles ganz toll arrangiert. Findest du das nicht auch, Julia?"
Julia bestätigte das mit einem Kopfnicken: „Hauptsache, wir können uns ein paar Stunden sehen und uns einmal in Ruhe über alles unterhalten", erwiderte sie, während Jonas startete und in Richtung Hotel fuhr.
Nach dem Mittagessen unternahmen die drei einen Spaziergang. Durch den verhangenen Himmel kam ab und zu die Sonne einmal durch und gleich sah alles viel freundlicher aus. Leider waren die schönen Parkanlagen nicht mehr so grün und die Bäume und Sträucher wurden jahresbedingt allmählich kahl, aber auf dem See schwammen noch etliche Enten und zwei neugierige Schwäne kamen bis ans Ufer.
„Noch ist kein Eis auf dem Wasser, sonst wären sie wohl nicht mehr da", meinte Julia.
Jonas nickte: „Das stimmt, die kommen nämlich in ein ‚Winterquartier'."
Bernd schlug nach einer Weile vor, da es mittlerweile schon 15.30 Uhr sei, ein Café aufzusuchen, um noch etwas gemütlich beisammenzusitzen, ehe Jonas wieder fortmusste. Julia fand, das sei eine gute Idee, und so hielt man Ausschau, ein schönes Café zu finden, was nicht schwer war, denn es gab einige davon. Bald hatte man

sich für ein kleines, aber feines Café, gelegen in einer etwas ruhigeren Seitenstraße, entschieden.

Mit dem letzten Sonnenstrahl für diesen Tag kehrten die drei Wanderer dort ein und es passte wie ein Wunder, das Café hieß nämlich „Café Sonnenschein".

Man saß gemütlich bei Kaffee und Kuchen und plauderte über dies und das. Jonas erzählte aus seiner Studienzeit einige Anekdoten, wobei auch der Name Heidelinde fiel. Jonas tat, als fiele ihm plötzlich etwas ein: „Ach ja, ich muss euch doch noch sagen, dass ich nach Weihnachten, das heißt, am 28.12. nach New York fliege, ich bin dort für einen Auftritt in der Carnegie Hall am 31.12. verpflichtet. Ich werde natürlich Heide besuchen und habe auch schon diesbezüglich mit ihr telefoniert. Was haltet ihr davon?"

Bernd und Julia warfen sich einen vielsagenden Blick zu und wollten sich nicht so recht äußern. Ja, es kam Jonas vor, als wären sie fast erschrocken. Erstaunt fragte er: „Habt ihr etwas dagegen? Gefällt euch etwas nicht?"

„Nein, nein", erwiderte sein Vater schnell. „Was sollten wir dagegen haben, schließlich wart ihr ja mal die allerbesten Freunde. Das ist schon okay so, nicht wahr, Julia?"

Julia hatte die Augen halb geschlossen; in Anbetracht dessen, was sie wusste, aber schweigen musste, nickte sie hastig auf Bernds Frage. „Natürlich ist das in Ordnung", sagte sie leise.

Jonas holte tief Luft: „Das wollte ich aber auch meinen."

„Nur – hast du mit Sandra darüber gesprochen", fragte ihn seine Mutter. „Oder begleitet sie dich diesmal? Ich finde, sie lässt dich viel zu viel alleine und geht nur ihren Interessen nach. Ob das wohl für eine junge Ehe gut ist?"

„Lass nur, Mama, das ist alles zwischen uns abgesprochen und geklärt. Das geht schon in Ordnung", beruhigte Jonas sie. Jonas wusste, dass er noch nicht die Wahrheit sagen konnte, denn er hatte ja mit Sandra ausgemacht, dass sie beide zusammen in der letzten Weihnachtswoche mit beiden Elternteilen gemeinsam alles klären wollten.

Jonas schaute auf die Uhr. „Wie die Zeit vergeht! Kurz vor siebzehn Uhr! Ich muss mich leider schon verabschieden. Liebe Mama und Vater, wir sehen uns nach der Aufführung. Ich möchte euch dann noch auf einen Drink einladen. Oder wenn ihr wollt, auch zu einem kleinen Abendessen? Bis gleich also." Jonas stand auf und wandte sich zum Gehen. „Am besten kommt ihr nach der Aufführung hinter die Bühne, dann gehen wir gemeinsam los."
„Alles klar, Jonas", antwortete sein Vater. „Wir werden da sein."

Als Jonas das Café verlassen hatte, sahen Bernd und Julia sich an und sie wussten, sie hatten die gleichen Gedanken: „Das mit dem Baby von Heide, es wird ja wohl nicht mehr zu übersehen sein", sagte Julia, „und das mit ihrer Krankheit dürfen wir ihm auch nicht sagen."
„Auf keinen Fall", entgegnete Bernd. „Du darfst offiziell überhaupt nichts wissen und ich unterliege der Schweigepflicht. Vielleicht sagt sie ja Jonas, wer der Vater des Kindes ist. Die beiden waren doch immer so vertraut miteinander."
„Du hast Recht, Bernd, wir müssen so tun, als wäre nichts, was mir ehrlich gesagt ziemlich schwer fällt."
„Mir auch, Julia, mir auch", Bernd runzelte ein wenig die Stirn, „aber es ist nun mal leider so. Ich habe mir überlegt, ob ich Professor Morgenstern einmal anrufe und mich über Heides Krankheitsverlauf zum jetzigen Stand informieren soll."
Julia stimmte Bernds Idee zu: „Ja, Lieber, das solltest du wirklich einmal tun. Mir wäre auch etwas wohler, wenn ich wüsste, dass es Heide in ihrem Zustand nicht ganz so schlecht geht."
„Gut, Julia", Bernd holte sein Notizbuch heraus, „ich werde mir den Termin mit Professor Morgenstern für Anfang nächster Woche notieren." Dann schaute er auf die Uhr: „Ich zahle jetzt und wir gehen dann allmählich zum Hotel zurück, was meinst du, Julia?"
„Ist in Ordnung, Bernd." Mit einem leichten Seufzer lächelte sie ihren Mann an. „Ich freue mich unwahrscheinlich auf die Aufführung, auch Jonas endlich wieder einmal ‚live' zu erleben."

Julia hakte sich bei Bernd ein und sie wanderten gemächlich durch die Parkanlage Richtung Hotel, in großer Vorfreude auf den heutigen, ganz besonderen Samstagabend.

*

George Goodman hatte für den ersten Samstag im Dezember seinen Besuch bei Mary und Heide angekündigt und stand nun pünktlich um zehn Uhr in der Tür. Seine imposante Erscheinung und seine etwas polternde Art ließen eine gewisse Gutmütigkeit erkennen, doch als Geschäftsmann und Boss konnte er unnachgiebig und knallhart sein. Aber Mary gegenüber war er einfach nur der liebe Daddy.
„Hallo, Ladys, da bin ich. Komme ich zu früh? Ihr seht beide noch verschlafen aus! Ha, ha! Oder?" Er lachte ein wenig laut.
„Unsinn, Dad! Siehst du nicht, dass wir schon warten?" Mary lächelte ihn ein wenig schief an.
„Ist ja schon okay", meinte George.
„Hast du die Berechnungen geschafft, Mary?"
Mary ging zum Schreibtisch und holte eine dicke Mappe: „Hier, Dad, habe einige Nächte daran gesessen. Siehst du, darum sehe ich vielleicht müde aus! Was denkst du, Heide, habe ich Recht?"
Heide lächelte: „Das stimmt, Mary, ich weiß, dass du manche Nacht nur wenig Schlaf hattest." Dabei sah sie George vielsagend an.
„Mary ist sehr fleißig."
„Weiß ich doch, Kinder, weiß ich doch. Aber nun eine Neuigkeit." Er wandte sich Mary zu: „Du hattest mich darauf angesprochen, nach einem geeigneten Haus Ausschau zu halten. Nun, ich bin gerade auf dem Weg nach Upper West Side. Du weißt doch, da gibt es wunderschöne Häuser, nicht zu protzig, aber auch nicht zu klein. Eines steht zum Verkauf: zweihundert Quadratmeter, darin enthalten ist eine kleine Einliegerwohnung, wie du es gerne hättest."
„Das ist okay, Dad", erwiderte Mary. „Ich habe das auch schon mit Heide besprochen, doch sie will darauf bestehen, eine im Haus befindliche separate Wohnung zu kaufen."
„Ist das so, Heide?" George schaute Heide fragend an.

Heide nickte: „Ja, Mr Goodman – eh, George." (Sie vergaß immer wieder, dass George ihr angeboten hatte, ihn beim Vornamen zu nennen.) „Ich möchte es gerne, wenn es machbar ist."
„Nun, liebe Heide, wir können alles machbar machen. Ist es nicht so, Mary?" Er grinste Mary an.
„Du sagst es, Dad! Sollen wir dich begleiten, dann können wir uns gleich ein Bild machen."
„Natürlich, Ladys, ich habe für zwölf Uhr einen Termin mit dem Eigentümer vereinbart, er wird da sein, das Haus steht nämlich schon leer."
„Wunderbar", rief Mary, „ich freue mich, du auch, Heide?"
Heide nickte. „Ich auch", sagte sie.

Um elf Uhr verließen die drei die Wohnung, um das Haus zu besichtigen – und es wurde ein voller Erfolg. Vor dem Haus waren Blumenbeete angelegt und dahinter befand sich eine schöne Wiese mit gepflegten Sträuchern und Bäumen, nicht zu groß, aber groß genug, um später einen Spielplatz anzulegen. Die Räumlichkeiten waren in gutem Zustand, riesige Fenster ließen den Blick ins Grüne frei. In den oberen Räumen befanden sich Schlafzimmer, zwei Bäder und ein Kinderzimmer. Die Einliegerwohnung hatte Küche, Wohn- und Schlafzimmer und ein Kinderzimmer mit separatem Eingang. Mary und Heide berieten sich kurz und beide waren begeistert.
Während George noch mit dem Eigentümer über den Preis verhandelte, meinte Heide: „Wie soll das denn bezahlt werden, Mary?"
Mary winkte ab: „Keine Sorge, Heide, das macht Dad alles. Ich habe noch das ganze Vermögen aus dem Erbe meiner Mutter auf der Bank und du kannst dir Zeit lassen und Dad regelt das alles über seinen Freund, den Notar Brother sen."
Nun gesellte sich George zu den beiden und schien sichtlich zufrieden: „Alles okay, Ladys, ich mache für nächste Woche den Termin beim Notar und ab dann wird es euer neues Heim sein."
„Danke, Dad, du bist einfach der Größte", sagte Mary und umarmte ihn liebevoll.

Auch Heide bedankte sich. Da es Mittagszeit war, fuhr man los, um ein Restaurant für ein gutes Mittagessen aufzusuchen.

*

Die beiden Frauen hatten nun eine große Aufgabe und warteten auf den notariellen Kaufvertrag. Mary hatte sich Gedanken gemacht bezüglich der Einliegerwohnung, die Heide kaufen wollte. In einem günstigen Augenblick sprach sie Heide darauf an: „Heide, ich habe überlegt, ob es nicht besser ist, du würdest die Wohnung nicht kaufen. Ich würde sie dir gerne auf Mietbasis geben, mit dem Recht, dass du allein Mieterin sein würdest und dir die Wohnung immer zur Verfügung steht."
Heide blickte etwas irritiert: „Wieso? Ich dachte, das war alles klar! Oder? Aber wenn du das nicht willst, okay, dann eben nicht!"
„Ach, Heide, sei doch nicht beleidigt!" Mary konnte Heides Reaktion verstehen und versuchte, ihr eine Erklärung zu geben: „Weißt du, Heide, ich habe gedacht, wenn du später wieder gesund bist, dann willst du doch sicher erst einmal wieder in deine Heimat zurück. Du hast doch Familie dort, deinen Onkel Ferdinand und Karin, und vielleicht willst du, dass dein Baby in Deutschland aufwächst, oder?"
Nach einer kurzen Pause sagte Heide zögernd: „Ich glaube, du hast Recht. Ich werde dann wohl die Wohnung anmieten und ich möchte, wenn ich dann hier sein sollte, auch bei dir wohnen können. Du sagtest, du würdest mir das Recht einräumen?"
„Natürlich, Heide", Mary nahm Heide in den Arm, „nichts wäre schöner, als dich immer wieder hier zu haben, mit Amily, ist doch klar! Dann kann ich ja gleich Dad anrufen, dass kein Extravertrag beim Notar gemacht werden muss. Den Mietvertrag setzen wir beide zusammen auf. Was hältst du davon?"
Heide war einsichtig geworden: „Du hast bestimmt Recht, Mary, nun sehe ich es auch anders."
„Ich bin froh, dass wir uns einig sind", sagte Mary. „Doch nun etwas anderes: Wir haben für übermorgen noch einmal einen Termin bei Dr. Miller." (Bei dem Gedanken an den Doktor wurde ihr irgendwie

warm ums Herz.) „Es soll das letzte Ultraschallbild für dieses Jahr gemacht werden."
„Ich weiß, Mary", Heide strich zart über den leicht gewölbten Bauch, „und in der nächsten Woche muss ich noch einmal zu Prof. Morgenstern. Oh, wird das noch stressig!"
Mary lächelte: „Wir machen alles schön langsam, eins nach dem anderen. Erst wenn der notarielle Vertrag da ist, können wir für das Haus tätig werden, und das wird wohl vor Weihnachten nichts mehr. Aber ich werde schon einmal Kontakt mit Norman Webster aufnehmen, das ist ein Freund aus meiner Studienzeit und der ist Innenarchitekt. Er wird uns viel Arbeit abnehmen und die Möbel suchen wir gemeinsam aus. Findest du das okay?"
Heide nickte: „Ich verlass mich ganz auf dich, Mary!"
Mary holte das Telefon: „Jetzt rufe ich Dad an und erzähle ihm von unserem Entschluss. Morgen ist für uns Ruhetag angesagt. Das muss sein", dabei schaute sie Heide gespielt streng an, „dann müssen wir nämlich wieder Termine wahrnehmen."
Heide seufzte – wenn sie ehrlich war, konnte sie einen sogenannten „Ruhetag" gut gebrauchen.

*

Drei Tage, nachdem Jonas von seiner letzten Aufführung vor Weihnachten aus Zürich zurück war, kam auch Sandra nach Hause. Jonas hörte, wie sie ihren Sportwagen durch die Einfahrt in die Garage fuhr. Minuten später trat sie auch schon ein und begrüßte ihn herzlich: „Guten Tag, lieber Jonas, es ist schön, dass du auch zu Hause bist." Sie gab ihm einen freundschaftlichen Kuss. „Weißt du, ich habe dir so viel zu erzählen. Paris ist wunderbar, man muss diese Stadt einfach lieben! Doch ich rede und rede. Sag mal, wie geht es dir? Du siehst etwas müde aus."
Jonas lächelte schwach: „Nun, ich habe auch jetzt erst sämtliche Verpflichtungen hinter mir. In Zürich – das war noch mal ein toller Erfolg. Aber nun ist erst mal Pause bis nach Weihnachten und bis dahin bin ich wieder topfit. Aber du siehst blendend aus, Sandra.

Wenn wir inzwischen keine Freunde geworden wären, würde ich mich vielleicht noch einmal in dich verlieben. Du bist und bleibst eine fantastische Frau." Jonas küsste ihr galant die Hand.

„Ach Jonas", seufzte Sandra, „es ist schon ziemlich haarig, was wir da machen, aber es ist gut so!" Sandra fing an, sämtliche Tüten und Taschen zu öffnen. „Schau, Jonas, ich habe an dich gedacht – trotz allem" – sie lachte – „hier" – sie gab ihm eine längliche Schachtel und als Jonas sie öffnete, fand er darin einen sündhaft teuren Schlips, silberfarben und aus reiner Seide.

„Oh", sagte er bewundernd, „der ist tatsächlich toll, ganz toll! Danke, liebe Sandra, das ist sehr lieb von dir!"

Sandra winkte ab: „Gerne, Jonas, warum nicht? Deiner Mutter hatte ich zum Geburtstag ein tolles Parfüm geschickt. Hat sie was dazu gesagt?"

Jonas überlegte kurz: „So genau weiß ich das nicht, ich glaube, sie sagte, dass sie sich noch persönlich bei dir bedanken will."

„Nun, Hauptsache, es kam an", erwiderte Sandra. „Meiner Mutter habe ich ein ähnliches mitgebracht, weil sie auch auf so etwas steht. Ach, Jonas, ich bring die ganzen Tüten in mein Zimmer für morgen. Lass uns etwas gemütlich beisammensitzen."

Sie machte sich daran, sämtliches Gepäck fortzubringen, Jonas half ihr dabei.

Etwas später meinte Jonas: „Ich mach uns einen Kaffee und ein paar Schnittchen."

„In Ordnung", rief Sandra ihm zu, „ich komme gleich, mache mich nur ein wenig frisch!"

Eine halbe Stunde später saßen sie gemütlich im Wohnzimmer und Sandra erzählte von ihren Erlebnissen und dass sie eine süße, kleine Wohnung gefunden habe, ja, und sogar alte Bekannte wiedergetroffen hätte. Jonas hörte ihr aufmerksam zu. Hin und wieder gab er einen Kommentar ab und bezeugte sein Interesse. Als Sandra mit ihren Erzählungen zu Ende war, sprach Jonas nun das heikle Thema Scheidung – Eltern – Zusammentreffen an.

Sandra wiegte ein wenig bedächtig ihren Kopf hin und her: „Tja, Jonas, da müssen wir durch. Wir wollten uns ja am vorletzten Wo-

chenende vor Weihnachten zusammensetzen. Das wäre dann der dritte Advent. Oder?"
Jonas nickte zustimmend. „Wir werden unsere Eltern zunächst einmal zu einem zwanglosen Kaffeetrinken einladen und dann müssen wir sehen, dass wir den richtigen Zeitpunkt erwischen. Es wird nicht einfach!"
„Ich wollte, wir hätten das schon hinter uns." Sandra runzelte die Stirn: „Kann sein, dass meine Mutter Stress macht, aber das krieg ich schon hin." Sandra stand auf: „Ich glaube, ich bin doch ziemlich kaputt und begebe mich jetzt zur Ruhe. Wenn du möchtest, frühstücken wir morgen zusammen, oder?"
„Gerne, Sandra, ich wünsche dir eine gute Nacht." Jonas wusste, dass sie nicht ins gemeinsame Schlafzimmer ging, und das war ihm auch recht so.
„Gute Nacht, Jonas", und Sandra ging in „ihr" Zimmer.

*

Dr. Miller schaute zufrieden auf das Untersuchungsergebnis. In der linken Hand hielt er das Ultraschallbild etwas höher. „Schauen Sie, Ladys, hier das Ergebnis: ein vollwertiges, kleines Menschenkind. Sehen Sie hier den Kopf, die Ärmchen, den kleinen Körper und die Beinchen. Auch der Fruchtwassertest hatte keine negativen Auffälligkeiten. Sie können sehr zufrieden sein." Er sah Heide wohlwollend an: „Sie sind die tapferste werdende Mutter, die ich je hatte."
Heide wirkte etwas verlegen. Sie nahm das Bild, das ihr der Doktor gab, und sah es mit glänzenden Augen an: „Schau, Mary, ist das nicht wunderschön? Mein Baby. Schon ein richtiger, kleiner Mensch. Es ist ein Wunder", flüsterte sie leise.
Mary besah sich die Aufnahme ebenfalls mit freudiger Begeisterung, dann meinte sie scherzhaft: „Jetzt müssen wir nur noch den Rest der Zeit abwarten, bis das kleine Wesen das Licht der Welt erblickt. Noch zwei Monate und zwei Wochen, bald können wir die Tage zählen. Was sagst du nun, Heide?"

Heide nickte: „Ja, ich hoffe nur, alles geht gut." Dabei schaute sie Dr. Miller an.
Der Doktor wusste, was sie meinte, sagte aber nur kurz: „Nun, liebe Heide, Prof. Morgenstern hat mich ja inzwischen über den neuesten Stand unterrichtet und so können wir doch alle nur das Beste hoffen. Sie werden doch hoffentlich noch einmal eine Kontrolluntersuchung beim Professor machen?"
Heide bestätigte das: „Ja, das werde ich, nächste Woche schon, also noch vor Weihnachten, nicht wahr, Mary?"
„Selbstverständlich machen wir das", erwiderte Mary.
Dr. Miller reichte Heide die Hand: „Dann wünsche ich Ihnen alles Gute und einmal noch, das heißt, vor dem Geburtstermin am 27. Februar, möchte ich Sie zu einer letzten Kontrolluntersuchung hier sehen."
Während er nun auch Mary die Hand reichte und sie etwas fester drückte als üblich, sagte er zu ihr: „Ich weiß, Sie werden ganz zuverlässig darauf achten!"
„Auf jeden Fall, Doc, auf jeden Fall." Mary lächelte ihn an.
„Okay, dann sag ich bis bald, Ladys."
Er begleitete beide zur Tür. An der Tür strich er wie zufällig über Marys Arm. Mary spürte ein angenehmes Kribbeln und schaute Dr. Miller erstaunt in die Augen und da wusste sie es: Er hatte sich in sie verliebt und sie stellte mit Erstaunen fest: Auch ihr war der Arzt nicht gleichgültig. Als sich nun wiederum ihre Blicke trafen, stand es fest: Es hatte zwischen ihnen „gefunkt".
Für Heide war es wieder ein wenig aufregend gewesen: „Jetzt möchte ich einen Tee oder Kaffee trinken und ein wenig abschalten, Mary. Was hältst du davon?"
„Das machen wir auf jeden Fall, Heide. Anschließend fahren wir zur Manhattan Hall auf die 6th Avenue ins Einkaufszentrum. Dort gibt es einen tollen Laden mit wunderschönen Kindersachen. Du sollst dir da eine schöne Wiege aussuchen, das wird mein Weihnachtsgeschenk."
„Oh, Mary, das sollst du nicht!" Heide schüttelte heftig den Kopf, doch sie wusste, es half ihr keine Widerrede und genau so entgeg-

nete Mary: „Liebe Heidelinde! Was ich gerne möchte, ist: dir eine Freude machen, und die wirst du mir nicht nehmen, okay?"
Heide seufzte: „Okay, Mary."
„Na also", lächelte Mary. „So, dafür darfst du den Kaffee ausgeben."
„Schon gut, mach ich gerne." Heide gab sich geschlagen.
Sie betraten das kleine Café und ließen sich in einer gemütlichen Ecke nieder.

*

Irmhild saß hinter ihrem großen Schreibtisch, vertieft in den Posteingang, als das Telefon klingelte und ihre Sekretärin Sandra anmeldete, die jedoch im gleichen Moment schon in der Tür stand. „Hi, Mama, ich grüße dich."
Erfreut kam Irmhild hinter dem Schreibtisch hervor. „Hallo, meine Große! Bist du alleine? Wo ist denn dein Mann?" Fragend schaute Irmhild ihre Tochter an.
„Ach, weißt du, Jonas hat einen wichtigen Termin bei Peter Heuser, wegen der Termine in New York Anfang nächsten Jahres. Wir treffen uns gleich zum Mittagessen." Sandra versuchte, ziemlich gleichmütig zu wirken.
„Nun, denn – komm, setz dich erst einmal, ich lasse uns von Frau Mahler einen Kaffee bringen und dann musst du mir unbedingt von Paris erzählen." Irmhild griff zum Telefon und bestellte den Kaffee, der bald darauf von ihrer Sekretärin gebracht wurde.
„Wie war denn die Modenschau?" Irmhild sah Sandra fragend an.
„Ach, Mama, einfach toll. Weißt du, ich habe sogar ein Mannequin vertreten, das plötzlich erkrankt war. Der Veranstalter kannte mich noch von früher, du weißt ja – meine kurze Karriere als Mannequin."
Irmhild lachte: „Ja, ja, das war damals eine Teenagerlaune von dir und sobald du gemerkt hast, wie stressig das alles war, hast du ganz schnell das Handtuch geworfen."
„Das war wirklich zu turbulent für mich", lachte nun auch Sandra. „Aber hier, schau", sie kramte ein kleines Päckchen aus der Tasche und reichte es Irmhild.

Irmhild nahm das Päckchen: „Ich muss natürlich gleich nachschauen: Die Neugier lässt grüßen." Während sie die schöne Verpackung öffnete, sah sie eine kleine Schachtel mit einem Flakon, in dem sich ein sündhaft teures Parfüm befand. „Das ist was ganz Tolles! Ich danke dir, Sandra, und ich freue mich sehr darüber." Sie nahm Sandra in den Arm und drückte sie herzlich, was nicht allzu oft vorkam. Sandra versuchte immer wieder, ihr schlechtes Gewissen gegenüber ihrer Mutter zu unterdrücken, was ihr manchmal nicht so recht gelingen wollte, aber sie wusste: Ihre Mutter durfte niemals erfahren, was zwischen Harry und ihr einmal gewesen war.
Sandra erzählte noch so einiges, nur von der kleinen Wohnung in Paris und dass sie sich schon für ein Studium an der Uni eingetragen hatte, sagte sie nichts. Schließlich kam sie zum Schluss und erwähnte so ganz nebenbei: „Ach ja, Jonas und ich, wir wollen euch nächsten Sonntag, das ist der dritte Advent, zum Kaffeetrinken zu uns einladen. Jonas fährt gleich noch zu Bernd und Julia, um sie ebenfalls einzuladen. Würdest du mit Harry kommen?"
Obwohl es ihr widerstrebte, musste sie Harry natürlich mit einladen. „Natürlich, mein Liebes, Harry ist zurzeit in Los Angeles, weil er dort mal wieder persönlich anwesend sein muss, kommt aber in den nächsten drei Tagen zurück. Es klappt also. Und endlich sehen wir euch beide auch wieder einmal zusammen."
Sandra stand schnell auf, ehe ihre Mutter wieder auf das Thema Ehe zu sprechen kam: „Gut, gut, Mama, sei mir nicht böse, ich will noch etwas erledigen und um zwölf Uhr treffe ich Jonas. Wir wollen nach langer Zeit mal wieder die '„Deutsche Küche'" genießen."
„Aber sicher, Sandra." Irmhild geleitete sie zur Tür. „Ich freue mich und hoffe auf einen schönen Sonntagnachmittag bei euch."
Die beiden Frauen umarmten sich zum Abschied und mit einem etwas schlechten Gewissen ging Sandra am Empfang vorbei. „Tschüss, Frau Mahler", sagte sie noch zu der Sekretärin, dann fiel die Tür hinter ihr zu.

*

Während Sandra bei ihrer Mutter weilte, nahm Jonas den Termin bei seinem Agenten und einzigen Freund und Vertrauten, Peter Heuser, wahr.

Peter begrüßte Jonas freundschaftlich: „Hallo, alter Junge." Er lachte. „Denk dir das ‚alte' weg. Zuerst einmal Gratulation zu deinem großen Erfolg, hab schon wieder neue Anfragen. Die Italiener – mit ihrer Oper – der Mailänder Scala – du weißt schon – die wollen dich fürs Frühjahr, für ihr neues Opernprogramm. Was hältst du davon?"

„Wie?" Jonas schaute ihn etwas abwesend an. „Italien – eh – ganz toll. Aber weißt du, da ist etwas, was ich dir unbedingt sagen muss."

„Nanu!" Peter holte zwei Drinks: „Sorgen? Schütte dein Herz aus, lieber Freund, dann geht's dir gleich besser."

„Ach" – Jonas zögerte noch etwas, doch dann sprudelte es aus ihm heraus: „Peter, Sandra und ich – wir lassen uns scheiden."

„Nein, das ist nicht wahr, Jonas, oder? Nach fünf Monaten? Ich glaub es nicht!"

„Doch, es ist wahr", erwiderte Jonas. „Weißt du, Sandra und ich haben sehr schnell erkannt, dass wir in zwei verschiedenen Welten leben. Das kam auf der Hochzeitsreise so richtig zum Durchbruch. Wir haben überstürzt gehandelt und festgestellt, dass es nicht wirklich Liebe war, die uns aneinander bindet. Wir kannten uns viel zu wenig. Ich war seinerzeit verblendet von ihrer Schönheit. Sicher war ich verliebt, aber das war wie ein Strohfeuer. Es brennt auf und fällt in sich zusammen. Unsere Charaktere und Interessen sind so unterschiedlich, dass wir uns zwingen mussten, überhaupt miteinander auszukommen. Gott sei Dank sieht Sandra das auch alles so."

Als Jonas nun schwieg, sah Peter ihn nachdenklich an: „Das ist also beschlossene Sache. Wie?"

Jonas nickte: „Ja. Die schwierigste Aufgabe haben wir noch vor uns, es unseren Eltern beizubringen. Das wollen wir am Sonntag – der dritte Advent bietet sich an – bei einem gemeinsamen Kaffeetrinken tun."

„O weh." Peter rieb sich mit der rechten Hand den Nacken (was er immer tat, wenn er Probleme sah). „Na dann, mein lieber Freund,

wünsche ich euch ein gutes Gelingen. Und das mit Italien klären wir, wenn du ‚klar Schiff' hast – erst kommt ja New York."
„New York!" Das war das Stichwort. Jonas nahm sorgfältig das Glas und trank einen Schluck, dann sagte er: „Peter, du kennst doch Heidelinde vom Stein?"
„Die kleine, blonde Pianistin, deine beste Freundin?" Peter sah ihn fragend an.
„Genau." Jonas wand sich etwas. „Weißt du, sie ist seit etlicher Zeit in New York bei ihrer Freundin Mary und macht dort bei einem Spezialisten eine Therapie, weil es ihr länger nicht gut ging, und nun will ich sie dort auch besuchen."
„So", sagte Peter, „also nur so besuchen? Oder höre ich da mehr raus? Wie?" (Peter hatte sich angewöhnt, so manchen Satz immer mit „Wie" zu beenden, woran Jonas sich inzwischen gewöhnt hatte.)
„Du hast Recht, Peter", erwiderte Jonas rundweg heraus. „Es ist mir klar geworden, dass diese innige Freundschaft mehr ist, und ich bin mir sicher: Ich liebe dieses wunderbare, liebe Wesen, ihre Bescheidenheit, ihre Zurückhaltung, ihr Verständnis und ihre Bereitschaft, alles zu geben. Dass ich das nicht eher erkannt habe, war Blindheit und Dummheit von mir, denn einmal hat sie mir ihre Liebe gestanden und einmal haben wir miteinander geschlafen und ich Esel habe ihr gesagt, dass ich nur ein guter Freund für sie bleiben wollte – und sie hat es akzeptiert. Und dann kam Sandra. Mein Gott! War ich verblendet!"
Als Jonas schwieg, klopfte Peter ihm auf die Schulter: „Nun hast du ja die beste Gelegenheit, alles ins Reine zu bringen. Die Kleine liebt dich doch noch! Wie? Habt ihr denn schon Kontakt?"
Jonas nickte. „Ja, wir haben telefoniert und sie weiß Bescheid, dass Sandra und ich uns scheiden lassen. Zuerst schien sie etwas ungläubig, aber dann hatte ich den Eindruck, dass sie es doch positiv aufgenommen hat. Du glaubst gar nicht, wie ich mich freue, sie wiederzusehen. Ich hoffe, es geht ihr so gut, dass sie vielleicht später mit mir nach Deutschland zurückkommt."
„Ich denke, dass es dir wirklich ernst ist mit der Kleinen! Wie?", sagte Peter. „Ich lass mich überraschen."

„Ich freue mich schon so sehr auf sie, Peter, auf ihr wunderbares Klavierspielen, ihre liebe Art und sie endlich und wahrhaftig in den Armen zu halten.

Peter grinste ein wenig: „Du schwärmst ja wie ein Backfisch! Das muss ja was werden! Wie?"

Als Jonas sich erhob, um sich zu verabschieden, zögerte Peter etwas, als er sagte: „Eigentlich hätte ich ein Anliegen gehabt – aber unter den Umständen – Sandra und du …"

„Was hast du denn auf dem Herzen, mein Lieber?" Jonas sah ihn fragend an.

„Tja", meinte Peter, „ich hatte vor, dich und Sandra für den ersten Weihnachtstag einzuladen, zu einem gemütlichen, feierlichen Beisammensein, vielleicht mit einem kleinen Sangesvortrag von dir, wie? Aber nun?"

„Warum nicht?" Jonas sah ihm in die Augen „Wir haben jetzt ein Geheimnis miteinander. Sandra sollte es trotz allem nicht erfahren. Aber wenn ich sie bitte und sie nichts anderes vorhat, wird sie mitkommen. Solange unsere Scheidung nicht offiziell ist, spielen wir noch das perfekte Ehepaar und Sandra ist eine ganz gute Schauspielerin. Aber bezüglich Heidelinde verlass ich mich auf deine Diskretion!"

Fast beleidigt sah Peter ihn an: „Das ist doch wohl keine Frage, mein Freund. So gut solltest du mich doch kennen! Wie?"

„Ist schon klar, war nicht so gemeint." Jonas' Stimme klang entschuldigend. „Doch ich glaube, ich muss los. Wann sollen wir denn erscheinen?"

„So gegen 18.00 Uhr", erwiderte Peter, „aber wir telefonieren noch! Wie?"

„Machen wir", rief Jonas, schon halb in der Tür. Er schaute auf die Uhr: „Ach du meine Güte, ich bin mit Sandra zum Mittagessen verabredet, nun wird es aber Zeit. Bis dann, Peter."

„Bis dann, Jonas!", rief Peter ihm nach, dabei schüttelte er unmerklich den Kopf und murmelte dabei: „Das ist ja 'n Ding! Dieser Jonas!"

*

Jonas und Sandra trafen sich zum Mittagessen, pünktlich um 12.00 Uhr, im „Goldenen Anker". Es war eine zwanglose Atmosphäre und Sandra erzählte noch eifrig von ihren „Paris-Abenteuern".
„Da traf ich doch José, den Spanier, der mich auf offener Straße ansprach, weil er mich sofort wiedererkannte. Er war damals Medizinstudent und ‚Hans-Dampf-in-allen-Gassen'. Wir haben uns köstlich amüsiert. Er hat sich in Paris in einer Gemeinschaftspraxis als Arzt niedergelassen. So habe ich einen guten Anhaltspunkt. Er hat mir seine Hilfe angeboten ‚in allen Lebenslagen', wie er es nannte."
Sandra lachte: „Fängt das nicht gut an?"
Jonas nickte. „Hört sich wirklich gut an. Machst du davon Gebrauch?"
„Nur, wenn es sich nicht vermeiden lässt – ich weiß nicht,", Sandra wurde plötzlich nachdenklich, „ich suche keine Abenteuer. Ich habe mir ein neues Studium vorgenommen und werde das auf jeden Fall auch durchziehen. Ich gebe mir selber nur einmal noch diese Chance und ich will es diesmal wissen!"
Jonas nahm ihre Hand und drückte sie leicht: „Weißt du was? Ich glaube es dir sogar. Ich weiß inzwischen, dass du nicht nur schön bist, sondern auch klug."
„Danke für das Kompliment", erwiderte Sandra. „Übrigens: Meine Eltern werden am Sonntag kommen. Harry ist zurzeit in LA. Sein Sohn aus erster Ehe, Kevin, hat sein Diplom für Wirtschaftswissenschaften gemacht und soll nun seinem ‚alten Herrn', dem ‚Big Boss', wie man den Seniorchef nennt, als rechte Hand zur Seite stehen. Immerhin ist ‚Big Boss' schon 75 Jahre. Harry soll Kevin ein paar Tage in der Firma begleiten. Er ist aber am Wochenende, das heißt, am Samstag, wieder hier. Mama hat sich über die Einladung gefreut. Fast tut es mir leid, aus welchem Grunde wir eingeladen haben."
„Tja, Sandra, da hast du wohl Recht." Jonas seufzte. „Da müssen wir nun durch."
Sandra schaute auf die Uhr: „Ach herrje! Ich muss noch zu Jessica ins Kosmetikstudio! Sie hat mich dazwischengenommen und einen Teil ihrer Mittagsruhe geopfert. Also muss ich auch pünktlich sein."
Jonas zahlte und sie verließen gemeinsam das Restaurant.

„Bis später irgendwann, Jonas." Im Weggehen winkte Sandra ihm zu.
„Bis später!", rief Jonas ihr zu und fuhr in Richtung Bonner Allee. Er musste nun auch seinen Eltern die Einladung für den dritten Advent aussprechen.
Bei einer Tasse Kaffee und einer gemütlichen Stunde lud Jonas seine Eltern für den besagten Sonntag um 15.00 Uhr ein.
„Wir freuen uns, endlich mal wieder alle beisammen zu sein", sagte Julia, als Jonas sich verabschiedete. „Es wird bestimmt schön!"
„Bestimmt!" Jonas drehte sich noch einmal um, ehe er mit einem mulmigen Gefühl in der Magengegend ins Auto stieg.
„Bis Sonntag dann", rief sein Vater ihm noch hinterher.
Jonas winkte kurz, startete schnell durch – erst mal weg, dachte er.

*

Heide und Mary machten sich bereit, um den Termin bei Professor Morgenstern in der vorletzten Weihnachtswoche wahrzunehmen. Es hatte über Nacht geschneit und es sah alles wunderschön aus. Nun hatte der Winter sein Gesicht bekommen.
Warm angezogen und gut gelaunt kamen die beiden bei der Klinik von Prof. Morgenstern an. Es war Punkt 9.00 Uhr und der Professor hatte sie schon erwartet.
„Good morning, Ladysl, schön, dass Sie da sind."
„Natürlich, Herr Professor, wir haben doch einen Termin", erwiderte Mary.
„… und pünktlich sind wir auch", fügte Heide hinzu.
„Okay, Ladys, dann wollen wir nicht länger zögern und zur Tat schreiten. Ich gehe mal vor."
Er ging in Richtung Behandlungszimmer und Heide folgte ihm. Nach einem kurzen Vorgespräch folgte die reguläre Untersuchung. Bei einem starken Kaffee saß Mary etwas nervös im Warteraum, als sich nach geraumer Zeit die Tür öffnete und der Professor sie hereinwinkte.
„Kommen Sie, Mary, wir schauen uns das Ergebnis gemeinsam an."

An der zufriedenen Miene des Professors konnte man Gutes erkennen. Heide und Mary saßen nun dem Professor gegenüber. Dieser hielt das neueste, soeben gemachte Schädel-CT-Bild in Händen: „Hier, Ladys, schauen Sie, es ist nichts passiert, was uns Angst machen müsste." Er zeigte wieder auf einen kleinen, runden Kreis, wie schon bei den letzten Aufnahmen.
Heide atmete spürbar auf und auch Mary schien sichtbar erleichtert. „Dann können wir ja ganz beruhigt das Weihnachtsfest erwarten", meinte Mary sichtlich erfreut.
„Ja, das können Sie." Dabei sah der Professor Heide an, hob aber mahnend den Zeigefinger. „Wie ich Ihnen bereits schon sagte, liebe Heidelinde, keinerlei Aufregungen, egal in welchen Situationen. Versuchen Sie immer so gelassen zu bleiben, wie Sie es in der letzten Zeit waren, denn die Chancen für eine OP in diesem Stadium sind enorm. Sie sind mir wie ein Rätsel und ich will dieses Rätsel lösen, denn es ist verbunden mit einem kleinen Wunder."
Er wandte sich an Mary: „Sie geben weiterhin gut acht auf unsere kleine, tapfere Frau?"
Mary lächelte den Professor an, dass dieser fast verlegen wurde. „Darauf können Sie sich verlassen, Herr Professor, das werde ich!"
„Nun, Ladys, dann steht einem schönen Weihnachtsfest nichts mehr im Wege." Der Professor reichte den beiden die Hand. „Wir sehen uns noch einmal vor der Geburt des Babys? Das ist doch der 27. Februar?"
Heide und Mary nickten beide gleichzeitig. Heide bestätigte seine Frage. „Das geht klar, Herr Professor. Mitte Januar melden wir uns wieder wegen eines neues Termins."
Heide reichte ihm die Hand. „Ein schönes und geruhsames Fest wünsche ich Ihnen."
Mary schloss sich dem an. Professor Morgenstern begleitete beide zur Tür und abschließend sagte er: „Ich werde Dr. Miller gleich das neueste Untersuchungsergebnis faxen, denn er bat mich, dass ich ihn informiere. Das ist doch okay?"
„Auf jeden Fall, Herr Professor", erwiderte Heide und Mary war bei dem Namen „Dr. Miller" unmerklich zusammengezuckt. Dann sag-

te sie spontan: „Ach, wir wollen doch noch in die Klinik, auf jeden Fall müssen wir Dr. Miller ein schönes Fest wünschen."
Der Professor hielt ihnen lächelnd die Tür auf. „Tun Sie das, er wird sich freuen."

Draußen vor der Tür holten beide tief Luft. „Und jetzt, my dear, ehe wir in die Klinik fahren, machen wir erst einmal einen Bummel auf der 5th Avenue und schauen uns an, was die schönen, festlich geschmückten Geschäfte uns zu bieten haben. Denn heute ist mir irgendwie weihnachtlich zumute. Und dir?" Mary schaute Heide fragend an.
„Mir auch, Mary, du hast Recht." Heide sah Mary ein wenig nachdenklich an. „Vor einigen Wochen hätte ich von alledem nicht einmal zu träumen gewagt."
„Ich weiß, dear, aber du hast dieses Glück verdient." Mary hakte sich bei Heide ein. „Lass uns schauen, was es alles für schöne Sachen gibt."
Die beiden marschierten Richtung 5th Avenue und waren guter Dinge und gingen durch die manchmal fast zu reichlich geschmückte weihnachtliche Avenue und genossen den Duft von Weihnachtsgebäck, gebrannten Mandeln, Lebkuchen und Nüssen.

*

Nun war es so weit. Der dritte Adventsonntag war da.
Jonas und Sandra erwarteten, beide mit leichter Nervosität, die Ankunft ihrer Eltern. Sandra hatte etwas mehr Make-up und Rouge aufgelegt, da ihre Blässe in der letzten Zeit schon etwas auffällig war. Seit ihrem „Hollandurlaub" litt sie gelegentlich unter Albträumen, ihre Psyche spielte ab und zu verrückt.
Wenn ich in Paris bin, suche ich einen Psychologen auf, hatte sie sich vorgenommen, denn hier konnte sie sich keiner Menschenseele anvertrauen. Auf keinen Fall! Sie ahnte nicht, dass auch Jonas ein Geheimnis barg. – Sie hatte einen schicken, honig-

farbenen Hosenanzug an, den sie aus Paris mitgebracht hatte, und sah natürlich hinreißend aus.

„Gut siehst du aus." Jonas schaute sie bewundernd an.

Sandra lächelte: „Danke – und gar nicht wie eine unglückliche Ehefrau."

„Den Eindruck wollen wir ja auch nicht erwecken, oder?", erwiderte Jonas.

Die Kaffeetafel war festlich gedeckt, mit einer Torte und weihnachtlichem Gebäck, Kerzen und einem schönen Adventsgesteck.

Nun hörten beide, dass ein Auto die Einfahrt hereinfuhr. Durchs Fenster sahen sie die silberne Mercedes-Limousine mit Jonas' Eltern, Bernd und Julia, vorfahren und kurz dahinter den sportlichen BMW mit Irmhild und Harry. Beide Elternpaare erschienen pünktlich um 15.00 Uhr, zur gleichen Zeit. Man stieg aus und begrüßte sich herzlich, aber nicht überschwänglich, denn aus Zeitgründen von beiden Seiten war noch kein sehr enger Kontakt entstanden.

Sandra und Jonas sahen sich an – und nickten, denn sie wollten beide gemeinsam die Eltern empfangen, und gingen zur Tür – und schon standen alle vor ihnen. Irmhild und Julia überreichten jeweils Sandra einen Adventsstrauß, sehr schön gebunden mit roten Rosen und Christsternen. Als sich das allgemeine „Hallo" gelegt hatte, geleitete Jonas sie ins Wohnzimmer und bat, an der Kaffeetafel Platz zu nehmen.

„Das habt ihr ja wunderbar hergerichtet", staunte Julia. „Sandra ist ja schon eine richtige Hausfrau geworden."

Irmhild schaute Julia an und lächelte. „Das Wort ‚Hausfrau' wird sie nicht gerne hören, glaube ich, aber als Gastgeberin können wir sie schon bewundern. Schau mal, mit wem sie in der Küche gerade spricht!"

Neugierig beugte Julia sich vor, um besser in die Küche zu blicken. Durch die offene Tür sah sie, wie sich dort noch jemand zu schaffen machte. Frau Bergmann, die Hauswirtschafterin, die sich bereit erklärt hatte, an diesem besonderen Sonntag die Kaffeetafel herzurichten!

„Aha", sagte Julia nur und nestelte an ihrer Handtasche.

„Tja", meinte Irmhild, „so ist das, meine Liebe, ich glaube, aus Sandra wird nie eine Hausfrau werden. Aber wie auch immer: Habt ihr nicht auch das Gefühl, dass die beiden uns etwas sagen wollen?"
Julia nickte: „Haben wir uns auch schon überlegt, nicht wahr, Bernd?"
Der schaute irritiert: „Ja, was gibt's?" Er war gerade mit Harry beim Fachsimpeln über gewisse Autotypen – welche besser und vielleicht sicherer wären.
Julia wiederholte: „Wir meinten gerade, dass die beiden uns etwas sagen wollen, und wir haben auch schon darüber nachgedacht."
„Stimmt, das ist richtig", bestätigte Bernd.
Nun kam Sandra mit Frau Bergmann, die die Kaffeekanne trug, ins Zimmer. Jonas hatte ein kurzes Telefonat geführt und setzte sich nun ebenfalls an den Tisch.
„So, ihr Lieben", Sandra stellte kurz Frau Bergmann vor, „Frau Bergmann ist so lieb und hilft mir heute. Sie hat uns einen wunderbaren, heißen Kaffee gemacht, und stellt euch vor: einen ganzen Teller voll selbst gebackener Plätzchen mitgebracht. Ist sie nicht lieb?"
Ein wenig verlegen stellte Frau Bergmann den Kaffee auf den Tisch.
„Die werden wir gleich probieren", sagte Irmhild, „die sehen schon so unwiderstehlich lecker aus. Ich wollte, ich könnte das auch."
Sie lobte Frau Bergmann, die sich sichtlich darüber freute.
„Hab ich gerne gemacht", sagte sie bescheiden. Auch Julia bedankte sich für ihre Bemühung.
Nun wandte Sandra sich wieder an Frau Bergmann: „Vielen Dank für alles, Frau Bergmann. Und wenn Sie möchten, können Sie gerne zu Ihrer Familie. Die Kinder wollen sicher ihre Mutter an diesem dritten Advent bei sich haben." Sie schaute Frau Bergmann wohlwollend an: „Und in der Küche liegen zwei Päckchen für Ihre Kleinen."
„Vielen Dank, Frau Sonthofen, vielen Dank." Frau Bergmann war offensichtlich gerührt. „Dann möchte ich mich jetzt verabschieden und wünsche Ihnen allen noch einen wunderschönen Adventssonntag."

Mit einem allgemeinen „Auf Wiedersehen, Frau Bergmann" geleitete Sandra sie bis zur Küchentür und steckte ihr etwas heimlich noch einen Schein zu.
Nachdem man nun unter sich war, wurde erst einmal so über Allgemeines gesprochen. Harry berichtete von seiner Reise nach LA. Erzählte stolz von seinem Sohn, der nun in die Firma dort einstieg, vorerst unter der Leitung seines Vaters, genannt „Big Boss", der ja auch einmal ans Aufhören denken musste, und er selber hatte sich ja entschieden, in Deutschland zu bleiben, bei seiner lieben Frau Irmi, setzte er noch überzeugend hinzu.
Sandra schaute ihn von der Seite her an.
Was für ein Heuchler, dachte sie – wenn der wüsste – aber er würde es niemals erfahren. In dem Moment empfand sie eine große Genugtuung: Wenn es sein Kind gewesen wäre! Nicht auszudenken! Sie hatte ihn aus ihrem Leben gestrichen.
„Wir wissen noch gar nicht, wie es in Paris war, liebe Sandra", riss Julia sie nun aus ihren Gedanken.
„Ach ja, ich erzähle es euch."
Sandra berichtete einiges, nur das „eine Bestimmte" noch nicht. So wurden erst einmal lockere Gespräche geführt – bis Jonas sich räusperte. „Also, wir hatten auch einen ganz bestimmten Grund, warum wir uns heute gemeinsam hier treffen."
Julia und Irmhild schauten sich vielsagend an: Also doch – sollten die beiden etwa – auch Bernd horchte auf: „Na, ihr wollt uns doch nicht sagen, dass da vielleicht – wie soll ich es sagen – hat sich bei euch etwa Nachwuchs angemeldet?"
Jetzt schauten vier Augenpaare auf Sandra, dann auf Jonas – und erwarteten eine Antwort. Jonas holte tief Luft und schüttelte lächelnd den Kopf.
„Schade", sagte Bernd. „Ich hätte nichts dagegen gehabt, wenn hier so ein kleiner Schreihals herumkrabbeln würde. Was, Julia?"
Julia nickte und Irmhild auch. Nur Harry hielt sich vornehm zurück.
„Was ist es denn, sag schon", drängte nun seine Mutter.

Jonas blickte Sandra kurz an, die unmerklich nickte. „Also – ihr Lieben – wir lassen uns in Kürze scheiden. Wir sind uns einig, unsere Hochzeit war seinerzeit überstürzt und wir haben schnell erkannt, dass wir in zwei Welten leben. Es ist so das Beste. Wir bleiben gute Freunde. Unser Entschluss steht fest. Die Scheidung ist schon eingereicht."
Nach dieser Eröffnung herrschte zunächst eisige Stille, dann sprang Irmhild auf: „Das, liebe Sandra, das habe ich nicht erwartet. Ich dachte, nun seiest du doch bodenständig geworden, mit einem tollen Mann an deiner Seite", dabei schaute sie Jonas vorwurfsvoll an. „Na, so toll scheinst du ja denn doch nicht zu sein!"
„Mutter!" Sandra fiel ihr ins Wort. „Es ist auf keinen Fall die Schuld von Jonas. Um dich zu beruhigen, ich gehe nach Weihnachten für längere Zeit nach Paris, um ein neues Studium anzufangen."
„Was? Schon wieder studieren?" Irmhilds Stimme klang enttäuscht. „Das wird doch nie was mit dir."
„Lass mich ausreden, Mutter", unterbrach Sandra sie wieder. „Ich habe mich, als ich in Paris war, schon an der Uni eingeschrieben und werde Moderne Kunst und Design studieren und davon lasse ich mich nicht mehr abbringen." Sandras Stimme klang fest und bestimmt.
Irmhild hatte sich wieder etwas beruhigt. „Nun, wenn du meinst." Sie hob die Schultern und ließ sie resigniert wieder fallen und sagte mit fester Stimme: „Ich möchte, dass du mich morgen früh aufsuchst. Es gäbe ja wohl noch einiges zu regeln. Wie ich dich kenne, hast du auch schon eine Wohnung in Paris – und das Finanzielle – das bedarf jawohl einer Regelung, aber das müssen wir in Ruhe abklären. Ich habe nun weiter nichts mehr zu sagen und wir danken für die Einladung. Ich denke, ihr werdet verstehen, dass wir uns jetzt verabschieden wollen. Oder willst du noch bleiben, Harry?"
Der machte eine fast hilflose Geste mit beiden Händen. „Wenn du meinst, Irmi, ist das okay."
Sie standen auf. Irmhild reichte höflichkeitshalber allen die Hand, so als wären alle schuld an dieser Situation, und an Sandra gewandt: „Wir sehen uns morgen bei mir!"

Harry schloss sich ihr an, auch ihm war nicht ganz behaglich zumute. Bernd und Julia versuchten noch ein kurzes Gespräch in Gang zu bringen. „Habt ihr euch das wirklich hundertprozentig überlegt, Kinder? Noch kein halbes Jahr – was nicht ist, kann doch noch werden!" Bernd schaute von einem zum anderen.
Jonas schüttelte den Kopf: „Nein, Vater, es ist schwer zu verstehen, aber es ist nun mal so. Es gibt selten so eine Einigkeit wie zwischen Sandra und mir. Sandra will ein ganz neues Leben beginnen und ich gehe demnächst viel auf Reisen, wie ihr wisst. Wir haben nie daran gedacht, eine Familie zu gründen – und das ist doch keine Grundlage."
„Aber euer schönes Zuhause – das alles hier –", warf Julia nun ein.
„Es ist alles geregelt, Mutter", erwiderte Jonas. „Nicht wahr, Sandra?" Sandra bestätigte dies: „Ja, ich werde die Villa übernehmen, als Hauptwohnsitz, Jonas erhält den ihm zustehenden Wert, da er ja so viel unterwegs sein wird, will er sich ein Apartment kaufen – hier – in eurer Nähe!"
Julia und Bernd blickten einander an.
„Nun gut", entgegnete Bernd, „wenn es so ist, dann kann man das wohl nicht ändern. Aber ihr sollt wissen: Wir stehen euch mit Rat und Tat zur Seite. Ist es so, Julia?"
„Selbstverständlich", erwiderte Julia, „aber seid nicht böse, auch wir müssen das alles erst einmal verarbeiten und deshalb lassen wir euch auch jetzt alleine, oder, Bernd?"
Bernd nickte: „Also Kinder, ihr habt uns eine große ‚Denkaufgabe' gegeben und die müssen wir versuchen, in Ruhe zu lösen."
Julia machte einen sehr bedrückten Eindruck, als sie sich verabschiedete, aber dennoch beide umarmte. Bernd sah das alles etwas lockerer.
Als Jonas und Sandra nun alleine waren, holten sie erst einmal tief Luft – diese Hürde war genommen. Die Reaktion von Irmhild war vorauszusehen – ansonsten war alles besser gelaufen, als sie es befürchtet hatten.

*

Die Weihnachtswoche war angebrochen,. Gegen neun Uhr morgens klingelte bei Mary das Telefon. Das Notariat Brother & Brother meldete sich, Mary könne den notariellen Vertrag unterschreiben, wenn sie möchte, sofort.

„Das ist ja toll", sagte Mary. „Kann ich gegen elf Uhr kommen? Das würde passen." Und an Heide gewandt: „Kann ich dich eine Stunde alleine lassen, dear?"

Heide nickte heftig. „Auf jeden Fall, Mary, mir geht es gut."

„Okay, dann komme ich um elf Uhr in Ihre Kanzlei", sagte Mary ins Telefon. „Ach, Heide, wir müssen noch Norman Bescheid sagen, sonst kommt der vor Weihnachten nicht mehr."

„Dann ruf doch sofort an", erwiderte Heide.

„Du hast Recht, das mach ich."

Kurz darauf hatte Mary Norman am Telefon: „Hallo, Norman, ich hoffe, es geht dir gut und du hast etwas Zeit für mich? Du weißt ja, es geht um die vollständige Renovierung des Hauses in Upper West. Wir sprachen darüber vor Kurzem."

Norman antwortete spontan: „Okay, Mary, aber ich habe erst am frühen Abend Zeit und muss noch einige Mustermappen besorgen. Es kann so gegen neunzehn Uhr werden, wenn es recht ist?"

„Neunzehn Uhr?, wiederholte Mary und schaute Heide an. „Was meinst du, Heide?"

Heide war mit dem Termin einverstanden.

„All right, Norman, wir erwarten dich."

„In Ordnung, liebe Mary. Bis heute Abend neunzehn Uhr, etwas früher oder später."

„Bis dann, Norman." Mary legte auf.

„So, liebe Heidelinde, du weißt, dass ich dich nicht gerne alleine lasse, aber es geht dir doch gut?"

„Natürlich, Mary, mach dir keine Sorgen, es geht mir wirklich gut."

„Na, dann bin ich beruhigt." Mary schaute sie dennoch forschend an und Heide hielt dem Blick stand.

„Also gut", meinte Mary. „Ich glaube dir."

Nachdem die beiden gemütlich Kaffee getrunken hatten, zog Mary sich warm an, denn es wehte wohl ein kalter Wind draußen, und machte sich auf den Weg in die Kanzlei, welche sie in zwanzig Minuten erreichte.

Kaum war Mary fort, kleidete auch Heide sich an. Sie wollte in das Fotogeschäft, sofort am Anfang der 5th Avenue, denn sie hatte eine Idee für ein Weihnachtsgeschenk für Mary. – In ihrer Brieftasche trug sie schon seit Längerem zwei Fotos aus etwas jüngeren Jahren mit sich herum. Sie wollte Porträtaufnahmen herausfotografieren lassen, auf ein Bild zusammen als Fotomontage in DIN-A4-Format, und dazu ein etwas vergrößertes Bild von der letzten Ultraschallaufnahme ihres Babys. – Es wehte ihr ein kalter Wind ins Gesicht, aber sie kämpfte tapfer dagegen an. Nach zehn Minuten betrat sie den Fotoladen und brachte ihr Anliegen vor. Der Inhaber persönlich bemühte sich darum und machte ihr noch einige Vorschläge, doch Heide wollte nur eine einfache Version: beide Gesichter, versetzt nebeneinander, Mary in einer etwas höheren Position.

„Das geht in Ordnung, Lady, genau wie Sie es wünschen", sagte der Chef namens Ben. „Und das andere Bild im 10er oder 11er-Format?" Heide entschied sich für das 11er-Format. „Wann bekomme ich die Bilder?"

Der Fotograf Ben hatte alles so aufgenommen. – „Tja, in drei Tagen, Sie wissen ja, es ist Weihnachten."

„Das ist in Ordnung", entgegnete Heide. „Ich komme in drei Tagen vorbei, und bitte nicht bei mir anrufen. Sonst könnte es kein Geheimnis mehr sein", sagte sie lächelnd.

„Verstehe." Ben begleitete sie zur Ladentür: „Bis in drei Tagen", rief er Heide noch hinterher.

Gegen 12.30 Uhr kam Mary zurück und zeigte Heide stolz den notariellen Vertrag. Nun konnte Norman Webster kommen.

*

Gegen 18.30 Uhr ging die Türglocke bei Mary und kurz darauf stand Norman Webster in der Tür. „Hallo, Babys, ich bin's! Der liebe Norman ist da! Ho, ho, ho, schaut mal, was ich mitgebracht, dass euch das Herze lacht!" Nachdem er seine Tasche und Mappe auf den

Tisch gestellt hatte, zog er zwei große Schokoladen-Weihnachtsmänner aus der Tasche. „Seht nur, wie er euch anlacht!" Dabei überreichte er Mary und Heide jeweils einen Weihnachtsmann, zog Mary zur Begrüßung so fest an sich, dass sie bald keine Luft mehr bekam.

Mary lachte: „Norman, du bist und bleibst ein Shakerboy", während sie sich aus seiner Umarmung befreite.

Norman ging auf Heide zu, küsste ihr galant die Hand: „Nun, liebe Heidelinde, es geht euch beiden doch gut?"

Heide musste ebenfalls lachen: „Alles okay, danke, Norman!"

„So." Jetzt wurde Norman ernst. „Hier sind sämtliche Musterbücher. Wir können sie erst einmal gemeinsam durchgehen. Diese hier zum Beispiel", er nahm eine der Mappen, „zeigt Muster für Dekorationen, Teppichböden und anderes Zubehör, schauen wir mal rein."

Die beiden Frauen blätterten in der dicken Mustermappe. Hier und da fanden sie schon Muster für Fenster und passende Teppichböden. Nach Beratung mit Norman legten sie sich auf einige schöne Fensterdekos fest. Mary wollte den Parkettboden beibehalten, der neu aufgearbeitet werden sollte, und dann später einige schöne Teppiche darauflegen. „Kein Problem, Mary, das kriegen wir hin. Und wie hättest du es gerne, Heidelinde?", fragte Norman sie.

Heide überlegte: „Tja, ich werde mich wohl für den Teppichboden entscheiden, insbesondere fürs Kinderzimmer, weil es wärmer ist."

„Das ist gut überlegt", sagte Norman. „Ich würde einen schönen, pflegeleichten nehmen."

Heide hatte sich schon entschieden, welchen sie wollte, und Norman fand ihn gut.

„Die Malerarbeiten, die kommen natürlich zuerst", grinste Norman. „Hier ist eine Farbskala mit sämtlichen Tapeten, die es nur irgendwie gibt."

„Da habe ich meine Vorstellungen", sagte Mary. „Ich möchte alles mit einer schönen, weißen Strukturtapete tapeziert haben, damit meine gesamte Bildersammlung zur Geltung kommt."

„Kein Problem, das ist schon notiert, und du?" Norman sah Heide fragend an.

„Tja", Heide wiegte leicht den Kopf. „Eigentlich hätte ich gerne überall eine schlichte Raufaser, aber das Kinderzimmer, das braucht warme Farben."
„Das ist klar." Norman blätterte in der Mustermappe, dann zeigte er auf ein Muster für ein Kinderzimmer und machte den Vorschlag, wo das Kinderbettchen steht, nur dahinter mit einer lustigen Tapete mit Motiven wie Teddybären und anderem Spielzeug die Wand zu tapezieren und die anderen Wände mit passenden warmen Tönen abgestimmt zu malen. Heide stimmte seinem Vorschlag zu und entschied sich für einen warmen Beigeton.
„Ihr wisst, was ihr wollt, ihr Lieben, das macht es mir leicht."
Norman nahm ein anderes Musterbuch zur Hand: „Hier ist noch ein Buch fürs Bad, mit einer großen Kachelauswahl. Sucht euch aus, was euch am besten gefällt, und ich werde sie euch dann vor Ort demonstrieren, denn sie wirken im Buch anders als in Wirklichkeit. Ganz wichtig ist es, sie bei Tageslicht zu sehen. Sobald ich im Besitz der Musterauswahl bin, machen wir einen Termin und sehen uns alles gemeinsam im Haus an. Was haltet ihr davon?" Norman sah beide fragend an.
Beide nickten zustimmend.
„Okay", sagte Mary, „wir schauen uns alles ausführlich und in Ruhe an, ebenso den Möbelkatalog. Es muss ja auch noch alles ausgemessen werden."
„Kein Problem", grinste er, „auch dabei bin ich euch zu Diensten."
Norman trank seine Cola aus und schaute auf die Uhr: „Es ist nicht zu fassen, wie die Zeit vergeht. Ich muss leider schon wieder los. Wenn so weit alles klar ist, beginnen die Arbeiten sofort nach Weihnachten und wir sehen uns dann auch vor Ort!"
„Natürlich, Norman, wir telefonieren kurzfristig", entgegnete Mary.
Während Norman sich verabschiedete, strahlte er übers ganze Gesicht: „Für zwei so hübsche, junge Ladys lasse ich mich sogar aus dem Bett klingeln."
„Übertreibe nicht, Norman, wir lassen dir schon deine Bettruhe."
Mit einem fröhlichen „Bye-bye Babys" verließ Norman Heide und Mary, die ihn noch zur Tür begleitete.

Als er draußen war, schüttelte sie den Kopf: „Er ist und bleibt ein großes Kind."

Ein wenig nachdenklich schaute Heide ihre Freundin an: „Wirklich ein toller Mann, ein richtiger Sonnyboy; sieht gut aus, mit seinen gelockten, blonden Haaren. Seine Art ist erfrischend. Man hat den Eindruck, bei ihm könnte man alle Sorgen vergessen. Und? Mary? Nichts für dich? Ihr versteht euch doch blendend!"

„Ach, dear." Mary seufzte. „Vielleicht unter anderen Umständen. Norman ist wunderbar und ich mag ihn sehr – doch leider ist er schwul."

„O mein Gott! Das ist schade. Das hätte ich nicht gedacht." Heides Stimme klang ehrlich enttäuscht.

„So ist das Leben, Heide." Marys Stimme klang ein wenig verhalten. „Du erinnerst dich doch noch an Jeffrey? Mit dem ich vor einigen Jahren verlobt war?"

Heide nickte. „Ja, der junge, nette Architekt."

„Ja, Heide, stell dir vor: Wir kannten uns zwei Jahre, als wir uns verlobt haben, du konntest damals nicht kommen. Wir hatten gleichzeitig auch schon den Hochzeitstermin festgelegt. Dad hatte eine große Verlobungsanzeige in der New York Times geschaltet. Einen Tag nach meiner Verlobung bekam ich Besuch von Norman. Er fragte mich rundweg: ‚Sag mal, Mary, weißt du eigentlich, dass dein Verlobter bisexuell ist? Er ist häufig Gast in dem Schwulenlokal *Sonshine* und von daher kenn ich ihn auch. Es ist dort allgemein bekannt, dass er *bi* ist. Ich gönne dir dein Glück von ganzem Herzen. Wenn du es schon wissen solltest, dann betrachte meinen Besuch als überflüssig, anderseits ist es sehr wichtig für dich, das zu wissen, Mary.'

Ich war entsetzt über diese Mitteilung, Heide, und sagte Norman, dass das ja wohl ein Scherz sei. Aber Norman schüttelte heftig den Kopf. ‚Leider nicht', sagte er, ‚ich sehe schon, du hast es nicht gewusst.' Ich war ihm unendlich dankbar, dass er mich aufgeklärt hatte.

Nachdem Norman gegangen war, versuchte ich wieder einen klaren Kopf zu bekommen und habe dann am Abend, als Jeffrey heimkam,

gleich reinen Tisch gemacht. Er konnte es nicht abstreiten und machte mir den Vorschlag zu versuchen, ihn so zu akzeptieren. Er wolle auch versuchen, vielleicht etwas daran zu ändern, könne es aber nicht fest versprechen.
Ich habe noch am gleichen Abend die Verlobung gelöst und ihn gebeten, umgehend die Wohnung zu verlassen. Er holte am nächsten Tag seine Sachen und das war's gewesen. – Ich fand bei Dad vollstes Verständnis und er begrüßte mein rigoroses Handeln. Mein Leben mit einem bisexuellen Mann zu teilen, my dear, fiel mir im Traum nicht ein!" (Über die neu entfachte Liebe zu Dr. Miller wollte Mary noch nichts sagen, sondern erst einmal abwarten, was daraus werden würde.)
Heide schaute Mary mit großen Augen an: „Aber du hast mir das damals so gar nicht erzählt. Du hast nur gesagt, dass ihr euch doch nicht so gut verstehen würdet und deshalb kurz und schmerzlos die Verlobung wieder gelöst habt."
Mary glaubte einen leichten Vorwurf in Heides Stimme zu hören und sagte: „Ach, Heide, weißt du, zum einen wollte ich dich damit nicht belasten und zum anderen schämte ich mich und wollte die ganze Sache so schnell wie möglich vergessen, einfach nicht mehr darüber reden. Verstehst du das?"
„Ich verstehe dich gut, Mary."
Heide umarmte ihre Freundin. „Und inzwischen bist du doch darüber hinweg, oder?"
Mary beruhigte sie: „Keine Sorge, dear, ich bin besser darüber hinweggekommen, als ich gedacht habe, und es belastet mich in keinster Weise mehr, das Kapitel ist ein für alle Mal erledigt. – Wir haben jetzt wichtigere Dinge zu tun und große Aufgaben liegen vor uns. Findest du nicht auch?"
„Du hast Recht, Mary, und ich bin froh, dass du alles relativ gut überstanden hast."
Mary sah Heide lächelnd an. (Bald würde sie ihr von ihrer „neuen Liebe" erzählen.) „Übrigens, Heide: Du weißt, am ersten Weihnachtstag sind wir bei Dad – und zum ersten Mal ist auch Jenny da zum Kaffeetrinken – eingeladen.

„Ich weiß, Mary – und morgen muss ich unbedingt einen Brief an Onkel Ferdinand und Karin schreiben, so wie ich es ihnen beim letzten Telefonat auch versprochen habe."
„Gut, dass du das sagst", Mary verzog ein wenig ihr Gesicht, „ich muss mich auch noch um die restliche Weihnachtspost kümmern – alle Jahre wieder", sie nahm die Mustermappen vom Tisch, „und hiermit, dear, werden wir uns in den nächsten Tagen in aller Ruhe beschäftigen. Jetzt ist Feierabend!"
„Okay!" Wie zur Bestätigung gähnte Heide herzhaft und fing an, sämtliche Kerzen zu löschen, die eine gemütliche Atmosphäre hergestellt hatten.

*

Heide hatte nun begonnen, den Brief an ihren Onkel Ferdinand und an Karin zu schreiben. Es fiel ihr nicht leicht, die richtigen Worte zu finden, und sie begann wie folgt:

Liebe Karin, lieber Onkel Ferdi und meine liebe Luzia!
Nun schreibe ich Euch wie versprochen zum Weihnachtsfest. Auch ich wünsche mir sehr, bei Euch zu sein, aber ich möchte Euch und mich selber damit trösten, dass es vielleicht wieder einmal so sein wird, wie es früher war. Ich schreibe Euch verbunden mit der Hoffnung, dass es Euch gut geht und dass ihr ein schönes, besinnliches Fest (mit Luzia) haben werdet. – Wie ihr wisst, bin ich hier bei Mary gut aufgehoben. Mary ist die liebste, beste und fürsorglichste Freundin, die man sich nur vorstellen kann. – Am ersten Weihnachtstag sind wir bei Marys Dad und seiner Lebensgefährtin zum Kaffee eingeladen. Es wird bestimmt gemütlich. Ich werde mich nach den Feiertagen auf jeden Fall wieder telefonisch bei Euch melden.
Ach – ehe ich es vergesse: Jonas hat am 31.12., also am Silvesterabend, hier in New York in der Carnegie Hall einen Auftritt und will mich vorher unbedingt besuchen. Ich wollte es abwenden, aber er hat so darum gebeten, dass ich nicht „nein" sagen konnte. Es soll auch nur ein kurzer Besuch sein. Nun, liebe Karin, lieber Onkel Ferdi, zum Schluss noch

einmal alles, alles Gute von mir, drückt mein liebes Hundemädchen Luzia ganz fest und gebt ihr ein besonderes Leckerchen von mir!
Bis wir wieder voneinander hören, bleibe ich
Eure Heide, die Euch von Herzen liebt und für alles dankbar ist (ich bleibe in Gedanken mit Euch verbunden).
PS: Mary schließt sich allen guten Wünschen an für jetzt und für das neue Jahr.

Auch Mary hatte ihre restliche Weihnachtspost erledigt. Eine Arbeit, die sie ihrem Vater jedes Jahr abgenommen hatte. Kunden und Freunde erhielten schöne Karten und kleine Briefe, die sie jedes Jahr vom Text her neu konzipierte.
Heide kam mit ihrem fertigen Brief, legte ihn Mary aber noch zum Lesen vor. „Nun?", fragte sie, nachdem Mary ihn „studiert" hatte.
„Das ist soweit okay, dear, aber ich würde sagen, nach den Feiertagen musst du deinem Onkel und seiner Frau reinen Wein einschenken, denn das Baby lässt ja auch nicht mehr allzu lange auf sich warten. Die beiden sind wie deine Eltern und sie müssen auch die ganze Wahrheit erfahren, auch dass du noch die OP vor dir hast, auch wenn du ihnen die Sorgen ersparen willst."
Heide schaute nachdenklich: „Du hast Recht, Mary, es wird nicht mehr anders gehen, aber jetzt sollen sie noch das Fest besinnlich und in aller Ruhe genießen."
„Da sind wir uns einig, dear", erwiderte Mary, „aber komm, wir ziehen uns warm an. Schau mal, es hat wieder geschneit." Sie deutete auf den frisch gefallenen Schnee auf der Dachterrasse. „Lass uns zur Post gehen und auf dem Rückweg genehmigen wir uns ein zweites Frühstück in dem kleinen, anheimelnden Café gleich hier um die Ecke."

*

Irmhild hatte sich nach dem „düsteren Sonntag", wie sie ihn nannte, einen Nachmittag freigemacht und sich mit Sandra zu Hause zusammengesetzt, um die brisante Angelegenheit noch einmal ausführlich mit Sandra zu diskutieren.

„Du bist also fest entschlossen, deine Ehe nach so kurzer Zeit einfach aufzugeben?" Es klang wie eine Frage, aber auch wie eine Feststellung. Sie schaute Sandra eindringlich an.
„Ja, Mama, Jonas und ich sind uns in allem einig. Es war für uns beide wie ein Strohfeuer. Jonas lebt in einer ganz anderen Welt und meine Interessen sind nicht seine. Warum sollen wir uns auf lange Sicht etwas vormachen?"
Irmhild runzelte die Stirn: „Nun gut, wenn es feststeht, dass nichts mehr zu ändern ist, so sag mir, wie du dir deine Zukunft vorstellst. Du willst nach Paris, ein neues Studium beginnen, und du glaubst, dass du es diesmal schaffen wirst?"
„Ja", Sandra nickte, „es ist mir noch nie etwas so ernst gewesen wie diesmal. Ich habe mich bei der Uni schon eingeschrieben und eine kleine Wohnung habe ich auch schon."
„Aha", sagte Irmhild, „das war der Hauptgrund für deine Reise nach Paris letztens! Wie stellst du dir die Finanzierung vor?"
„Ich weiß nicht genau", Sandra zögerte. „Aus dem Fonds von Vaters Erbe vielleicht?"
„Nun", Irmhild sah ihre Tochter eindringlich an, „der Fonds ist ja auch nicht unerschöpflich – aber – wenn du es wirklich ernst meinst mit dem Studium – da du ja nicht in die Firma einsteigen willst, musst du dir ja eine Grundlage für dein späteres Leben schaffen, und wie du sagtest, würde dir Moderne Kunst und Design sehr liegen, so werde ich dich mit einem monatlichen Betrag zum Leben unterstützen und zusätzlich noch die Miete übernehmen, solange dein Studium dauert. Extravaganzen musst du dir dann aus einer anderen Quelle leisten."
„Das ist super." Sandra sprang auf und umarmte ihre Mutter. „Ich werde dich diesmal ganz bestimmt nicht enttäuschen, Mama!"
Irmhild schaute dennoch skeptisch drein: „Na, warten wir's ab! Übrigens: Was ist mit der schönen, kleinen Villa?"
„Tja, Mama, Jonas ist viel auf Reisen und möchte sie nicht für sich alleine behalten und ich – na ja ...–" (Insgeheim hoffte sie, ihre Mutter würde sie übernehmen, damit sie dort einmal ihren Hauptwohnsitz haben könnte.) „Wir wollen schnellstens einen Käufer finden."

Prompt schüttelte Irmhild den Kopf: „Es ist eine so schöne Immobilie und jetzt auch noch mit Schwimmbad. Ich werde mit Harry darüber reden, wir werden eine Möglichkeit finden, die Villa zu übernehmen, und Jonas das, was ihm zusteht, auszahlen. Ich möchte, dass es dein Heim bleibt, und du, wenn du aus Paris zurückkommst, wieder ein vertrautes Zuhause hast."
„Das – das – ist mehr, als ich erwartet habe." Sandra sprang auf und umarmte ihre Mutter. „Und es tut mir so leid, dich so enttäuschen zu müssen – aber schau – ich bin so entschlossen wie noch nie, aus meinem Leben etwas Positives zu machen, etwas, was du dir immer von mir gewünscht hast."
Nun lächelte Irmhild: „Dann werde ich eines Tages sicher noch ganz stolz auf dich sein."
„Das wirst du, Mama, ganz bestimmt." Sandras Stimme klang erleichtert, wie von einer Last befreit.
Die Tür ging auf und Harry kam herein: „Wie ich sehe, ist eure Besprechung wohl gerade zu Ende?"
„Ja, du siehst richtig", erwiderte Sandra, noch ehe Irmhild antworten konnte. „Und ich muss mich auch sofort verabschieden. „Bis bald, Mama." Sie gab ihrer Mutter einen Kuss und streifte Harry mit einem kühlen Blick, ehe sie ging.

Nun stellte das Schicksal die Weichen.
Einen Tag vor Weihnachten fand Mary auch zwei Briefe für Heide in ihrer Post. Ein Brief kam von ihrem Onkel Ferdinand und der zweite war von Jonas. Mary überreichte Heide die Briefe: „Hier, dear, schau mal, für dich!"
„O wie schön!" Heide schaute auf die Absender: „Ein Brief von Jonas!", dann legte sie ihn erst einmal zur Seite. Den anderen von ihrem Onkel Ferdinand öffnete sie sofort und las Mary die liebevoll geschriebenen Zeilen vor.

Liebe Heidelinde!
Danke für deine lieben Zeilen. Doch zunächst einmal hoffen Karin und ich, dass du dich wohlbefindest und deine Therapie so gut fortschreitet, dass wir vielleicht nach dem Fest irgendwann damit rechnen können, dich endlich wiederzusehen. (Ich glaube, unsere treue Luzia wartet auch schon auf dich. Nachdem sie vom Tierarzt ein gutes Herzmedikament bekommen hat, ist sie wieder etwas lebensfroher geworden, nur eben langsamer, aber mit fast dreizehn Hundejahren ist das normal.)
Karin wollte dich schon zum Fest besuchen, aber ich habe es ihr ausgeredet, denn du sollst nicht mit unnötigem Stress oder Aufregung konfrontiert werden, da wir uns ja sicherlich auch in absehbarer Zeit wiedersehen werden (wir hoffen es sehr).
Nun, liebe Heidelinde, wünschen wir dir, natürlich auch Mary, ein ganz besonders schönes Weihnachtsfest. Vor dem neuen Jahr werden wir hoffentlich noch telefonieren.
Bis dahin alles, alles Liebe und Gute
von Karin und deinem Onkel Ferdinand,
die dich von Herzen lieben.
PS: Ein Weihnachtsgeschenk wartet hier auf dich, worüber du dich auch später noch freuen wirst!

Dieser Brief, so voll Hoffnung und Liebe geschrieben, rührte Heide an: „Bin ich froh, dass ich den beiden auch geschrieben habe, Mary, was sagst du dazu? Ich glaube, ich werde ihnen nach Weihnachten, noch in diesem Jahr, alles mitteilen, was bisher geschehen ist, denn sie könnten mir später doch Vorwürfe machen, obwohl ich ihnen nur die Ängste und Sorgen ersparen will."
Mary dachte noch einen Augenblick nach, dann sagte sie: „Du musst ihnen auf jeden Fall bald reinen Wein einschenken, Heide. Du darfst nicht länger warten!" Marys Stimme klang sehr eindringlich.
„Das werde ich ganz bestimmt, Mary", sagte Heide mit fester Stimme. – Nun hatte sie den Brief von Jonas in Händen und drehte ihn

hin und her, dann legte sie ihn ungeöffnet wieder auf den Schreibtisch.
Ein wenig irritiert schaute Mary sie an: „Willst du ihn nicht öffnen?"
Heide schüttelte den Kopf: „Später, Mary, später!" Mehr sagte sie nicht.
Mary überlegte, warum Heide wohl den Brief nicht aufmachte. – Vielleicht, so dachte sie, glaubt Heide, in dem Brief würde eine negative Nachricht sein, dass Jonas ihr vielleicht mitteilen würde, dass er seine Ehe nun doch aufrechterhalten wolle und er am 28. Dezember nicht kommen könne. Das, so grübelte sie weiter, wäre eine böse und negative Nachricht. So etwas kann Heide jetzt nicht gebrauchen. Deshalb drängte sie Heide auch nicht, den Brief zu öffnen, und so lag dieser am Abend noch ungeöffnet auf dem Schreibtisch.

*

Mary beobachtete schon eine Zeit lang, wie Heide sich quälte, den Brief von Jonas zu lesen oder nicht. Immer wieder schielte sie zum Schreibtisch, nahm ihn auch mal in die Hand, drehte und wendete ihn, um ihn dann wieder fortzulegen. Mary konnte es nicht mehr mit ansehen.
„Liebe Heide, jetzt mache ich dir mal einen Vorschlag: Was hältst du davon, wenn ich den Brief lese und wenn nur Negatives drinsteht, werde ich ihn einfach vernichten und dir nichts erzählen, außer Jonas sagt das Treffen ab, was du ja wissen musst. Was hältst du davon?"
Nach einer kurzen Weile der Überlegung erwiderte Heide: „Ja, Mary, einverstanden, sonst komme ich aus dem Grübeln nicht mehr raus."
„Okay, dear, dann will ich mal." – Sie öffnete nun den „brisanten" Brief und begann zu lesen und ihr Gesicht hellte sich zusehends auf:
„O mein Gott, Heide, es ist ein wunderbarer Brief – hier, lies ihn …"
Sie reichte Heide den Brief und beobachtete Heides Miene, während diese die Zeilen las.

Meine liebe, kleine Heide!
Ich kann nicht anders, ich muss dir einfach noch ein paar Zeilen schreiben, es liegt mir so viel auf der Seele. Doch am wichtigsten ist es für mich, dir zu sagen, dass tief in meinem Herzen die Liebe zu dir schlummerte. Alles, was ich so lange nur für eine innige Freundschaft empfunden habe, war im Grunde die Liebe zu dir. Seit du fortgingst, habe ich mehr und mehr festgestellt, wie sehr du mir fehlst. Ich habe so viel falsch gemacht und kann nur inständig hoffen, dass du mir verzeihen wirst. Ich möchte dir noch tausend Dinge schreiben, aber das will ich dir doch lieber persönlich sagen. Ich freue mich unsagbar darauf, dich in wenigen Tagen in meine Arme zu schließen. Ich sende dir zum Weihnachtsfest nicht nur liebe Grüße, nein, ich muss dir hier und jetzt sagen: Ich liebe dich, kleine Heide, meine Gedanken sind bei dir.
Bis bald verbleibe ich
Dein Jonas (der ein großer Dummkopf war)
PS: An deine liebe Freundin Mary alles Gute, mit Dank verbunden, dass sie für dich da ist!

Zuerst einmal atmete Heide tief durch. Mit großen Augen schaute sie Mary an und Mary sah, dass sich ihre Augen mit Tränen füllten, die ganze Anspannung fiel von Heide ab.
„Er liebt mich, Mary! Jonas liebt mich!! Ist das nicht wie ein Traum? Ich – ich – ich – kann es kaum fassen!"
Nun liefen ihr unaufhaltsam die Tränen die Wangen hinunter.
Mary nahm sie in den Arm. „Weine nur, dear! Weine dir alles von der Seele."
Schluchzend lag Heide in Marys Arm. „Ich habe es nicht mehr zu träumen gewagt, Mary. Er wird auch unser Kind lieben. Ich weiß es! Ich fühle es! Du glaubst es doch auch?"
„Aber ja, Heide, aber ja. Etwas Schöneres kann es doch gar nicht geben! Aber jetzt, my dear, jetzt brauchst du Ruhe. Du weißt, was Professor Morgenstern gesagt hat: keine Aufregungen, selbst wenn es so eine Freude ist wie diese!"

„Du hast Recht, Mary, ich bin schon wieder ganz ruhig." Sie trocknete ihr tränennasses Gesicht und zum ersten Mal seit langer Zeit sah Mary einen glücklichen Ausdruck in Heides Augen und auch sie fühlte eine große Erleichterung.
„So, my dear, jetzt lege dich ein wenig hin und ich mache uns einen Tee."
Als Mary mit dem Tee aus der Küche zurückkam, fand sie Heide schlafend auf dem Sofa vor, den Brief von Jonas fest in Händen haltend.

*

Heiligabend in New York. Am frühen Vormittag brachte der Gärtner die Tanne, die von der Gärtnerei gegen einen kleinen Aufpreis gebracht und auch aufgestellt wurde. Sie war nicht sehr groß, ca. einen Meter fünfzig, aber eine wunderschön gewachsene Edeltanne. Gleichzeitig übergab der Gärtnerjunge Mary einen gut verpackten größeren Karton, eine Überraschung für Heide.
„Was ist denn da drin?", fragte Heide neugierig.
„Ach, nur noch etwas Weihnachtsschmuck", antwortete Mary und in einem unbeobachteten Augenblick versteckte sie den Karton auf der Terrasse und Heide hatte ihn bald vergessen. Mit einem großzügigen Trinkgeld verließ der Gärtnerjunge die Wohnung. Heide hatte eine Weile im Bad zu tun, während Mary sämtlichen Weihnachtsschmuck ausbreitete, so dass Heide gar nicht feststellen konnte, ob irgendein neuer darunter war. Eine Stunde später schmückten sie den Baum und freuten sich wie die Kinder, denn er sah wunderschön aus, mit bunten, glitzernden Kugeln und Anhängern, und eine Lichterkette gab einen warmen Glanz – draußen leuchtete der weiße Schnee.
„Es ist alles so sagenhaft schön, Mary", sagte Heide, „ich glaube fast, ich träume. Ich kann so viel Glück gar nicht fassen, das kann doch nicht gut gehen, Mary, glaubst du, dass ein Mensch so viel Glück haben kann?"

Mary schaute sie lächelnd an: „Wenn einer so viel Glück verdient hat, dann bist du es, dear, denn nicht jeder hätte so ein schlimmes, ja manchmal aussichtsloses Leben so bewältigt wie du."

„Oh Mary, ich kann es kaum erwarten, bis Jonas endlich da ist. Ich liebe ihn immer noch so sehr. Ob er das wohl fühlt?"

Mary bestätigte Heides Frage: „Sicher fühlt er das. Er liebt dich doch auch, dear, das hast du doch sogar schriftlich."

Heide seufzte nur leicht.

„So, liebe Heide, nun wollen wir hier erst mal Ordnung schaffen", sagte Mary mit gespielt energischer Stimme und fing an, alles Herumliegende aufzuräumen, und Heide half ihr dabei, so gut sie konnte. Gleichzeitig erläuterte Mary Heide den von ihr ausgedachten Tagesablauf: „Heute Mittag, liebe Heide, gibt es nur eine Kleinigkeit zu essen, dann wird etwas früher Kaffee getrunken. Ich habe auch unsere Lieblingstorte beim Konditor bestellt. Du weißt doch, die leckere Käsesahnetorte, er wird sie uns gleich bringen. Für heute Abend habe ich beim Party-Service McRonny ein paar Delikatessen bestellt. So soll unser Tagesablauf sein. Wie findest du das?" Sie schaute Heide fragend an.

Heide nickte zustimmend: „Es ist alles okay so, wie du es vorbereitet hast. Aber es kann sein, dass ich mich in der Mittagszeit etwas hinlege, der Tag ist ja noch lang." Sie verschwieg wohlweislich, dass sie hin und wieder etwas schwach auf den Beinen war und ab und zu so etwas wie einen leichten Schwindel empfand.

„Natürlich legst du dich hin", entgegnete Mary darauf. „Alles andere kannst du ruhig mir überlassen."

Heide hatte auf dem kleinen Tisch neben ihrem Bett den Brief von Jonas liegen. Immer und immer wieder hatte sie ihn gelesen, bis sie ihn auswendig kannte, und immer wieder kreiste nur der letzte Satz durch ihren Kopf: Ich liebe dich, kleine Heide – ich liebe dich, kleine Heide – immer und immer wieder – das Herz schlug ihr bis zum Hals, wenn sie an Jonas dachte und dass er bald bei ihr und seinem Baby sein würde – und wie auf Kommando strampelte Amily-Mary heftig in ihrem Bauch herum. – Sie war eingeschlafen.

Als Mary sie zum Kaffee weckte, sah Heide den festlich gedeckten Tisch, die Torte war auch da, es duftete nach Kaffee, der Lichterbaum, alles war festlich und weihnachtlich. „Oh Mary, ich glaube, ich bin in einem Märchenland aufgewacht."
„Ja, dear, ein bisschen Märchen, ein bisschen Wirklichkeit", lachte Mary und bat Heide, am Kaffeetisch Platz zu nehmen.
Vorher jedoch umarmte Heide ihre Freundin. „Ich bin so froh, Mary, dass du da bist. Was hätte ich ohne dich wohl gemacht?"
„Es ist alles gut so, wie es ist, dear, denn ich weiß, dass du auch für mich immer da bist, deshalb reden wir nicht mehr darüber und wir wollen diesen schönen Tag heute genießen und es uns richtig gemütlich machen, okay?"
„Natürlich, Mary, du hast Recht, wie immer."
Beide saßen gemütlich am Kaffeetisch, als Mary Heide anlächelte: „Du weißt ja, dear, dass es hier Brauch ist, dass das Christkind erst am ersten Weihnachtstag morgens kommt und die Geschenke bringt?"
„Ich weiß, Mary", sagte Heide, „und ich freue mich sehr darauf."
Mary musste ein wenig schmunzeln. „Habe ich dir auch schon gesagt, dass ich für morgen Mittag einen Tisch bei ‚Alfredo' reservieren ließ? Er hat versprochen, zu Weihnachten ein ganz besonderes Menü anzubieten."
„Oh", sagte Heide, „du weißt doch: für mich kein Wild, kein Geflügel und schon gar keine Weihnachtsgans."
„Okay, okay", lachte Mary, „ich kenne dich doch lange genug, das ist alles geregelt."
„Dann bin ich einverstanden", seufzte Heide, „wie du weißt, habe ich da meine Prinzipien. Aber ich freue mich auch schon sehr darauf, morgen deinen Dad und Jenny zum Kaffeetrinken zu besuchen."
„Ich mich auch", entgegnete Mary, „es wird bestimmt urgemütlich, denn wenn Dad kein Geschäftsmann ist, ist er der liebste Mensch, den man sich denken kann. Und Jenny finde ich auch in Ordnung, sie passt zu Dad und nach Moms Tod war er lange alleine. Mom würde das verstehen."

„Ich denke auch", sagte Heide – und plötzlich stand sie auf: „Entschuldige, Mary, ich muss mal eben ins Bad." Sie fühlte auf einmal, dass ihr schwindlig wurde.
Um Mary nicht zu beunruhigen, versuchte sie den kleinen Anfall im Bad abzufangen. Sie wusste, in wenigen Minuten würde es vorüber sein. Sie setzte sich und lehnte sich an die Wand und wartete, dass es vorbeiging. Sie hörte aber, wie Marys Telefon klingelte und sie mit ihrem Vater telefonierte.
Wie gut und liebevoll er zu Mary ist, dachte sie und ihre Gedanken schweiften zurück in die Vergangenheit: Auch mein Dad war der liebste Vater der Welt, dachte sie. Er hat mir immer gefehlt und Mama auch. Obwohl ihr Onkel Ferdinand und Karin immer ihr Bestes gaben. Heide vertrieb die wehmütigen Gedanken und allmählich ging es ihr wieder besser. Sie versuchte sich nun auf die kommenden gemütlichen Stunden mit Mary zu konzentrieren.
Als sie wieder das Wohnzimmer betrat, hatte Mary gerade das Telefonat beendet. Von Heides kleiner Unpässlichkeit hatte sie so nichts mitbekommen und legte Heide ein zweites Stück Kuchen auf den Teller, während Heide heftig protestierte, was ihr aber wenig half, denn Mary bestand darauf, dass sie dieses kleine zweite Stück Torte essen müsse.
„Liebe Grüße von Dad und Jenny an dich, Heide, und sie freuen sich schon, wenn wir morgen kommen."
„Vielen Dank, Mary." Heide war echt damit beschäftigt, das Stück Kuchen zu bewältigen, und Mary beobachtete sie dabei, ein wenig heimlich vor sich hinlächelnd.

Der erste Weihnachtstag war angebrochen.
Mary war Frühaufsteherin. Um 8.00 Uhr hatte sie schon den Kaffeetisch gedeckt. Sie hatte den „Karton" von der Terrasse geholt und darin befand sich eine Box mit einem wunderschönen Strauß weißer Rosen mit einem rot-goldenen Weihnachtsband verziert. (Heide liebte Rosen, aber weiße Rosen waren ihre absoluten Lieblingsblumen.) Mary stellte den Strauß in eine schöne Vase, davor legte sie zwei Briefumschläge, einer davon war etwas größer. Sie

schaute auf die Uhr, es ging auf 8.30 Uhr an. Es war die Zeit, wo sie immer in Heides Zimmer schaute, wenn sie noch nichts gehört hatte. Heide zählte nämlich zu den Langschläfern.
Doch Heide hatte sich gerade im Bett aufgesetzt, als Mary hereinschaute: „Guten Morgen, Mary! Ist es schon wieder so weit?"
Mary lachte: „Schau mal auf die Uhr, Langschläferin! Es ist gleich 8.30 Uhr."
„Ich bin schon da!" Heide kletterte aus dem Bett und schlüpfte in den Morgenmantel.
„Ein wunderschönes und gutes Weihnachtsfest, my dear." Mary nahm Heide in den Arm und drückte sie, so gut es ging, mit Rücksicht auf Amily.
„Das, meine allerliebste Mary, das wünsche ich dir auch von ganzem Herzen." Sie nahm eine Hand von Mary und hielt sie auf ihren Bauch. „Und dem kleinen, wunderbaren Baby Amily-Mary natürlich auch alles Liebe."
Gerührt streichelte Mary Heides Bauch. „Bald werden wir sie in den Armen halten, dear."
Heides Augen leuchteten, als sie sagte: „Ja, und Jonas auch!"
„Natürlich Jonas auch, dear. Aber schau, das Christkind war für dich da." Sie blickte Heide erwartungsvoll an.
„O mein Gott, Mary!" Heide lief zu der Vase mit dem wunderschönen Rosenstrauß und strich zart über die reinen, weißen Blüten. „Sind sie nicht wunderschön, so rein und weiß wie frisch gefallener Schnee. Ich kann es kaum glauben, Mary, weiße Rosen zu Weihnachten. Vielen, vielen Dank, liebste Mary!" Sie umarmte die Freundin. „Aber da sind ja noch zwei Briefe. Auch für mich?"
„Ja", nickte Mary, „mach sie nur auf."
Heide nahm den etwas größeren und darin befand sich ein Gutschein, mit einer darauf abgebildeten Wiege, die Heide sich seinerzeit beim Shoppen ausgesucht hatte.
Heide strahlte: „Das ist so lieb von dir, Mary. Ist sie nicht zauberhaft anzusehen? Stell dir vor, bald wird Amily-Mary darin liegen! Und der andere Umschlag, auch für mich?"
„Natürlich, dear, schau nur nach."

Als Heide diesen Brief öffnete, fand sie einen Mietvertrag für die künftige Wohnung im Haus in Upper West. Mary bestätigte ihr darin, dass die Wohnung nur für sie, also Heide, reserviert bleibe, das heißt, dass sie ein alleiniges Wohnrecht erhalte und dass die Wohnung nicht anderweitig vermietet werde, selbst wenn sie einmal länger nicht da sei. Der Mietpreis blieb offen.
„Aber du musst hier den Betrag für die Miete einsetzen." Heide zeigte auf die offenen Stellen, wo der Mietpreis stehen sollte.
„Das überlass ich dir, liebe Heide, was du auch immer einsetzen wirst, ich werde den Betrag dann auf ein Sparkonto, das ich für Amily einrichte, überweisen lassen."
„Aber das geht doch nicht", sagte Heide entrüstet.
„Doch, das geht! Keine Widerrede, my dear, ich habe das so beschlossen und basta!"
Heide hörte an Marys Tonfall, dass hier Widerspruch zwecklos war. Das Thema war somit erledigt.
„Ich werde uns jetzt einen guten Kaffee aufbrühen", sagte Mary und ging in die Küche.
Nachdem Heide sich erst einmal flüchtig zurechtgemacht hatte (sie wollte nach dem Frühstück ein Bad nehmen), holte auch sie ihr Geschenk, einen hübsch verpackten, flachen Karton mit einer grüngoldenen Schleife verziert, und legte ihn auf Marys Platz.
Mary kam mit dem Kaffee und sah das Päckchen auf ihrem Platz.
„Ja", sagte Heide, „da staunst du. Auch für dich war das Christkind da."
„Jetzt bin ich aber neugierig."
Mary stellte die Kaffeekanne ab. Vorsichtig löste sie die Schleife, entfernte das bunte Papier und öffnete dann den schlichten, flachen Karton. Sie nahm das Bild heraus, das Heide hatte machen lassen. Darauf waren beide Frauen in einer Porträtaufnahme als Fotomontage in DIN-A4-Größe zu sehen. Zwei junge Frauen, mit lächelnden Gesichtern – ein Bild aus einer unbeschwerten Zeit – Mary mit ihrem schwarzen Haar im Pagenschnitt und Heide mit ihrem blonden Lockenkopf – zwei Gegensätze, die aber dennoch miteinander harmonierten. Das Bild war in einem schönen Silberrahmen gefasst.

Dazu lag noch ein kleinerer Umschlag und als Mary ihn öffnete, hielt sie das letzte Ultraschallbild von Heides Baby in Händen, was Heide auch leicht vergrößern ließ, so dass man darauf das kleine, vollständige menschliche Wesen gut erkennen konnte.

Überrascht und erfreut über diesen schönen Einfall nahm Mary Heide in den Arm: „Das ist das schönste Geschenk seit ewig langer Zeit, dear. Ich kann dir gar nicht sagen, wie sehr ich mich darüber freue. Ich habe auch schon einen Platz dafür. Schau mal!" Mary stellte das Bild auf den Kaminsims, so dass man es sofort sah, wenn man in den Wohnraum kam. „Sieht das nicht toll aus?" Mary holte tief Luft: „Ich bin so happy, dass alles so gut gelaufen ist und du bei mir bist. Ich glaube, das Schicksal meint es gut mit uns, vor allem aber mit dir! Findest du nicht auch?"

Heide bestätigte Marys Frage und zeigte zu dem Bild, was nun auf dem Kamin stand. „Und ich bin so froh, dass dir mein Geschenk gefällt."

„Du hast immer schon gewusst, womit du mir eine Freude machen kannst, my dear, das muss ich dir lassen – aber nun genug des Guten: Was hältst du davon, wenn wir jetzt unseren Kaffee trinken, ehe er kalt wird?"

„Sehr viel, liebe Mary, sehr viel", erwiderte Heide.

Mary und Heide lachten. Zwei junge Frauen, die sich wie Geschwister liebten und sich gut verstanden.

Nach dem festlichen Mittagessen bei Alfredo bereiteten sich beide auf den Nachmittagsbesuch bei Marys Vater George und Jenny vor. – Mary hatte in dem Blumengeschäft, das bis 13.00 Uhr geöffnet war, zuvor noch einen tollen Weihnachtsstrauß für Jenny besorgt, den Heide überreichen sollte. Sie selber hatte für Jenny ein wunderschönes, dezent bedrucktes Seidentuch als Geschenk, da sie wusste, dass Jenny solche Tücher gerne trug. Ihrem Dad wollte sie einen guten Cognac schenken und Heide sollte ihm die dazu passenden Gläser überreichen. So war man für den Nachmittag gewappnet.

Am Ende der 5th Avenue, der East Side von Manhattan, hatte George Goodman vor vielen Jahren eine wunderschöne Villa, ein architektonisches Meisterwerk, mit einer parkähnlichen Anlage erworben, was natürlich Marys Elternhaus war. Pünktlich um 16.00 Uhr parkte Mary direkt vor der Garage ihres Vaters.

Jenny hatte die beiden kommen sehen und empfing sie ganz herzlich schon an der Haustür: „Hallo, ihr Lieben, schön, dass ihr da seid." Sie hatte einen eleganten, schwarzen Hosenanzug mit einem weißen Spitzentop an. Sie war eine elegante und sehr kluge Frau, keine Schönheit im klassischen Sinne, aber ein dezentes Make-up, das leicht blondierte Haar in modernem Stufenschnitt, ihre ruhige und freundliche Art ließen sie sympathisch erscheinen. Ihre leicht ovale Gesichtsform wirkte irgendwie interessant. Sie war groß, wohlproportioniert und mit ihren fünfundvierzig Jahren war sie zehn Jahre jünger als George Goodman.

Jenny führte beide ins Wohnzimmer, wo ein festlich gedeckter Kaffeetisch auf alle wartete. Im gleichen Moment kam auch Marys Vater ins Zimmer.

„Hallo, hallo, kommt her, ihr beiden, zum lieben George und lasst euch begrüßen!"

Mary lachte: „Du bist so aufmunternd, Daddy, wie immer", und sie ließ sich gerne von ihm umarmen.

„Hallo, Heidelinde! Nicht so schüchtern." George nahm auch sie in den Arm und drückte sie leicht. „Nun schaut aber erst einmal, was das Christkind für euch hat!"

„No, no, Dad, erst unser Christkind für euch."

Mary holte die schön verpackte Flasche Cognac aus der Tasche und Heide überreichte ihm die dazugehörenden Gläser.

„Ah, das ist etwas, was mir gefällt, der liebe George bedankt sich bei dem Christkind."

„Okay, okay, Dad." Mary winkte lachend ab.

Jenny stand etwas im Hintergrund und beobachtete lächelnd die Szene. Als Heide ihr den wunderschönen Weihnachtsstrauß überreichte und Mary das ebenfalls schön verpackte Seidentuch, war sie zu Tränen gerührt und bedankte sich sehr herzlich bei den beiden.

Nun meldete George sich wieder zu Wort: „Schaut her, meine Lieben, der Kaffee wartet und die Torten sind auch nicht zu verachten."

Mary und Heide fanden auf ihren Plätzen jeweils ein großes, goldenes Herz, gefüllt mit Pralinen vom Allerfeinsten. Mary bekam noch das Buch, was sie schon lange gesucht hatte: „Romeo und Julia" in der neuesten Ausgabe, und bei Heide lag ein Buch in Deutsch mit dem Titel „Mein 1. Baby und ich mit Rat und Tipps für junge Mütter".
„Das kann alles nur von Jenny kommen", stellte Mary trocken fest. Ihr Vater grinste ein wenig verdeckt. „So ist es, meine Lieben."
„Trotzdem", sagte Mary. „Dank an euch beide."
Auch Heide bedankte sich sichtlich gerührt.
„Nun lasst es euch schmecken." Jenny bot Kaffee und Torte an und alle griffen fleißig zu.
Nach einer guten Stunde hatte man sich bereits viel erzählt, über dies und das, als George plötzlich aufstand und Mary ernsthaft anschaute: „Mary, Darling, du weißt, wie sehr ich Mom geliebt habe und auch nie vergessen werde?" Er schaute sie fragend an.
„Das weiß ich, Dad – und was willst du mir sagen?"
George räusperte sich: „Kurz und gut – ich, das heißt, Jenny und ich haben beschlossen, dass wir zunächst erst einmal zusammen leben möchten, mit anderen Worten: seit gestern, also seit dem 24. Dezember, wohnt und lebt Jenny bei mir. Was sagst du jetzt?" Er schaute erwartungsvoll seine Tochter an.
„Aber Dad, das mit dir und Jenny geht doch schon länger und du warst ja auch schon ziemlich lange alleine. Und wenn ihr euch einig seid? Ich glaube, Mom hätte nichts dagegen, warum denn ich? Außerdem bist du mir keine Rechenschaft schuldig."
Irgendwie atmete George doch erleichtert auf. Er schaute zu Jenny und man sah beiden an, dass sie glücklich waren, sie schienen ihren Weg gefunden zu haben. Mary knipste Heide ein Auge und nickte schwach. Sie konnten das Glück der beiden sehen und freuten sich darüber.
Am frühen Abend gingen alle ins Wohnzimmer, wo auch ein Flügel stand. Darauf hatte Catherine, Georges verstorbene Frau, hin und wieder gerne gespielt. Catherine war Künstlerin gewesen; sie hatte Malerei studiert und somit hingen auch viele Bilder von ihr im gan-

zen Haus. Sie liebte die Landschaftsmalerei und es waren wirklich sehenswerte Bilder darunter. Auf dem Flügel stand eine Porträtaufnahme von ihr. Ein lächelndes, noch junges Gesicht, umrahmt von dunklen Haaren, ähnlich wie Mary sie trug, mit Pony, jedoch länger gehalten. Sie sah hübsch aus und hatte fast eine Ähnlichkeit mit der berühmten Schauspielerin Audrey Hepburn. Das Foto würde immer dort stehen, hatte George einmal gesagt und Jenny akzeptierte es.
Heide wurde gebeten, ein paar Lieder zu spielen, was sie auch gerne tat. Neben einigen Weihnachtsliedern musste sie natürlich speziell für Mary Mozarts „Kleine Nachtmusik" spielen.
„Du spielst einfach so wunderbar, liebe Heidelinde, dass man sehr beeindruckt, nein, sogar gerührt sein kann", sagte George, als Heide vom Flügel aufstand.
Man hatte schöne und gesellige Stunden – die Zeit verging im Flug. Gegen 20.00 Uhr schaute Heide Mary an und Mary wusste, dass Heide gerne heimfahren würde. Sie stand kurzerhand auf: „Also, Dad und Jenny, es war ganz toll bei euch, aber trotzdem wollen wir los."
„Oh, schade", erwiderte Jenny, aber sie wusste, dass man auf Heides Zustand Rücksicht nehmen sollte.
„Nun denn, ihr beiden, ach nein, ihr drei", dabei schaute George vielsagend auf Heides nun deutlich sichtbaren Bauch, „dann hoffe ich, beziehungsweise hoffen wir nur auf ein baldiges Wiedersehen."
George und Jenny begleiteten beide hinaus und warteten, bis Mary das Auto startete und losfuhr.

Der zweite Weihnachtstag sollte für Heide und Mary ein „Ruhetag" sein, denn am 27. Dezember wollten sie sich schon mit Norman Webster in Upper West, dem künftigen neuen Heim treffen, um vor Ort schon das Wichtigste handfest zu regeln.
Am Nachmittag schlug Mary vor: „Lass uns doch einen Spaziergang im Central Park machen, Heide. Dort sind einige Bistros auf und wir könnten einen Kaffee, einen Tee oder eine Schokolade trinken. Was hältst du davon?"

Heide schien etwas abwesend, aber dann nickte sie. „Okay, Mary, aber es ist verdammt kalt draußen."
„Die frische Luft wird dir guttun." Mary hatte heimlich beobachtet, wie Heide zusehends nervöser wurde und, wie soeben, sogar richtig abwesend schien, je näher der 28. Dezember kam. Ganz bewusst hatte sie das Thema „Jonas" gemieden, wusste aber, was in Heides Kopf vorging. Um sie abzulenken, ließ sie sich einiges einfallen, so nun auch diesen Spaziergang.
Nun kam aber doch von Heide, was kommen musste, nämlich die Frage: „Was, glaubst du, Mary, wird Jonas sagen, wenn er mich so sieht?? Er wird denken, dass ein anderer Mann …"
„Heide!" Mary fiel ihr abrupt ins Wort. „Darüber sollst du dir keine Sorgen machen. Wir hatten das doch schon alles eingehend besprochen – und ehe sich's Jonas versieht, wird er wissen, dass es sein Kind ist. Er liebt dich und wird dieses Kind genauso lieben, also: Zerbrich dir nur nicht unnötig den Kopf, und du darfst dich nicht so quälen." Mary spürte förmlich die Unruhe, die von Heide ausging, und tat alles, um vielleicht Schlimmeres zu verhindern, denn sie hatte noch Professor Morgensterns Worte im Ohr: keine Aufregung, egal welcher Art. Heide durfte sich nicht so belasten!
Aufmunternd und bewusst fröhlich rief sie daher: „Schau nur, dear! Gerade kommt die Sonne raus! Ein gutes Zeichen für einen schönen Winternachmittag."
Heide gab ihren Widerstand auf: „Du hast gewonnen, Mary, und du hast ja Recht, wie immer."
„All right, my dear, komm, wir ziehen uns richtig warm an und dann geht's los. Wir machen einen schönen Spaziergang und werden die tolle Winterlandschaft genießen, sogar mit Sonnenschein! Da ist kein Platz für Trübsalblasen! Stimmt's?"
Ein wenig zaghaft klang Heides Stimme doch, als sie sagte: „Es stimmt, Mary, außerdem ist heute der zweite Weihnachtstag und es sollte noch ein schöner Tag sein."
„Ich bin froh, dear, dass du es so siehst, und versprich mir, dass du nicht weiter grübeln wirst?"

Heide nickte schwach, aber sie wusste, ihre Gedanken würden nur um eins kreisen: Jonas, bald kommt Jonas. Mein Gott, wie ich ihn liebe!
Mary runzelte die Stirn: „Jetzt ist Schluss mit Grübeln, dear, du hast es mir versprochen", hakte sich bei Heide ein und zog sie quasi zur Tür hinaus.
Heide nahm sich sehr zusammen, um Mary nicht anmerken zu lassen, dass es ihr nicht besonders gut ging, denn vor einigen Stunden hatte sie wieder einen kleinen Schwindelanfall gehabt und allmählich kam die Angst zurück: Was ist, wenn ich es doch nicht schaffe? Mary durfte auf keinen Fall von ihrer Angst etwas erfahren!

*

Heiligabend bei Jonas und Sandra: Beide gingen getrennt zu ihren Familien. Da die Fronten nunmehr geklärt waren, gab es auch keine Probleme. – Am erstemn Weihnachtstag jedoch gingen Jonas und Sandra zum letzten Mal gemeinsam auf eine Einladung, die Jonas von Peter Heuser angenommen hatte. Da Sandra nicht wusste, dass Peter über alles informiert war, ging sie also ganz unbedarft mit und spielte noch einmal die „perfekte Ehefrau".
Peter hatte aus seinem Fliegerclub, vor ca. einem Jahr hatte er den Flugschein gemacht, einige Fliegerfreunde eingeladen, darunter war auch „Flieger-Manni", der jahrelang in einem Fluggeschwader mitgeflogen war und später noch als Flugzeugingenieur, zuletzt im Fliegerhorst Aurich, tätig gewesen war, dann aber vorzeitig in den Ruhestand gehen konnte.
„Das Herumlungern liegt mir nicht", hatte er einmal zu Peter gesagt, „deshalb kam ich auf die glorreiche Idee, mich als Fluglehrer selbständig zu machen, und es läuft prima. Der kleine Flugplatz ist mein Zuhause. Gut, dass keine eifersüchtige Ehefrau auf mich wartet. Das würde mir noch fehlen. Was meinst du, Peter?"
Peter grinste: „Na ja, du bist ein eingefleischter Junggeselle, aber meine Simone würde ich niemals gegen einen Flugplatz eintauschen."

„Verstehe, verstehe", sagte Manni, als sich die Wohnzimmertür öffnete und Jonas mit Sandra hereinkam. „Darf ich vorstellen …"
Als Peter Sandra vorstellte, verschlug es Manni fast die Sprache: „So was Schönes läuft hier einfach so herum!" Es war seine etwas plumpe Art, Komplimente zu machen.
Sandra lächelte ihn an: „Schönheit ist immer relativ", erwiderte sie, dann begrüßten beide noch die drei anderen Gäste. Einer mit Freundin und zwei „Single-Männer". Man setzte sich an einen festlich geschmückten Tisch. Simone, Peters zweite Frau, die mit fünfundvierzig etwas älter war als Peter und den kleinen sechsjährigen Sascha mit in die Ehe gebracht hatte, den Peter wie sein eigenes Kind angenommen hatte und liebte, war eine ruhige und ausgeglichene Person und bemüht, zu allen freundlich zu sein. Auf einem Extratisch hatte sie ein kleines Buffet hergerichtet und Peter bediente seine Gäste mit Getränken. So war eine gesellige Runde entstanden und es wurde über vieles gesprochen und diskutiert, bis Peter, schon etwas angeheitert, an sein Glas klopfte und um Aufmerksamkeit bat.
„Liebe Freunde! Um dieses kleine Fest hier besonders feierlich zu gestalten, wird mein lieber Freund Jonas uns etwas Schönes darbieten."
Jonas wusste, dass er nicht drum herumkam. „Wer könnte mich denn am Klavier begleiten?"
Von den anwesenden Gästen rührte sich keiner, als Simone bescheiden meinte: „Wenn du nicht so schwere Sachen singst, könnte ich es wagen."
„Nun gut", meinte Jonas, „ich denke, ein paar schöne Weihnachtslieder wären sicher angebracht."
„Das müsste gehen", sagte Simone.
Sie gingen alle hinüber in das sogenannte „Herrenzimmer", wo auch das Klavier stand. Jonas sang zwei schöne Weihnachtslieder und zum Schluss „Stille Nacht" und Simone hatte ihn gut begleitet. – Man war sehr angetan und bewunderte seine schöne Stimme. So war Jonas mal wieder Mittelpunkt und Sandra war froh, als man sich eine Stunde später verabschiedete.

„Im neuen Jahr fliegst du einmal mit mir mit", rief Peter lachend Jonas nach, der das bisher jedoch vehement verneint hatte und dankend ablehnte.

*

Sandra hatte schon ihre Koffer und Taschen reisefertig in der Diele stehen, um am zweiten Weihnachtstag rechtzeitig ihre Reise nach Paris anzutreten. – Gegen neun Uhr morgens hatte Jonas schon einen Kaffee vorbereitet, den sie noch gemeinsam tranken.
„Das wird wohl unser letzter gemeinsamer Kaffee sein?" Jonas schaute Sandra fragend an.
Sandra lächelte: „Vielleicht auch nicht, wir sehen uns bestimmt beim Scheidungstermin, der soll Anfang Februar nächsten Jahres sein, wie mir der Anwalt mitteilte, und der kennt den Scheidungsrichter recht gut. Er hat ihm unsere Angelegenheit so dargelegt, dass er nicht darauf bestehen wird, dass wir das Trennungsjahr einhalten müssen."
„Ach", sagte Jonas, „das ist ja prima, denn darüber habe ich ja noch gar nicht nachgedacht." Er stand gleichzeitig mit Sandra auf, die nun begonnen hatte, ihr Gepäck zum Auto zu bringen.
Jonas trug das schwerere Gepäck und half, es in dem Kofferraum zu verstauen. Zum Schluss hielt Sandra eine kleine Schachtel in der Hand. Sie öffnete sie und Jonas sah die kleine Madonna darin, liegend in Watte gebettet.
„Schau, Jonas, dies hier bleibt mein schönstes Andenken, verbunden mit der Erinnerung an dich, denn wir hatten ja auch schöne Stunden. Ich habe in dieser kurzen Zeit für mein Leben gelernt, einmal, dass man nicht immer nur alles auf die leichte Schulter nehmen kann, und zum anderen, dass man einen anderen Menschen sehr gerne mag, aber es nicht mit Liebe verwechseln sollte. Und was ich, lieber Jonas, am Anfang für Liebe hielt, war Zuneigung und große Sympathie. Es war eine Zeit, aus der wir beide fürs Leben gelernt haben. Findest du nicht auch?" Sie schaute Jonas fragend

an, während sie liebevoll über die kleine Madonnenfigur strich und dann die Schachtel verschloss.

Jonas hatte ihr still zugehört und nickte: „Tja, Sandra, du hast total Recht. Ich war am Anfang so verliebt in dich, ich hielt es für die einzig wahre Liebe, aber …", er machte eine kleine Denkpause, „… aber es ist für uns beide wie ein Strohfeuer gewesen und zum Glück hat es jeder von uns rechtzeitig erkannt. Ich bin froh, dass wir als gute Freunde auseinandergehen. Komm, lass dich noch einmal umarmen."

Er zog Sandra an sich, roch den Duft ihrer Haare, spürte ihre schlanke Gestalt in seinen Armen und etwas Wehmut erfasste ihn. Sandra erging es wohl ähnlich, denn schnell löste sie sich aus seinen Armen. „Nur noch ein kleiner Abschiedskuss, lieber Jonas, dann bin ich weg." Sie küsste ihn auf beide Wangen, dann war sie mit wenigen Schritten bei ihrem Wagen, startete und fuhr ziemlich schnell die Ausfahrt hinaus. Jonas winkte ihr zum Abschied noch einmal nach. Sandra war mit ihrem Geheimnis auf und davon und Jonas war mit seinem Geheimnis zurückgeblieben. Er wollte diesen Tag noch ruhig gestalten, seinen Eltern noch einen Abschiedsbesuch abstatten, denn am 27. Dezember musste er sich auf den Flug nach New York, am 28. Dezember, vorbereiten. Es fiel ihm schwer, nicht noch einmal vorher anzurufen, um wenigstens Heides Stimme zu hören, aber er hielt sich doch an die Abmachung, vorher nicht mehr anzurufen, denn Mary hatte ihn eindringlich darum gebeten. „Nun", sagte er zu sich, „dann träume ich so lange von dir, kleine Heide."

*

Es war der 27. Dezember. Mary hatte wie immer um acht Uhr das Frühstück vorbereitet, wartete aber noch etwas, ehe sie Heide weckte. Am Abend vorher hatte sie bei Heide eine große Nervosität festgestellt, zeitweise war sie mit ihren Gedanken total abwesend. Ein kurzes Gespräch mit Heide ergab nur wenig, es ging natürlich um Jonas, denn der 28. Dezember stand unmittelbar bevor.

„So, dear", sagte sie zu Heide, „ich mache dir einen Beruhigungstee, wenn du den getrunken hast, gehst du sofort zu Bett. Du brauchst Ruhe und morgen, du wirst sehen, wir fahren nach Upper West und die Ablenkung wird dir guttun. Wir treffen Norman Webster und wir werden dort alles in die Wege leiten, dann kann Norman umgehend mit den Renovierungsarbeiten beginnen. Freust du dich denn gar nicht darauf?"

Heide nickte: „Natürlich, Mary, es ist eine gute Ablenkung."

„So ist recht, dear. Nun bekommst du deinen Tee und dann ab ins Bett, damit du dich bis morgen gut erholt hast."

Heide hatte brav den Tee getrunken, sich zum Schlafengehen fertig gemacht und ging gegen 22.00 Uhr zu Bett. – „Danke, Mary, wie soll ich dir nur für alles danken!"

Mary hatte sie sanft in ihr Zimmer geschoben. „Was redest du da, Heide! Du gehörst für mich zu den Liebsten, die ich habe, und nun, my dear", sie strich Heide leicht übers Haar, „gute Nacht, schlaf gut!"

„Gute Nacht, Mary." Heide schloss die Augen und schien schon einzuschlafen, als Mary leise die Tür schloss.

Ich glaube, sagte sie zu sich, das ist alles etwas zu aufregend für das arme Ding.

Zwei Stunden später schaute sie noch einmal leise durch einen Türspalt und sah Heide ruhig und tief atmend im Bett liegen.

Beruhigt ging sie ins Wohnzimmer, denn nun musste sie ein Telefonat führen, weil Dr. Miller darauf wartete. Immer wenn Dr. Miller Nachtbereitschaft hatte, telefonierten sie lange und ausgiebig und waren sich selbst nur durch diese Telefonate so nahe gekommen, dass sie nur auf den Tag warteten, um endlich zusammen sein zu können. Dr. Miller hatte akzeptiert, dass Mary sich zurzeit noch ganz ihrer Freundin widmen wollte und sie nicht alleine lassen konnte. Aber nun stand ja der Besuch von Jonas bevor und dann endlich – endlich würden sie zusammen sein. Mary wollte Heide von der neuen Situation, was sie betraf, noch nichts erzählen, erst später, wenn es ihr richtig gut ging und sie sich mit ihr freuen konnte.

Nun stand das Frühstück fertig auf dem Tisch. Es war 8.15 Uhr vorbei. Als sich in Heides Zimmer noch nichts rührte, schaute sie vorsichtig hinein, um sie vielleicht noch etwas schlafen zu lassen. Leise, ganz leise rief sie ihren Namen. Dann schaute sie näher auf die Schlafende. Heide rührte sich nicht. Ein Arm hing an der Bettkante herunter, darunter lag das Handy, was ihr sicher aus der Hand geglitten war. Mit schnellen Schritten war Mary an Heides Bett. „Heide! Heide!" Sie klopfte ihr leicht auf die Wangen – keine Reaktion – Heide schien ohnmächtig zu sein. „Lieber Gott! Bitte nicht! Oh mein Gott!"
Schon griff sie zum Nottelefon und hatte unmittelbar Dr. Miller in der Leitung. Schnell schilderte sie ihm die Situation: „Richard, bitte, bitte, mach schnell!" Zum ersten Mal zitterte ihre Stimme und sie verlor fast die Fassung.
„Ganz ruhig, Mary, der Rettungswagen kommt sofort. Wir sehen uns gleich, bitte bleib ganz ruhig."
„Ja, Richard, ich versuche es."
Nach relativ kurzer Zeit kam der Rettungswagen und Mary fuhr mit, denn sie ließ Heide keinen Moment alleine.

In der Klinik angekommen wartete Dr. Miller schon.
Mary lief auf ihn zu und fiel ihm in die Arme: „O Gott, Richard, Heide – es ist so furchtbar – es darf ihr nichts passieren! Du musst ihr helfen, bitte, bitte, hilf ihr!"
Dr. Miller hielt die verzweifelte Mary fest im Arm: „Sei ganz ruhig, Darling! Wir tun alles, was in unserer Macht steht. Beruhige dich, ich kümmere mich umgehend. Aber sag mir, weißt du ungefähr, wann Heide ohnmächtig geworden sein könnte? Es wäre von größter Wichtigkeit!"
Mary schüttelte heftig den Kopf: „Nein, Richard, gestern Abend war doch noch alles in Ordnung, außer, dass sie sehr aufgeregt und nervös war, wegen Jonas, weil er kommt. Ich gab ihr einen Beruhigungstee und kurz darauf ist sie eingeschlafen, aber die ganze letzte Zeit war sie schon so unruhig."

„Hm." Dr. Miller führte Mary zu einem Stuhl: „Setz dich erst einmal, Darling, und versuche, etwas ruhiger zu werden, ich muss als Erstes versuchen festzustellen, wie lange die Ohnmacht vielleicht schon anhält. Mein Assistenzarzt Dr. Stone ist schon bei Mary im Untersuchungsraum und ich gehe nun rüber. Willst du hier warten?"
Mary nickte: „Sagst du mir sofort Bescheid, wenn du mehr weißt?"
„Natürlich, Darling." Dr. Miller gab ihr einen zärtlichen Kuss auf die Stirn, dann ging er schnellen Schrittes hinüber in den Untersuchungsraum. – Mary jedoch konnte nicht ruhig sitzen bleiben, sie lief unruhig hin und her: „Mein Gott, lass nichts Schlimmes passieren! Mein Gott, ich bitte dich!!
Immer und immer wieder sagte sie diese Sätze vor sich hin – endlich ging die Tür auf und Dr. Miller kam herein: „Mary, Darling", seine Stimme klang sehr ernst. „Leider können wir nicht feststellen, seit wann Heide bewusstlos ist, aber es ist eine tiefe Ohnmacht und wir können das Risiko nicht eingehen, dass sie vielleicht ins Koma fällt, wir müssen einen Not-Kaiserschnitt machen. Das Baby ist lebensfähig. Es wird zwar klein sein, aber nach den letzten Ultraschallaufnahmen besteht keine Sorge, dass es Schaden nimmt."
„O Richard!" Mary war immer noch so aufgelöst. „Und Heide? Wird sie das überleben?"
„Das hoffe ich doch sehr, nein, wir alle hoffen es", entgegnete Dr. Miller vorsichtig. „Nun muss ich in den OP, Darling, lass dir einen starken Kaffee kommen und du erhältst umgehend Bescheid, wie alles verlaufen ist."
„Gut, Richard, ich warte hier!" Mary sah auf die Uhr. Es war 9.00 Uhr, als Dr. Miller ging, und sie sah, wie er mit seinem Ärzte-Team und Schwester Krystell, wohl in ihrer Funktion als Hebamme, zum OP-Saal schritt.
Jonas!, durchfuhr es Mary. O Gott! Ich muss ihm Bescheid geben! Wenn Heide wirklich ins Koma fallen sollte! Sie griff zum Handy und ging schnell vor die Kliniktür, um zu telefonieren.

Gegen 9.30 Uhr erblickte Amily-Mary das Licht der Welt. Ein vollwertiges, aber kleines Menschenkind. Sie brachte 2000 Gramm auf die Waage und nach erster ärztlicher Untersuchung waren keinerlei Defizite festzustellen. Sie kam in ein Wärmebettchen und würde dort bei spezieller Nahrung das noch fehlende Gewicht nachholen.

Am späten Nachmittag klingelte an diesem 27. Dezember bei Jonas das Handy. Er hörte Marys aufgeregte Stimme: „Jonas, Jonas! Heide ist eben in die Klinik gekommen, sie ist ohnmächtig geworden und die Ärzte befürchten, sie könne ins Koma fallen. Du sollst nur darauf vorbereitet sein, wenn du morgen kommst, mehr kann ich jetzt nicht sagen, ich muss wieder rein!"
Jonas war einen Moment erstarrt vor Schreck, dann schrie er fast ins Telefon: „Mary, hörst du mich? Ich kann es gar nicht fassen! Mary, ich finde einen Weg, so schnell es geht zu kommen. Sag mir die Klinik, sag mir, wo ich Heide finde!"
„Okay, Jonas." Mary nannte ihm die Klinik. „Mein Handy ist innerhalb der Klinik ausgeschaltet, aber du kannst mich bei der Anmeldung ausrufen lassen. Alles klar, Jonas?"
„So weit ja, Mary. Bleibst du in Heides Nähe?"
„Selbstverständlich, Jonas, ich melde mich zwischendurch auch mal. Bis bald, Jonas."
Mary beendete das Gespräch, um schnellstens wieder in die Klinik zu gehen.
Jonas fiel plötzlich „Flieger-Manni" ein. Ja, dachte er, der muss mir helfen. Ich werde mich sofort an ihn wenden. Schon suchte er die Karte raus, die Manni ihm zugesteckt hatte mit den Worten: „Wir sehen uns zur ersten Flugstunde wieder, was, mein Lieber? Ha, ha, ha!"
Nun wählte er, aber aus ganz anderem Anlass, dessen Telefonnummer.
Kurz vor 17.00 Uhr klingelte bei „Flieger-Manni" das Telefon: „Flieger-Horst Beul, Manfred Bergerhof hier!"
„Hallo, Manni! Jonas hier!"

„Hallo, alter Junge, doch schon eine Stunde fällig?" Mannis Stimme klang siegesbewusst.

„Nein, nein, Manni, hör mir zu!" Jonas' Stimme klang furchtbar aufgeregt: „Manni, du musst mir helfen! Ich brauche einen Flieger, muss auf dem schnellsten Weg nach New York. Hab zwar für den 28., also für morgen, ein Flugticket, aber es ist was Schlimmes passiert. Ich erzähle dir mehr – später –, aber jetzt sage mir, kannst du mir helfen?" Es blieb ein paar Sekunden ruhig in der Leitung, dann sagte er: „Okay, Jonas, ich könnte sofort eine Maschine chartern, das heißt, erst muss ich alles regeln und dann die Starterlaubnis abwarten. Aber du kannst deine Sachen packen und in zwei Stunden hier sein, vor 20.00 Uhr, eher noch etwas später, wird nichts gehen." „In Ordnung, Manni, in Ordnung, Hauptsache, ich komme heute noch weg. Bis ca. 19.00 Uhr bin ich bei dir. Ist das gut so?"

„In Ordnung, Jonas. Wenn wir Glück haben und können schon um 20.00 Uhr starten, bist du morgen früh in New York!"

Jonas holte tief Luft. „Danke, Manni, vielen, vielen Dank im Voraus."

„Schon gut, Jonas, komm erst mal her, wir werden das Kind schon schaukeln." Er wusste ja nicht, wie nahe er der Tatsache mit dem „Kind" war.

*

Mary hatte ungeduldig und mit klopfendem Herzen auf Richard gewartet. Nun kam der Arzt auf sie zu: „Liebe Mary, deine Freundin Heide hat ein kleines, aber gesundes Mädchen zur Welt gebracht. Sie liegt noch in Narkose und wir hoffen, wenn die Wirkung nachlässt, dass sie wieder aufwacht. Das müsste innerhalb der nächsten Stunde geschehen. Da alles gut verlaufen ist, hoffen wir alle das Beste."

Als Richard nun schwieg, fiel Mary ihm um den Hals: „O mein Gott, Richard, ich glaube, mir ist soeben ein ganzer Felsbrocken vom Herzen gefallen. Sag mir bitte, Richard, wann kann ich zu ihr und wann das Baby sehen?" Ihre Augen schauten ihn bittend an. Dr. Miller lächelte: „Nun, Darling, Schwester Krystell bemüht sich gerade noch um das Kleine. Ich sage ihr Bescheid, dass du darauf

wartest, es zu sehen – und Heide – nun – ich schau erst noch einmal kurz nach ihr, aber ich denke, dass du auch bald zu ihr kannst. Ich weiß, wie schwer das alles für dich gewesen ist und welche Angst du ausgestanden hast, Darling. Komm später noch einmal zu mir ins Sprechzimmer und wir reden in Ruhe noch einmal über alles, möchtest du das?"
Mary nickte: „Ja, Richard, ich komme gerne und ich möchte auch bei dir sein."
Dr. Miller drückte sie ganz fest an sich und strich ihr liebevoll übers Haar. „Dann freue ich mich auf gleich, liebste Mary."
Es klopfte und auf Dr. Millers „Herein" trat Schwester Krystell ins Zimmer: „Hallo, Doc, hallo, Mary", und an Mary gewandt: „Sie können nun gerne kommen und den kleinen, neuen Erdenbürger anschauen."
Mit wenigen Schritten war Mary an der Tür: „Bis gleich, Richard", rief sie ihm zu und es ging ihr nicht schnell genug, als die Schwester auf die Neugeborenen-Station zusteuerte und dann – sprachlos stand sie vor dem Bettchen, in einem Wärmebettchen, besonders geschützt, lag Amily-Mary. Ein winziges Menschenkind, das gerade wach wurde und mit Ärmchen und Beinchen herumstrampelte. Es schlug die Augen auf und Mary sah ein paar helle, blaue Augen, genau wie Heide sie hatte. Es schien, als hätte sie leicht rötliches Haar, aber das konnte täuschen. Das kleine, runde Gesichtchen erinnerte Mary an eine Puppe aus Porzellan, so fein und zart. Und dann am Kinn – kaum zu sehen – ein winziges Grübchen.
Jonas, dachte Mary, das war nicht von Heide.
Mary konnte sich nicht sattsehen: „Mein Gott, Schwester, ist das ein süßes Baby."
„Ja", bestätigte dies Schwester Krystell. „Es ist noch ein Winzling, aber das kriegen wir schon hin! Nicht wahr, Süße? Dabei nickte sie dem Baby zu. Mary war so glücklich, so als wäre es ihr eigenes Baby. Sie musste sich losreißen, denn sie hatte ja noch große Sorge um Heide. Sie wollte vorher noch einmal mit Richard sprechen, wann sie Heide besuchen konnte und wie lange sie bei ihr bleiben durfte.

*

Nachdem Mary mit Richard gesprochen hatte, saß sie nun an Heides Bett in der Aufwachstation. Eine Stunde war vergangen, aber Heide lag immer noch im Tiefschlaf.
Die Hände ineinander verkrampft murmelte sie leise: „Lieber Gott, lass sie aufwachen, bitte, bitte, lass sie aufwachen." Immer wieder sagte sie diese Worte. Sie schaute auf den Glasbehälter, aus dem das kreislauffördernde Mittel in Heides Venen tropfte. Aus Verzweiflung zählte sie die Tropfen – tropf – tropf – tropf – usw. – bis plötzlich die Tür aufging. Schwester Krystell schaute herein, prüfte den Tropf – sah Heide an, dann Mary – plötzlich schien ihre eine Idee zu kommen. „Komme gleich wieder", sagte sie im Hinausgehen – und tatsächlich, zehn Minuten später öffnete sich wieder die Tür und Schwester Krystell kam mit dem Wärmebettchen hereingerollt und stellte es neben Heides Bett. Dann nahm sie das Baby aus dem Bettchen, wickelte es in eine Thermodecke und legte es Heide auf den Brustkorb. Eine Weile tat sich nichts, dann wachte die Kleine auf und fing prompt an zu schreien.
Wie durch dieses Schreien zum Leben erweckt, schlug Heide die Augen auf. Verwirrt schaute sie um sich: „Was ist denn? Wo bin ich?" Sie schaute Mary fragend an.
Mary atmete erlöst auf: „Heide, dear, du bist hier in der Klinik. Schau nur, hier ist dein Baby! Amily ist da."
Jetzt realisierte Heide erst die Situation: „Mein Baby!" Sie umfasste das kleine Bündel, das nun auf ihrer Brust strampelte, vorsichtig mit beiden Händen: „Mein kleines, geliebtes Baby! Mein Gott, Mary! Ist es gesund? Es ist doch viel zu früh da!"
„Keine Sorge, dear", entgegnete Mary. „Amily ist zwar sehr klein, aber vollkommen und gesund. Sie hat nur etwas Untergewicht, aber das ist kein Problem! Schau sie dir nur an! Sie hat deine blauen Augen – und das winzige Grübchen – das kann nur von Jonas sein."
Heide richtete sich nun etwas auf und Schwester Krystell legte ihr das Kind nun richtig in die Arme. Ein Glücksgefühl ohnegleichen durchströmte Heide. Sie küsste es zart, liebkoste sein Gesichtchen. „Mein süßes Baby", flüsterte sie.

Mary konnte kaum die Tränen verbergen, als sie dies Wunder von Mutter und Kind sah.

„Nun, liebe Heidelinde, muss ich den kleinen Schatz entführen, denn eine kleine Mahlzeit wird fällig." Schwester Krystell nahm Heide vorsichtig das Baby ab.

„Darf ich es einmal ganz kurz im Arm halten, Schwester?" Mary konnte nicht anders, einmal wollte sie das niedliche Ding hautnah spüren.

„Okay", erwiderte die Schwester, „aber nur ganz kurz." Sie legte das kleine Bündel in Marys Arm und diese fühlte, wie das kleine Lebewesen ihr Herz anrührte. – Dann nahm die Schwester wieder das Baby und legte es ins Wärmebettchen zurück. An Heide gewandt sagte sie: „Sobald der Doc Ihnen das Aufstehen erlaubt, können Sie jederzeit in die Babystation kommen!" Dann schob die Schwester das Bettchen mit Amily zur Tür hinaus.

Mary richtete Heide nun das Kissen, auf das sie wieder erschöpft zurücksank. „Mein Gott, Heide, bin ich froh, dass trotz allem alles so gut verlaufen ist."

„Was ist denn nur passiert?", wollte Heide wissen. Mary erzählte ihr alles von Anfang an. Auch dass sie Jonas unterrichtet hatte, jedoch nur, dass sie unverhofft in die Klinik musste.

„Jonas wird wahrscheinlich schon früher kommen, er will bei einem Bekannten eine Maschine chartern. Aber keine Sorge, dear, ich werde vorher alles mit ihm klären. Du musst dich jetzt erholen, denn Amily braucht dich an erster Stelle."

Heide nickte: „Du hast Recht, Mary, ich fühle mich auch noch sehr matt", und sie schloss auch schon die Augen.

Mary stand auf, strich ihr liebevoll über die Wangen: „Ich bin in deiner Nähe, dear, erhole dich gut! Bis bald!" Dann verließ Mary leise das Zimmer. Sie wusste: Dr. Miller erwartete sie.

*

Nachdem „Flieger-Manni" sicher gelandet war, stieg Jonas unverzüglich in ein Taxi; es war vormittags, der 28. Dezember, gegen elf Uhr, als das Taxi vor dem Portal der University-Kliniken von New

York hielt und Jonas mit großen Schritten die Eingangsstufen hinaufsprang und fast atemlos vor der Empfangsdame stand.

„Hallo, Sir, womit kann ich helfen?" Sie schaute den fast atemlos vor ihr Stehenden fragend an.

„Ja, ja, bitte, rufen Sie Mary Goodman aus! Sie ist auf jeden Fall hier", sagte Jonas hastig.

„Okay, okay, ganz ruhig, Sir." Die Empfangsdame versuchte beruhigend auf Jonas zu wirken.

Dann hörte er den Aufruf: „Mary Goodman, bitte zur Anmeldung! Mary Goodman! Bitte beim Empfang melden!"

„Nehmen Sie bitte einen Moment Platz, Sir", die Dame zeigte auf den gegenüberstehenden Sessel. „Das ist ein großes Haus und es dauert sicher einen Augenblick!"

„Danke." Jonas nahm Platz, fand aber keine Ruhe. Immer wieder ging er ein paar Schritte hin und her, setzte sich wieder. Dann – nach einer für ihn schier endlosen Zeit, tauchte Mary auf.

„Hallo, Jonas, wie schön, dass du schon da bist!" Sie umarmte ihn herzlich.

„Hallo, Mary! Sag mir, wo ich Heide finde! Ich will sofort zu ihr! Bitte!" Jonas sprach eindringlich auf Mary ein.

„Das geht nicht sofort, Jonas!" Mary sah ihn fast mitleidig an. „Jetzt ist bis 15.00 Uhr absolute Ruhezeit – und dann, lieber Jonas – muss ich vorher mit dir über ganz, ganz wichtige Dinge reden. Glaube mir, ehe du zu Heide gehst, müssen wir ein ganz ernsthaftes Gespräch führen."

„Aber, aber, was ist denn wichtiger, als dass ich Heide als Erstes sehe?" Jonas Stimme klang sichtlich nervös.

Mary konnte ihn verstehen, aber es blieb ihr nicht erspart, ihn zuerst in alles, was geschehen war, einzuweihen. Sie fasste ihn am Arm und zog ihn mit sanfter Gewalt mit sich. „Jonas, es gibt hier eine schöne Cafeteria. Dort suchen wir uns einen ruhigen Platz. Wir haben Zeit genug, uns über alles ausführlich zu unterhalten."

Widerstrebend ging Jonas mit. „Ich verstehe das nicht, Mary. Was ist denn nur los?"

„Du wirst gleich alles erfahren." Mary hatte in einer Nische einen kleinen Ecktisch ausgemacht, wo sie ziemlich ungestört reden konnten. Es fiel ihr nicht gerade leicht, aber nun war der Zeitpunkt da und Jonas sollte alles, aber auch alles erfahren.

„Jonas", Mary versuchte ihrer Stimme Festigkeit zu geben, „ich habe zwei Nachrichten für dich. Eine wunderschöne und eine sehr traurige. Zuerst die Schöne: Heide hat gestern ihr Baby bekommen."

„Was?" Jonas sprang auf, die Tasse auf dem Tisch klirrte gefährlich. „Was sagst du da? Das soll wunderschön sein? Ich – ich wusste ja nicht, dass sie einen anderen hat, vielleicht sogar liebt!" Jonas sank auf den Stuhl zurück.

„Jonas!" Marys Stimme drang kaum an sein Ohr. „Jonas!", sagte Mary nun mit erheblich lauter und fester Stimme. „Dieses Baby ist dein Kind! Es ist ein Mädchen! Du hast eine Tochter. Sie ist zwei Monate zu früh geboren, aber ganz gesund, nur eben sehr winzig."

„Aber Mary, warum ist sie denn weggegangen? Warum hat sie mir nichts gesagt?"

„Ja, Jonas, du warst damals so sehr in diese andere Frau verliebt und wolltest auch nur ein Freund sein. Du solltest es eigentlich nie erfahren. Aber nun hat sich ja alles geändert. Heide war so unbeschreiblich glücklich, als sie von dir erfuhr, dass du dich von deiner Frau trennst und dass du festgestellt hast, sie zu lieben. Heide hat nie im Leben einen anderen gehabt. Sie liebte und liebt nur dich! Dich allein!

Ich werde dir nun noch etwas sagen müssen, was nicht so schön, sondern sehr traurig ist."

Jonas schaute Mary an und schon sprach Sorge aus seinem Blick.

„Ja, Jonas." Mary nahm seine Hand. „Heide ist sehr, sehr krank. Sie hat einen Gehirntumor."

„Oh nein!" Jonas stöhnte auf. „Das darf doch nicht wahr sein, Mary!"

„Doch, Jonas, leider." Mary konnte ein aufkommendes Mitgefühl nicht mehr verhindern, doch sie versuchte, mit fester Stimme weiterzureden. „Es wurde damals fast gleichzeitig mit der Schwangerschaft festgestellt. Und da es hier in New York nur den einen Spe-

zialisten gibt, der sich an solche OPs wagt, kam Heide also hierher zu mir. Ich habe sie von da an begleitet und ihr beigestanden, so gut ich konnte. Die OP sollte so schnell wie möglich stattfinden, jedoch war die Voraussetzung ein Schwangerschaftsabbruch und das kam für Heide nicht infrage. Sie hat sich also für das Baby und somit gegen ihr eigenes Leben entschieden, denn man gab ihr noch eine Lebenserwartung von ca. acht Monaten und diese Zeit wollte Heide leben, nur für ihr Kind. Sie war bereit, dafür zu sterben."
Jonas hatte mit wachsender Angst und Sorge zugehört: „Oh mein Gott, Mary! Ich kann das alles nicht fassen! Ich hatte ja keine Ahnung! Was geschieht denn jetzt? Wie geht es Heide jetzt?"
„Mary hob beschwichtigend die Hände: „Hör zu, Jonas! Bei der vorletzten Untersuchung bei Professor Morgenstern, das ist der Gehirnchirurg, wurde festgestellt, dass wie durch ein Wunder dieser Tumor stagnierte, das heißt, zum Stillstand gekommen ist. Bei der letzten Kontrolluntersuchung vor Weihnachten wurde keine Verschlimmerung festgestellt und der Professor hatte Heide so motiviert, dass sie, wenn ihr Baby da ist, einer OP zustimmt, dann will sie die Chance, weiterzuleben, nutzen, gerade jetzt für ihr Baby, und ich denke nun auch für dich!"
Als Mary nun schwieg, sprang Jonas wieder ungestüm auf: „Das Baby, mein Kind! Mary! Was ist damit?"
Mary beschwichtigte ihn wieder. „Ruhig, Jonas! Wie ich schon sagte, ist deine kleine Tochter ein Siebenmonatskind, aber sie ist rundherum gesund. Natürlich ist sie mit zweitausend Gramm ein Winzling. Sie muss noch eine Weile im Wärmebettchen liegen, bekommt spezielle Nahrung und wird bald alles nachgeholt haben, was ihr noch fehlt. Du wirst es gleich sehen! Warte nur ab!"
„Oh Mary!" Jonas stöhnte auf. „Ich muss zuerst zu Heide, bitte, so schnell wie möglich, dann will ich mein Kind sehen! Ich weiß nicht, wie ich das alles verkraften soll!"
Mary lächelte: „Ich glaube, lieber Jonas, die Liebe wird dir dabei helfen, die Liebe zu Heide und zu deinem Kind. Übrigens heißt der kleine Schatz Amily, das heißt, Heide will sie Amily-Mary nennen."

„Amily-Mary", wiederholte Jonas im Flüsterton und Mary glaubte in seinen Augen einen Funken Glück zu erkennen.
„Nun, Jonas", Mary fasste ihn unter den Arm, „ich glaube, wir können uns nun auf den Weg zu Heide machen."
„Weiß Heide, dass du mit mir über alles gesprochen hast?", wollte Jonas wissen.
„Selbstverständlich", erwiderte Mary, „ohne ihr Einverständnis hätte ich nichts gesagt. – Nur – bitte, sprich sie noch nicht auf ihre Krankheit an. Sie muss sich jetzt erst einmal wieder richtig erholen."
„Okay, Mary, mach ich nicht. Ich will natürlich auch, dass sie sich erst einmal richtig erholt."
Sie waren vor Heides Krankenzimmer angekommen. – Mary klopfte behutsam an die Tür. Als von drinnen nichts kam, öffnete sie diese leise. Heide lag ruhig im Bett, wahrscheinlich in einem leichten Dämmerschlaf, musste aber gespürt haben, dass sich im Raum etwas tat. Sie öffnete die Augen – und – sah Jonas vor sich.
„Jon! Mein Gott, Jon!! Ich träume", sagte sie dann leise. „Nein, ich träume!"
„Nein, liebe Heide, du träumst nicht! Ich bin wirklich da." Jonas nahm ihre kleinen Hände und küsste zärtlich die zarten, schlanken Finger. „Mein kleiner Liebling, Heide!" Jonas' Stimme klang weich und zärtlich. „Warum bist du nie zu mir gekommen? Ich hätte dich mit unserem Baby doch nie im Stich gelassen!"
„Ach Jon", Heide seufzte, „du weißt schon – hat Mary es dir gesagt? Alles?"
„Pst", Jonas legte ihr den Finger auf den Mund. „Ich bin ja so unsagbar froh, dass es dir und unserem Baby jetzt gut geht. Aber sag mal, mein Vater hat das doch alles gewusst, na, der kann was erleben!"
Heide schüttelte den Kopf. „Nein, Jon, du darfst deinem Vater keinen Vorwurf machen; ich habe ihn ganz bewusst nicht von der Schweigepflicht entbunden. Er wäre in einen furchtbaren Gewissenskonflikt gekommen, hätte er geahnt, dass er mir zum Schwangerschaftsabbruch seines eigenen Enkelkindes geraten hat – wegen der OP damals. Ich habe inzwischen Mary gebeten, ihm eine E-Mail

zu schicken, und ihn von der Schweigepflicht entbunden. Selbst mein Onkel Ferdinand und Karin sind noch ahnungslos.
Ich werde nun so schnell wie möglich mit ihnen telefonieren, oder aber, wenn du mit deinen Eltern sprichst, bitte deinen Vater doch, meinen Onkel eingehend über alles zu informieren. Ich weiß noch nicht, wie ich ihnen das alles sagen soll. Es ist so viel auf einmal."
„Ganz ruhig, mein Liebling! Wir werden das regeln! Eins nach dem anderen, nicht wahr, Mary?" Jonas wandte sich an Mary, die sich etwas im Hintergrund gehalten hatte.
Mary nickte: „Heide darf sich auf keinen Fall aufregen." Sie sah Jonas wissend an. „Aber damit ihr beide jetzt für euch seid, gehe ich nun zu meiner Verabredung mit Norman Webster, wir wollen noch zu dem Haus nach Upper West. Ich werde alles in deinem Sinne regeln, liebe Heide, mach dir keine Gedanken. Ich nehme überall Maß, auch in deiner Wohnung, und bringe dir einen schönen Möbelkatalog mit."
„Wieso ein Haus?", wollte Jonas wissen.
„Tja, lieber Jonas, wir haben da unsere Pläne. Das kann dir Heide in Ruhe erzählen und das ist auch nicht so aufregend."
„Das mach ich, Mary", hörte man nun Heide sagen. „Grüße Norman ganz herzlich!", rief sie Mary noch hinterher.
„Mach ich gerne", entgegnete Mary,. „Ich schau später noch mal rein." Damit schloss sich die Tür hinter ihr.
Auf dem Flur begegnete ihr Dr. Miller: „Hallo, Darling! Ich wollte gerade zu Heidelinde."
„Ach, kannst du das nicht später, denn gerade ist Jonas bei ihr und es geht Heide momentan recht gut", sagte Mary.
Dr. Miller lächelte. „Ach so! Natürlich. Er nahm Mary kurz in den Arm. „Wir sehen uns später?"
„Natürlich, Lieber." Mary gab ihm einen zarten Kuss. „Ich muss los, du weißt schon."
„Okay, ich weiß Bescheid, bis später."

*

Jonas nahm Heide zärtlich in seine Arme. „Weißt du eigentlich, was für ein Dummkopf, nein, ein Esel ich war? Ja, mein Liebling, ich habe festgestellt, dass ich den größten Irrtum meines Lebens begangen habe. Was ich damals für die ganz große Liebe hielt, war nur ein Strohfeuer. Ich war verblendet von der Schönheit dieser Frau. Dabei gibt es viel Schöneres und Größeres, denn in der Tiefe meines Herzens, kleine Heide, hat die Liebe zu dir geschlummert. Ich hätte es damals schon wissen müssen, denn ich habe dich als Mann geliebt, wie man tatsächlich liebt. Ich hatte mich bei dir vergessen und danach habe ich alles verdrängt, wollte nur dein Freund bleiben, dabei warst du schon ganz tief in meinem Herzen drin. Als du die erste Zeit damals auf einmal nicht mehr da warst, hast du mir doch sehr gefehlt. Dann jedoch ließ ich mich auf das Abenteuer ‚Ehe' ein. Gott sei Dank hat auch Sandra sehr schnell erkannt, dass es mit uns nie gut gehen würde. Wir waren uns schnell über die Scheidung einig.
Sie ist nach Paris gegangen, um dort ein neues Leben anzufangen. Und ich, mein Liebling, habe endlich zu dir gefunden. Kannst du mir überhaupt verzeihen?"
Nachdem Jonas nun schwieg, schaute Heide ihn einen Augenblick lang nachdenklich an, dann sagte sie leise: „Wenn es dein heiliger Ernst ist, Jonas, wenn das Gewesene wirklich für dich Vergangenheit ist, dann verzeihe ich dir."
„Kleine Heide", es war, als würde Jonas tief durchatmen, „ich schwöre bei Gott, was war, ist endgültig vorbei. Du und unser Baby, das ist jetzt mein Leben." Er schaute ihr zärtlich in die Augen: „Sag mal, wann kann ich denn endlich unser Baby sehen?"
„Ach ja, einen kleinen Augenblick bitte." Heide drückte auf die Klingel. Da sie noch das Bett hüten sollte, bat sie die nun eintretende Schwester: „Bitte, Schwester, würden Sie mir mein Baby mit dem Bettchen in mein Zimmer bringen?"
„Okay", sagte die Schwester, „ich schau nach, wie es aussieht!"
Gute zehn Minuten später kam sie mit dem Wärmebettchen ins Zimmer gerollt. Amily schlief selig. Sie hatte gerade eine Zwischen-

mahlzeit erhalten. „Wenn Sie die Kleine im Arm halten möchten, muss ich sie in eine Thermodecke wickeln", sagte die Schwester.
Jonas war an das Bettchen getreten und schaute auf das winzige Menschlein, still und friedlich schlummernd. „O weh", sagte er fast erschrocken, „sie ist ja wie ein kleines Püppchen. Ich wage nicht, sie anzufassen."
Heide lächelte: „Schwester, geben Sie mir die Kleine!"
Amily schien satt und zufrieden. Die Schwester legte das Baby Heide in den Arm. „Wenn Sie mich wieder brauchen, bitte melden", sagte sie und ging.
Heide winkte Jonas ganz nahe zu sich heran: „Schau, Amily hat dein Grübchen."
Jonas war so entzückt, ihm fehlten die Worte: „Meine süße, kleine Prinzessin. Amily heißt sie?"
Heide nickte. „Ja, Amily-Mary. Findest du den Namen auch schön?" Sie sah ihn fragend an.
„Sehr schön, Liebling, ich kann vor Glück kaum etwas sagen. Es ist, als ob sich der Himmel auftut und alle Englein uns zuwinken."
„Nimm deine Tochter doch einmal in den Arm, Jon, bitte!" Heide hob ihren Arm ein wenig, so dass Jonas das Baby richtig packen konnte. Er hielt es fest im Arm und wagte sich kaum zu rühren, doch in dem Moment schlug Amily die Augen auf und rollte sie hin und her, als wollte sie abwägen, wo sie nun gerade war, und sie blieben an Jonas' Gesicht hängen und es schien, als würde sie ihren Vater erkennen. Und Jonas kam es vor, als ob sie ihn anlächelte. „Sieh nur, Heide, ich glaube, sie lächelt mich an. Sie hat deine blauen Augen und die blonden Löckchen, sehen sie nicht ein wenig rötlich aus? Mein Gott, ist unser Baby ein wunderbares kleines Wesen." Nun küsste er zart das kleine Gesicht und die winzigen Händchen.
„Nimm du sie wieder, Liebling, sonst lass ich sie nie wieder los."
Heide nahm ihm das Baby wieder ab. „Bist du wirklich glücklich, Jon?"
„Was für ein Frage, Liebling, ich bin glücklich und dankbar, dass das Schicksal es doch so gut mit uns meint."

„Ich auch, Jon." Heide seufzte aus tiefstem Herzen: „Jetzt weiß ich, warum ich um mein Leben kämpfen werde."
„Ja, mein Liebling." Jonas strich Heide eine Locke aus der Stirn. „Von jetzt an werden wir alles gemeinsam machen. Unsere Tochter braucht uns beide." – Plötzlich fiel Jonas sein Handy ein: „Heide, ob ich es wagen kann, ein Foto zu machen? Ich möchte es umgehend meinen Eltern senden, die wissen doch noch gar nichts von ihrem Glück und dass sie inzwischen stolze Großeltern sein können."
„Ich weiß nicht", sagte Heide unsicher, „mach es doch einfach, geh ein bisschen weiter weg."
„In Ordnung." Jonas war begeistert. Er machte schnell zwei Fotos und ließ das Handy wieder verschwinden. „Wenn Amily gleich abgeholt wird, dann gehe ich nach draußen, um mit meinen Eltern zu telefonieren, um sie von allem erst einmal in Kenntnis zu setzen."
„Könntest du vielleicht ein Foto ausdrucken lassen?", bat Heide ihn. „Dann kann ich es meinem Onkel Ferdinand und Karin schicken; ich werde auch unverzüglich mit ihnen telefonieren, unabhängig davon, wann deine Eltern sie unterrichten, sonst habe ich ein schlechtes Gewissen."
„Natürlich, mein Liebes, alles, was du möchtest, wird gemacht."
Ca. eine halbe Stunde später ging die Tür auf und die Schwester holte Amily wieder ab, denn sie musste wieder versorgt werden, es war eine kleine Zwischenmahlzeit fällig.
Jonas erhob sich. „Liebling, ich gehe jetzt raus, um zu telefonieren, dann muss ich die Blumen besorgen, die ich in der Aufregung für dich vergessen habe, das muss ich schnellstens nachholen."
„Ach, Jonas", entgegnete Heide, „die sind gar nicht so wichtig. Hauptsache, du bist da."
„Ja, mein Liebling, und ich bleibe auch." Dann fiel Jonas plötzlich ein: „Ach, ich muss noch wegen meines Auftritts in der Carnegie Hall am 31.12. Bescheid sagen, dass ich verhindert bin."
„Nein, nein, Jon, bitte nicht", kam es vehement von Heide, „bitte, tu das nicht!"
„Aber dann kann ich Silvester ja nicht bei dir sein." Jonas schaute Heide ein wenig betrübt an.

„Doch, Jon, ich kann dich im Fernsehen sehen. Mary hat sich erkundigt und ein Sender macht eine Live-Übertragung. Bitte, bitte, du darfst nicht absagen!"
„Okay", sagte Jonas, „wenn dir so viel daran liegt, trete ich natürlich auf."
„Nur eine Bitte hätte ich", sagte Heide.
„Ist schon gewährt, mein Liebling." Jonas lächelte sie an. „Sag nur, was es ist."
„Würdest du an diesem Abend für mich das Ave Maria singen?"
„Nichts lieber als das, geliebte, kleine Heide." Er küsste sie zärtlich auf den Mund. „Und nun verlasse ich dich für eine Weile und komme bald wieder. Ruhe dich inzwischen aus."
„Mach ich", sagte Heide und schloss auch schon ihre Augen, als Jonas ging.

Es war gegen 22.00 Uhr in Bonn, als bei Dr. Sonthofen das Telefon klingelte. Zuerst dachte er an einen Notfall, doch dann hörte er Jonas' Stimme.
„Hallo, Vater, entschuldige, ich weiß, dass es bei euch schon spät ist, aber ich habe eine wichtige Nachricht."
Dr. Sonthofen horchte auf: „Jonas, ist was passiert? Wie geht es Heidelinde? Vor deinem Abflug sagtest du, dass sie sich in einem kritischen Zustand befindet."
„Vater, hör zu, ich will es kurz machen: Du wusstest, dass sie schwanger war? Du wusstest auch, dass sie schwer krank ist, richtig?"
Die Antwort von seinem Vater kam postwendend: „Ja, Jonas, das stimmt, aber ich durfte nichts sagen, auch dir nicht, Heide …"
„Ich weiß", unterbrach Jonas ihn, „… die Schweigepflicht – aber nun das Wichtigste: Heide hat gestern ein Baby bekommen."
„Was? – Schon?"
Jonas hörte die besorgte Stimme am anderen Ende der Leitung.
„Ja", erwiderte Jonas, „ein Siebenmonatskind, sehr klein, aber gesund, nur das Gewicht muss noch nachgeholt werden, übrigens: ein Mädchen, ein niedliches und wunderbares kleines Wesen."

„Aber Jonas, hat Heide dir wenigstens gesagt, wer der Vater ist?", wollte Dr. Sonthofen nun wissen. „Mir wollte sie es partout nicht sagen!"
Ein paar Sekunden zögerte Jonas, als er mit stolzer Stimme verkündete: „Tja, ich weiß es, und du wirst es auch gleich wissen, denn du sprichst gerade mit dem Vater des süßen, kleinen Babys!"
Einen Moment lang blieb es still in der Leitung, dann klang die verwunderte Stimme seines Vaters an sein Ohr: „Aber Jonas – ich dachte immer, ihr seid nur gute Freunde."
„Halt, Vater", Jonas unterbrach ihn, „ich kann dir jetzt nicht die Einzelheiten erklären – nur – ehe ich mit Sandra zusammenkam, ist es einmal mit Heide passiert – und nun seid ihr Großeltern."
Jetzt blieb seinem Vater fast die Sprache weg. „Mensch, Jonas, und ich habe damals Heide zu einem Abbruch geraten, wegen der OP. Mein Gott. Sie sollte mein eigenes Enkelkind abtreiben! Das kann ich im Augenblick kaum fassen!"
Inzwischen war Julia auf das Gespräch aufmerksam geworden und wollte nun unbedingt mit Jonas sprechen. Noch immer etwas aus der Fassung, reichte Bernd ihr den Hörer: „Julia, was Jonas mir soeben mitgeteilt hat, wird auch dich umwerfen!"
„Hallo, Jonas." Julia freute sich, die Stimme ihres Sohnes zu hören.
„Hallo, Mutter, ich wollte euch nur gratulieren, ihr seid seit gestern Großeltern, Heide hat ein kleines Mädchen zur Welt gebracht. Amily-Mary heißt sie und ist einfach nur süß."
„Aber, aber", auch Julia verschlug es die Sprache, „wieso hat Heide nichts gesagt – und du – dass ihr einmal ein Paar wart?"
„Ich kann dir jetzt nicht alles erklären. Einiges wird Vater dir noch sagen." Jonas wollte allmählich das Gespräch beenden, sagte aber noch: „Ich sende euch ein Foto, denn ich habe sie mit dem Handy fotografiert, so könnt ihr euer Enkelkind sehen."
„Jonas", antwortete Julia, „wir müssen diese Nachricht erst einmal verarbeiten, aber wir freuen uns natürlich riesig, nicht wahr, Bernd?", wandte Julia sich an ihren Mann. „Jonas, ich gebe dir noch mal Vater."
„Ja, ganz kurz", entgegnete Jonas.

Als sein Vater sich meldete, hörte er die besorgte Stimme.: „Wie hat Heide das alles verkraftet, ich meine, wegen ihrer Krankheit, du bist doch im Bilde?"

„Ja", sagte Jonas, „bin ich, Vater. Der Tumor ist zum Stillstand gekommen und Heide wird nun die OP machen lassen, aber erst, wenn sie wieder zu Kräften gekommen ist."

Als Jonas schwieg, hörte er, wie sein Vater tief Luft holte: „Ich habe zwischenzeitlich einmal mit Professor Morgenstern telefoniert und er hat mich über den Stand eingeweiht. Es wird nicht einfach werden. Du wirst ihr ja voll zur Seite stehen, nicht wahr? Außerdem habe ich eine E-Mail erhalten, mit welcher Heide mich von der Schweigepflicht entbindet. Außerdem bat sie mich, ich solle mich mit ihrem Onkel in Verbindung setzen und die Lage schildern."

„Das ist total in Ordnung, Vater", entgegnete Jonas. „Sobald es Heide besser geht, wird sie ihren Onkel anrufen, das möchtest du auch noch sagen."

„Das werde ich natürlich ausrichten, Jonas, auf jeden Fall!", antwortete sein Vater ihm.

„Ich muss nun Schluss machen, ich will wieder zu Heide zurück", sagte Jonas nun, aber seine Mutter hatte mitgehört und nahm Bernd den Hörer noch einmal ab: „Jonas, ich möchte zu euch rüberkommen! Sollen wir den nächstmöglichen Flug buchen? Ich möchte so gerne unser Enkelkind sehen und im Arm halten!"

„Mutter", erwiderte Jonas, „sei nicht böse, aber Heide ist noch sehr schwach und darf überhaupt keinerlei Aufregung haben. Amily ist hier bestens aufgehoben. Aber ihr könnt gerne auch einmal anrufen, ich gebe euch die Telefonnummer der Klinik durch."

Schnell holte Julia Block und Kugelschreiber. Nachdem sie die Nummer notiert hatte, bat sie Jonas, viele liebe und herzliche Grüße und alles Gute an Heide auszurichten.

„Das mach ich gerne", antwortete Jonas, dann verabschiedete er sich mit den Worten: „Bis bald, Großmama und Großpapa. Wir hören wieder voneinander."

Er konnte nicht sehen, wie seine Mutter seinen Vater umarmte und Tränen über ihre Wangen liefen; diesmal waren es noch Tränen des Glückes.

*

Während seines täglichen Spaziergangs mit Luzia am Vormittag klingelte das Handy bei Ferdinand vom Stein. Er meldete sich und hörte Bernd Sonthofens Stimme. „Hallo, Bernd, das ist aber schön, von dir zu hören", sagte er erfreut.
„Ja, Ferdi, es gibt einen Anlass und eine wichtige Information von Heidelinde", antwortete Bernd Sonthofen.
„O weh!" Erschrocken reagierte Ferdinand vom Stein. „Hoffentlich nichts Schlimmes, wir haben doch erst Weihnachten noch miteinander telefoniert."
„Kein Grund zur Aufregung, lieber Ferdi, aber jetzt kann ich per Telefon nichts Näheres sagen, deshalb wollte ich dich bitten, dass wir uns vielleicht bei euch oder bei mir auf einen Kaffee treffen, da meine Praxis am Nachmittag geschlossen ist, könnten wir uns noch heute Nachmittag sehen."
Als er nun schwieg, sagte Ferdinand, und es klang Besorgnis aus seiner Stimme: „Vielleicht kannst du nachher mit Julia zu uns kommen? Ich glaube, Karin würde sich freuen."
„In Ordnung, sagen wir 15.00 Uhr?", schlug Bernd vor.
„Ist recht", erwiderte Ferdinand, „bis nachher also, 15.00 Uhr."
Ferdinand ließ das Handy wieder in der Jackentasche verschwinden: „Komm, Luzia, altes Mädchen, gehen wir heim, es kommt wichtiger Besuch heute Nachmittag."
Da Luzia nicht mehr so schnell auf den Beinen war, ging Ferdinand langsam in Richtung nach Hause, in Gedanken versunken, was wohl mit Heide sein könnte.

Kurz nach 15.00 Uhr trafen Bernd Sonthofen und Julia bei Ferdinand vom Stein und Karin ein. Man sah sich eigentlich selten, der Kontakt war hauptsächlich durch Konzertbesuche und die enge

Freundschaft zwischen Jonas und Heide entstanden; aber man hatte gegenseitige Interessen und so verstand man sich auch recht gut.
– Als man kurze Zeit später beisammensaß, konnte Ferdinand sich nicht allzu lange zurückhalten: „Nun, Bernd, spann uns nicht länger auf die Folter, wir haben uns schon ständig den Kopf zerbrochen, was wohl mit Heide ist."
Bernd sah Julia an, die nickte ihm zu: „Nun, lieber Ferdinand, liebe Karin, zuerst das Erfreuliche: Heide hat mich von der Schweigepflicht entbunden, sonst dürfte ich euch immer noch nichts sagen, aber nun müsst ihr es auch unbedingt wissen."
Bernd Sonthofen erzählte nun alles, was er von Jonas am Vortag per Telefon erfahren hatte – nur zuerst das mit dem Baby.
Ferdinand und Karin waren sprachlos, und ein wenig geschockt sagte nun Karin: „Aber warum hat sie nicht mit uns gesprochen? Hatte sie kein Vertrauen zu uns?"
Bernd blickte mit gerunzelter Stirn auf Karin, dann auf Ferdinand: „Das war es nicht, es liegt noch etwas Schlimmeres vor." – Und er erzählte von Heides schwerer Erkrankung.
„Lieber Gott", entfuhr es Ferdinand, „und sie hat uns das alles verschwiegen. Warum denn nur?"
„Ganz einfach, lieber Ferdi, Heide wollte euch den Kummer und die Sorgen ersparen. Selbst wir alle, sogar Jonas wusste nichts, nicht einmal, dass er Vater werden würde, bis vorgestern. Ich habe von ihrer Schwangerschaft und von ihrer Erkrankung gewusst, durfte aber nichts sagen – und dass ich der Großvater ihres Kindes sein würde, habe ich nicht einmal geahnt. Und dass sie nach New York gegangen ist, geschah auf meine Empfehlung."
Und er erzählte nun von Professor Morgenstern, von dem verlangten Abbruch der Schwangerschaft, dass Heide den Abbruch verweigert hatte, von dem Stagnieren des Tumors bis hin zu der Aussicht auf die nun doch noch lebensrettende OP.
„Das arme Kind." Karins Stimme zitterte. „Was hat sie nur alles durchgemacht. Und die OP, die sie jetzt noch vor sich hat. Sie muss ja immer noch um ihr Leben bangen. Wenn wir ihr nur helfen könn-

ten. Können wir denn nicht zu ihr, Ferdi? Ich möchte sie so gerne sehen."

„Ich weiß nicht, Karin." Ferdinands Stimme klang unsicher – er schaute Bernd an, der aber verneinend den Kopf schüttelte.

„Wir müssen uns noch gedulden", sagte er. „Julia wollte auch schon hin, aber Jonas bat darum, davon erst einmal abzusehen, denn Heide wäre noch zu schwach und darf nicht die geringste Aufregung haben, was uns auch einleuchtet, nicht wahr, Julia?"

Julia nickte bestätigend. „Ja, leider, wir müssen uns gedulden. Aber wir dürfen sie anrufen. Jonas hat mir die Nummer der Klinik gegeben und wir sollen euch vorab sagen, dass Heide sich so schnell es geht bei euch meldet, vielleicht heute noch."

„Aber – das Kind – was ist denn nun mit Jonas? Steht er dazu? Er ist doch verheiratet!" Karin schaute Bernd und Julia fragend an.

Bernd lächelte: „Sag du es, Julia."

„In Ordnung, Bernd." Julia musste ebenfalls lächeln, als sie sich nun an die beiden wandte: „Was ihr noch nicht wissen könnt: Jonas und Sandra lassen sich scheiden, aber das stand schon fest, ehe Jonas wusste, dass er Vater werden würde und mit Heide zusammenkommt. Ihr seht, welch seltsame Wege das Schicksal oft geht."

„Wenn es so ist, müssen wir uns wirklich gedulden", sagte Ferdinand.

„Ihr sagtet, das Baby wäre sehr klein, aber gesund?", wollte Karin nun wissen.

„Ach ja", jetzt fiel Bernd ein, dass er ja das Handyfoto hatte. „Schaut nur, das niedliche kleine Mädchen. Amily-Mary heißt sie."

„Ach du meine Güte." Karin schaute wie fasziniert auf das kleine Bild. „Sieh nur, Ferdi." Sie reichte Ferdinand das Handy. „Sieht sie nicht aus wie ein kleiner Engel?"

Auch Ferdinand bestaunte das kleine Baby. „Ehe ich es vergesse:", sagte Bernd, „Jonas lässt noch ausrichten, dass er richtige Fotos machen lässt und sie euch und uns dann schnellstens zuschickt, ach, und ihr sollt Heide bitte nicht böse sein."

„Wie können wir ihr böse sein?", erwiderte Ferdinand. „Sie hat Schlimmes durchgemacht und Gott sei Dank ist sie bei Mary gut aufgehoben."

„Ja, das ist sie wirklich."
Nun meldete Julia sich wieder zu Wort: „Auch sind wir sehr froh darüber, dass Jonas so schnell erkannt hat, dass seine Ehe quasi ein Irrtum war und dass er in Wirklichkeit Heide liebt."
„Ja", meinte Karin daraufhin. „Die beiden gehören einfach zusammen."
Man unterhielt sich noch ein paar Stunden und als Bernd und Julia sich verabschiedeten, kam man überein, dass man sich gegenseitig Informationen geben würde, wenn es Neuigkeiten gäbe.
Nun kam Luzia aus ihrer Ecke und wollte von Bernd ihre Streicheleinheiten haben.
„Nun, mein treues Mädchen, du hast bestimmt gut aufgepasst, was wir hier so erzählt haben? Es ging um unsere liebe Heidelinde! Dein Frauchen!"
Luzia hielt den Kopf etwas schief und spitzte die Ohren und ihr Blick schien zu sagen: „Na klar, ich habe alles mitbekommen und weiß Bescheid."

*

Jonas und Mary wechselten sich ab, bei Heide zu sein. Wenn Jonas zur Probe für den Silvesterabend in die Carnegie Hall musste, war Mary bei Heide. Allmählich erholte Heide sich. Am letzten Tag vor Silvester kam Mary am Nachmittag etwas früher, sie wollte noch mit Jonas etwas besprechen.
„Hallo, Jonas", rief sie schon von der Tür her, ehe sie im Zimmer war.
„Hallo, Mary, was gibt es denn so Dringendes?", fragte Jonas.
„Ja, es betrifft dich und natürlich Heide."
Heide schaute neugierig: „Sag schon, Mary!"
„Ja, also." Mary holte tief Luft. „Jonas hat ja hier in der Nähe nur ein kleines Hotelzimmer, wie ich gehört habe, oder?" Sie schaute Jonas fragend an. Als dieser nickte, sprach sie weiter: „Und nun meine Idee: Wenn Heide hier rauskommt – und das wird ja hoffentlich

bald sein –, dann möchte ich, dass ihr beide in meinem Apartment wohnt, bis …"

„Aber Mary, das geht doch nicht", unterbrach Heide sie.

„Doch, my dear, das geht!", sagte Mary bestimmt. „Ich habe schon mit Dad gesprochen, dass ich so lange in mein früheres Zimmer einziehe, bis das Haus in Upper West bezugsfertig ist. Du siehst also, liebe Heide, kein Problem!" Und an Jonas: „Wenn der Abend in der Carnegie Hall gelaufen ist, packst du deine Tasche und ich hole dich am Neujahrstag ab und du wohnst dann ab sofort in dem Apartment, bis Heide hier raus ist. So kannst du dich schon mal einleben. Ist das nicht eine tolle Idee?" Richtig stolz schaute sie nun die beiden an.

Jonas schaute auf Heide, sah, wie ihre Augen leuchteten: „Das ist eine wunderbare Idee", sagte sie. „Ich danke dir, Mary, ich bin dir so dankbar." Dabei nahm sie Marys Hand und legte sie auf ihr Herz. Jonas war gerührt und spürte die innige Freundschaft zwischen den beiden Frauen.

„Und du, Jonas? Kannst du Marys Angebot akzeptieren?" Heide schaute ihn halb fragend, halb bittend an.

Jonas lächelte: „Selbstverständlich, liebe Mary, nehme ich dein Angebot an. Das ist einfach großartig und ganz lieb von dir."

„Nun", entgegnete Mary, „ist es also abgemacht?"

„Das ist es, liebe Mary, das ist es. Komm her, lass dich einmal richtig fest drücken, wie soll ich dir sonst meine Dankbarkeit zeigen!"

„Wenn es Heide nichts ausmacht, dann gerne", lachte Mary und schielte zu Heide rüber.

Heide winkte ebenfalls lachend ab: „Du bist die Einzige, die Jonas in den Arm nehmen darf – also – bitte …"

Jonas zog Mary fest an sich und drückte sie mit ganzer Kraft an sich. Lachend befreite sich Mary gerade – als die Tür aufging und Dr. Miller ins Zimmer trat und Mary einen vielsagenden Blick zuwarf.

„Wie ich sehe, geht es allen hier bestens!"

An Heide gewandt: „Liebe Heidelinde, die letzte Untersuchung hat gezeigt, dass Sie gute Fortschritte machen, und wenn weiterhin alles so gut läuft, können wir in einer Woche über Ihre Entlassung

reden, und ab sofort dürfen Sie jeden Tag etwas länger aufstehen, aber immer Vorsicht walten lassen, dann kriegen wir das hin. Auch Ihr Baby macht gute Fortschritte, nur muss die Kleine eben etwas länger bei uns bleiben, aber das wissen Sie ja.
„Wie lange noch, Doktor?", wollte Heide wissen.
„Nun, wenn die Kleine weiterhin solche Fortschritte macht, gehen wir von sechs bis acht Wochen aus."
„Oh, so lange", meinte Jonas. „Aber wir können sie doch besuchen?"
„Jederzeit", erwiderte Dr. Miller. „Ich muss leider wieder." Dann an Mary: „Wenn es Ihre Zeit erlaubt, liebe Mary, kommen Sie einmal anschließend in mein Sprechzimmer? Ich hätte mal eine private Frage an Sie."
„Selbstverständlich, Dr. Miller", entgegnete Mary freundlich und hatte Mühe, dabei förmlich zu bleiben, denn noch wollte sie ihr „Geheimnis" vor Heide und Jonas nicht preisgeben.
Im Hinausgehen fiel Dr. Miller noch etwas ein: „Fast hätte ich es vergessen, liebe Heidelinde, Professor Morgenstern würde sich freuen, wenn Sie sich in den nächsten Tagen bei ihm melden."
Heide nickte: „Okay, Dr. Miller, ich denke dran!"
Der Doktor verließ das Zimmer – und Jonas schaute auf die Uhr: „Ich muss zur Probe, mein Liebling." Er küsste Heide zart auf den Mund: „Es kann zwanzig oder einundzwanzig Uhr werden. Geht das bei dir, Mary?"
„Mach dir keine Sorgen, Jonas", antwortete Mary. „Ich bin hier bei Heide, bis du wiederkommst."
Daraufhin ließ Jonas die beiden Frauen alleine.
Heide richtete sich auf: „Ich möchte aufstehen, Mary, hilfst du mir?"
„Natürlich, dear, aber ganz langsam."
Behutsam half Mary ihrer Freundin aus dem Bett. Etwas wacklig auf den Beinen half Mary ihr, bis zu dem am Fenster stehenden Sessel zu gehen. Glücklich, endlich wieder auf ihren Beinen zu stehen, ließ Heide sich in dem Sessel nieder und hatte das Gefühl, ihr Leben wieder neu zu beginnen.

*

Der Silvestertag war gekommen. Inzwischen hatte Heide Glückwünsche, Blumen und Telefonate erhalten. Dr. Sonthofen und Julia hatten angerufen, ihr Onkel Ferdinand und Karin ebenso. Sie hatte allen noch einmal aus ihrer Sicht alles erzählt und um Verständnis gebeten.
Ihr Onkel Ferdinand jedoch wollte nicht so recht begreifen, warum sie sich keinem anvertraut hatte, aber letztendlich hatte sie auch ihn überzeugen können.
Jonas war schon am frühen Vormittag gekommen. Er half Heide aufzustehen und langsam gingen sie gemeinsam zur Babystation. Amily schrie gerade aus vollem Hals und die Schwester stand schon mit dem Fläschchen bereit.
„Darf ich es ihr geben, bitte?", fragte Heide.
„Okay."
Vorsichtig nahm die Schwester das Baby aus dem Bettchen. Heide setzte sich mit dem Fläschchen auf einen Stuhl. Als sie Amily im Arm hielt, war diese sofort ruhig. Heide gab ihr das Fläschchen und Amily nuckelte fleißig, fast gierig die zubereitete Babynahrung.
Stolz schaute Jonas zu: „Meine Güte, hat die Kleine Hunger", staunte er.
Bald lag Amily satt und zufrieden in Heides Arm. Heide sah Jonas mit glücklichen Augen an: „Hier, Lieber, nimm sie einmal in deinen Arm."
„Ja, Liebling, gerne."
Zärtlich und voller Liebe nahm Jonas seine kleine Tochter auf den Arm. Amily schaute ihn mit ihren großen, hellblauen Augen an, als wolle sie erforschen, wer das denn da wohl sei.
„Hallo, Prinzessin! Ich bin dein Papa." Jonas gab ihr einen zarten Kuss auf die Stirn und hielt sie eine Weile so fest, als wolle er sie nicht wieder loslassen.
„Schau", sagte Heide, „ihre Löckchen haben einen roten Schimmer und das winzige Grübchen, das hat sie von dir!"
„Ja, mein Liebling", erwiderte Jonas leise, „es ist unser süßes Baby, das Schönste, was mir bisher im Leben passiert ist. Ich bin stolz und glücklich."

Er gab Amily an Heide zurück – da kam auch schon die Schwester wieder rein: „So", sagte sie, „der kleine Schatz wird jetzt fertig gemacht, dann muss sie ruhen. In drei Stunden gibt es die nächste Mahlzeit."
„In Ordnung, Schwester, wir schauen dann später wieder mal rein."
Die Schwester nickte, war aber schon mit Amily beschäftigt.
Heide und Jonas verabschiedeten sich von ihrem Baby, denn auch Heide musste sich wieder ausruhen.
Am frühen Nachmittag kam Mary, denn Jonas musste sich für seinen Auftritt am Abend vorbereiten. Bevor Mary Heide aufsuchte, hatte sie kurz bei Dr. Miller reingeschaut. Er hatte sich selber „freiwillig" den Bereitschaftsdienst für Silvester auferlegt, damit Mary und er, wenn Jonas dann nach Mitternacht bei Heide war, die Silvesternacht miteinander verbringen konnten.
„Ich schau zwischendurch mal bei euch rein, Darling", hatte er Mary nachgerufen, als sie ging. Schon in der Tür, drehte Mary sich um und lächelte ihn an. „Gerne, Richard, ich freue mich! Bis nachher!"
Mary hatte ein paar Delikatessen und eine Flasche sektähnlichen (alkoholfreien) Wein mitgebracht. Gegen 20.00 Uhr saßen beide, Heide im Bett und Mary in einem Sessel daneben, vor dem Fernseher. Sie hatten den Sender mit der Direktübertragung aus dem Konzertsaal der Carnegie Hall eingeschaltet.
Der Entertainer kündigte Mitwirkende, Sänger und Chöre an und zum Schluss: „Ein Highlight, liebes Publikum. Wir sind stolz, dass heute Abend der berühmte Tenor aus Deutschland, Jonas Sonthofen, bei uns zu Gast ist. Doch lassen Sie uns nun beginnen …"
Es folgten bekannte und weniger bekannte Sängerinnen und Sänger aus verschiedenen Bundesländern. Ein Gospel-Chor brachte zusätzliche feierliche Stimmung.
„Wann kommt denn Jonas endlich?" Heide wurde schon ganz unruhig.
„Ruhig, dear! Das Beste kommt zuletzt." Mary legte besänftigend ihre Hand auf Heides Arm. Und tatsächlich: Der Entertainer kam noch einmal und verkündete: „Ladys and Gentlemen! Und nun, wie versprochen, unser berühmter Gast: Jonas Sonthofen!"

Jonas kam auf die Bühne und ließ in diesem Moment wohl so manches Frauenherz höher schlagen. Seine große, breitschultrige Erscheinung im schwarzen Smoking, sein markantes, leicht gebräuntes Gesicht und das volle, schwarze Haar ließen ihn im Rampenlicht wie eine Gestalt aus einer schöneren Welt erscheinen. Er verneigte sich vor dem Publikum, dann sang er als Erstes „Nessum dorma" aus Turandot, aus Puccinis letzter Oper, als Zweites von Mozarts „Entführung aus dem Serail": „Nur mutig, mein Herz, versuche dein Glück". Als der anschließende, ungewöhnlich starke Applaus abebbte, verneigte er sich dankend, hob die Hand und bat das Publikum noch einmal um seine Aufmerksamkeit: „Ladys and Gentlemen. Es ist ein Wunsch an mich herangetragen worden, den ich hiermit gerne erfüllen möchte. Meine geliebte Frau, die mir vor einigen Tagen ein süßes Töchterchen geschenkt hat, aber leider noch das Bett hüten muss, bat mich, für sie das ‚Ave Maria' zu singen. Ich hoffe, auch Ihnen damit eine Freude zu machen."
Es wurde mäuschenstill im Saal, als Jonas zu singen begann. Man spürte förmlich, dass er dieses Lied mit dem Herzen sang. Nur er wusste: Er sang dieses Lied nur für Heide. Liebe, Sehnsucht, Schmerz, alles schien in seiner Stimme vereint, und es drang auch in die Herzen der Menschen, insbesondere hatten viele Frauen Tränen in den Augen. – Als er geendet hatte, war es fast unheimlich still – dann brach der Applaus los. Man applaudierte ihm in Standing Ovations. Der Erfolg machte Jonas glücklich. Er musste mindestens noch viermal auf die Bühne, ehe er sich endgültig verabschieden konnte.
Danach rief er als Erstes Heide an.
„Jonas, mein Lieber", sagte Heide, „so habe ich dich noch nie singen hören! Mary und ich – wir mussten weinen. Das war so wunderbar!"
„Ich habe auch nur für dich gesungen, mein Liebling", sagte Jonas mit weicher Stimme. „Ich komme gleich, ich bin noch vor Mitternacht bei dir!"
„Mary und ich, wir warten auf dich, Lieber. Bis gleich."

Kurz vor Mitternacht, ehe das neue Jahr begann, betrat Jonas Heides Zimmer. Nach herzlicher Begrüßung warteten die drei nun, dass das neue Jahr eingeläutet wurde.

„Was wünschst du dir?", fragte Heide ihn.
„Was ich mir wünsche?" Jonas sah sie liebevoll an. „Natürlich, dass du ganz schnell ganz gesund wirst und dass unser Baby bald bei uns ist, dass wir eine kleine Familie sind."
Punkt zwölf Uhr nahm Jonas Heide in den Arm: „Liebling, ich habe gestern noch mit meinem Scheidungsanwalt telefoniert. Es liegt alles schon bereit, ich muss nur noch unterschreiben. Und ich muss dafür auch nicht nach Deutschland, weil bei uns alles geklärt ist. Der Anwalt schickt mir die Unterlagen bis zur zweiten Januarwoche zu. Nach meiner Unterschrift schicke ich alles zurück und das Scheidungsurteil wird dann auch nicht mehr lange auf sich warten lassen. Ist das nicht wunderbar?" Jonas machte eine kleine Pause. Heide schaute ihn ein wenig fragend, ein wenig neugierig an.
Als Jonas nun weitersprach, fühlte sie, wie ihr Herz anfing, schneller zu schlagen. „Geliebte, kleine Heide." Jonas nahm ihre Hände und küsste sie zart. „Ich möchte dich hier und jetzt bitten, genau um zehn Minuten nach null Uhr im neuen Jahr, wenn bei mir alles geregelt ist, meine Frau zu werden. Du und Amily, ihr seid mein Leben."
Mary hatte sich etwas im Hintergrund gehalten und sah, wie Heides Augen aufleuchteten. Diese barg ihren Kopf an Jonas' Brust und Mary hörte, wie sie sagte: „Jon, ich liebe dich! Ich liebe dich so sehr."
Jonas schaute ihr in die Augen: „Soll das heißen ‚ja', kleine Heide?"
„Ja, ja, ja, ja!" Überglücklich kam dieses „Ja" über Heides Lippen.
„Ich liebe dich, kleine Heide, und du machst mich unsagbar glücklich", sagte Jonas leise. Ein inniger Kuss besiegelte diesen wunderbaren Augenblick.
Mary räusperte sich leicht. „Nun, ihr Lieben, ich glaube, ich kann mich jetzt verabschieden."
„Ach, Mary, entschuldige bitte, du darfst nicht so abseits stehen, komm doch her", bat Heide.
Jonas nahm nun auch Mary in den Arm: „Mary, du bist die liebste und treueste Freundin, die man sich nur wünschen kann. Es gibt auf dieser Welt nicht viele Menschen., so wie du es bist."

„Danke, Jonas", sagte Mary bescheiden, „aber dennoch verlasse ich euch jetzt." (Sie wollte nun so schnell wie möglich zu Richard, der sie sicherlich schon erwartete, es wäre für beide die erste Nacht, die sie miteinander verbringen würden, und sie hoffte insgeheim, dass gerade diese Silvesternacht ihr Glück bringen würde.) Laut sagte sie aber: „Ich muss noch mit Dad und Jenny telefonieren und – vergiss nicht, Jonas, deine Koffer zu packen. Ruf mich an, wenn du so weit bist, dann komme ich!"
„Geht in Ordnung, Mary, und vielen Dank noch einmal für alles."
Mary trat nun zu Heide, nahm sie fest in den Arm. „Alles Liebe und alles, alles Gute, my dear, für das neue Jahr und für eure gemeinsame Zukunft." Dann ging sie auf Jonas zu. „Das gilt auch für dich, lieber Jonas, ich vertraue dir nun meine liebste und beste Freundin an und wünsche euch alles Glück dieser Welt, natürlich auch mit der von uns allen geliebten, kleinen Amily."
„Amily-Mary", berichtigte Heide.
Mary lächelte: „Ich weiß, dear, und ich freue mich auch sehr darüber. Aber nun genug." Mit einem herzlichen Abschiedsgruß verließ Mary die beiden.
Nach einem kürzeren Telefonat mit ihrem Vater und Jenny betrat sie das private Sprechzimmer von Dr. Dr. Richard Miller, der sie bereits mit Sehnsucht erwartete.

Nachdem Mary fort war, schmiegte Heide sich fest in Jonas' Arme: „Ich bin der glücklichste Mensch auf der ganzen Welt, Jon."
„Ich weiß, mein Liebling, ich auch."
Jon hielt Heide fest an sich gedrückt. „Sag mir, kleine Heide, wann hast du eigentlich festgestellt, dass du mich liebst?"
Heide sah ihn mit großen Augen an: „Willst du das wirklich wissen?"
„Ja, gerne, erzähl es mir doch bitte", bat Jonas sie.
„Nun", jetzt setzte Heide sich aufrecht hin, „dann hör mal zu."
Jonas blickte gespannt.
„Also, da gab es doch damals auf der Musikhochschule die Feier anlässlich des fünfundzwanzigjährigen Bestehens der Schule und von vielen Anwesenden wurden Beiträge gebracht – ich spielte die Sona-

te von Robert Schumann op. 11 Nr. 1 fis-Moll und du hast mit dieser Sängerin, Magdalena Bourjé, ich glaube, es war eine Belgierin, im Duett das Lied ‚True love' von Grace Kelly und Bing Crosby gesungen. Diese Magdalena hat dich mit ihren Augen verschlungen und ist dir nicht von der Seite gewichen und zum ersten Mal überkam mich ein bis dahin unbekanntes Gefühl: nämlich Eifersucht. Und stell dir vor: Kurz darauf musste ich mir eingestehen, dass ich mich in dich verliebt hatte. Aber ich wollte mir nichts anmerken lassen, denn ich hatte Angst, wenn ich es dir sage, unsere Freundschaft aufs Spiel zu setzen." Heide machte eine kleine Pause, dann erzählte sie weiter: „Und immer, wenn wir uns trafen oder gesehen haben, schlug mein Herz schneller und es fiel mir immer schwerer, mich in der Gewalt zu haben. Du schenktest mir so viel Aufmerksamkeit und warst immer fürsorglich und für mich da, doch hatte ich sehr wenig Hoffnung, dass du einmal mehr für mich empfinden würdest als nur diese wunderbare Freundschaft – und dann kam der Zeitpunkt – du erinnerst dich?" Heide schaute ihn herausfordernd an.

Jonas nickte lächelnd. „Ja, mein Liebling, ich erinnere mich gut – jener Abend im Mai, als ich dich abholte und wir in dem kleinen Wald spazieren gingen – da hast du es mir gesagt – und alles, was danach geschehen ist, war von mir pure Dummheit, Egoismus, Gedankenlosigkeit, vielleicht Oberflächlichkeit, ich finde keine passenden Worte für mein damaliges Verhalten. Aber glaube mir, kleine Heide, kaum warst du fort, fühlte ich tief in meinem Herzen, dass mir etwas fehlt. Ich konnte einfach nicht glücklich sein – als ich endlich meine Liebe zu dir erkannt habe, wäre es bald zu spät gewesen. Und nun, meine geliebte kleine Heide, bin ich der glücklichste Mensch und ich hoffe, das Schicksal wird es weiterhin so gut mit uns meinen."

Heide seufzte tief. „Ja, Lieber, es ist wirklich viel passiert. Ach, da fällt mir ein: Was ist eigentlich aus dieser Magdalena damals geworden? Die war auf einmal nicht mehr da!"

Jonas schüttelte den Kopf: „Eigentlich wollte ich es dir überhaupt nicht sagen, aber das ist ja nun schon Jahre her, also hör zu: Diese Frau hat mir ständig immer und überall aufgelauert. Irgendwann mal eines Abends hatte sie es doch geschafft, mich in irgendeine

Pinte zu locken. Da habe ich dann ganz schön einen über den Durst getrunken und fand mich am anderen Morgen in einer fremden Wohnung wieder. Es mag so sechs Uhr früh gewesen sein, als ich die Augen aufschlug, und – vor mir stand ein Mensch in Riesengestalt und grinste mich an: ‚Hallo, Jungchen', sagte er, ‚gut geschlafen?' – ‚Wo bin ich, was wollen Sie?' – ‚Hey', sagte er, ‚Sie haben in meiner Wohnung übernachtet – mit Lenchen.' – ‚Mit Lenchen? Wer ist Lenchen?', fragte ich ihn. ‚Ha, erst ne schöne Nacht haben und sich dann nicht mehr erinnern, wie? Lenchen, vielleicht erinnern Sie sich aber an Magdalena? Ich nenne sie Lenchen, denn sie ist meine Freundin.' – O weh, dachte ich. Diese Magdalena hatte mich hierher geschleppt und – ich konnte mich an nichts mehr erinnern. ‚Na, dämmert's', grinste der Typ mich wieder an. Dann sagte er doch tatsächlich: ‚Da Sie ja ein feiner Herr sind und auf Ihren guten Ruf bedacht, mach ich Ihnen ein Angebot.' – ‚Wieso, was für ein Angebot?', wollte ich wissen. ‚Na ja', meinte er, ‚ich will ja nicht unverschämt sein, aber sagen wir mal für so eine Art Aufwandsentschädigung könnten Sie schon zweitausend Euro locker machen, oder?' – ‚Wie komme ich dazu?', habe ich ihm geantwortet. Er grinste mich wieder an: ‚Sehen Sie, Sie haben in meiner Wohnung übernachtet, mit einer Frau – und diese Frau hat die Angewohnheit, gerne und viel zu reden – aber wenn wir uns einig sind, sorge ich dafür, dass Lenchen schweigen wird, und übermorgen bin ich mit meinem Schiff in Richtung Kolumbien unterwegs, eine Garantie für Sie, dass wir uns nicht wiedersehen werden. So eine kleine, finanzielle Spritze für die lange Reise würde mir guttun.' Ich wollte den Kerl unbedingt loswerden – und ich gab ihm einen Scheck über zweitausend Euro. Ich war heilfroh, als ich da wieder raus war. Diese Magdalena habe ich nur noch einmal von Weitem gesehen, als sie mit ihrem Koffer zum Bahnhof ging. Später erzählte man mir, sie hätte sich überlegt, dass die klassische Musik nichts für sie sei und sie lieber ein Schlagerstar werden wollte. – Was aus ihr nun geworden ist, weiß ich nicht, weil es mich auch nicht interessiert hat. So, nun weißt du mein Geheimnis, Liebling, das außer dir niemand kennt. Ach so – in jener Nacht ist gar nichts passiert – das hatte mir die-

se Magdalena auf einem Zettel hinterlassen. Ich bin also auf einen so genanten Bluff hereingefallen, schade um die zweitausend Euro. Aber du weißt ja: Durch Schaden wird man klug, und so etwas ist mir auch nie wieder passiert."
Heide hatte Jonas interessiert zugehört: „Ich hatte damals schon Sorge, du könntest dich für diese Frau interessieren, aber dieses Lied, was ihr zusammen gesungen habt, hat so wunderschön geklungen, dass es mir im Gedächtnis geblieben ist, und wenn ich es jetzt höre, natürlich im Originalton gesungen, denke ich immer an jenen Abend, an dem ich mich in dich verliebte."
„Es ist vielleicht gut, dass wir doch noch einmal über alles gesprochen haben", sagte Jonas, „aber wollen wir jetzt nicht nach vorne schauen? Wir werden ein neues Leben beginnen. Ich werde in den nächsten Monaten an deiner Seite sein. Die Aufführungen in der Metropolitan Opera hat mein Agent Peter Heuser für mich inzwischen schon abgesagt und für Ersatz gesorgt, so kann ich bei dir sein."
„Ach, Jon, wenn nur nichts Schlimmes mehr passiert."
Jonas schaute Heide etwas vorwurfsvoll an: „Nur keine dummen Gedanken, Liebling." Er wollte keine trübe Stimmung aufkommen lassen. „Es ist doch bisher alles gut gegangen, wir haben unser Leben, unsere Zukunft noch vor uns. Wir fordern das Schicksal ja nicht heraus, so wie es bisher gelaufen ist, wird uns das Schicksal auch weiterhin wohlgesonnen sein. Denk doch an Amily! Alles wird gut!"
Heide lächelte jetzt: „Du hast ja Recht, Jon. Lass uns an unsere gemeinsame Zukunft denken."
„Siehst du. So gefällst du mir." Jonas küsste sie zärtlich. Als er merkte, dass Heide versuchte, ihre Müdigkeit zu unterdrücken, stand er auf: „Jetzt, mein Liebling, wirst du schön schlafen und wenn Mary mich später abholt, kommen wir natürlich zuerst bei dir vorbei, ehe wir ins Apartment fahren."
Heide nickte: „Ja, Lieber, ich freue mich, wenn du wieder da bist." Sie hob die Hand und winkte Jonas nach, als er zur Tür hinausging. Ehe er sie schloss, drehte er sich noch einmal um. „Ich liebe dich, kleine Heide. Bis später!"

„Ich liebe dich auch, Jon! Ich liebe dich so sehr", flüsterte Heide, als Jonas die Tür leise hinter sich zugezogen hatte.

*

Eine Woche später konnte Heide die Klinik verlassen. Dr. Miller war mit ihrem Allgemeinzustand zufrieden. Als Heide und Jonas sich von ihm verabschiedeten und sich bedankten, hob Dr. Miller ein wenig den Zeigefinger, als leichte Ermahnung an Heide: „Liebe Heidelinde, seien Sie weiterhin recht vorsichtig und vor allem – achten Sie auf eine gesunde Ernährung. Aber", und mit einem Augenzwinkern an Jonas gewandt, „da ist ja ein guter Aufpasser an Ihrer Seite, oder?"
„Darauf können Sie sich verlassen, Doktor", bestätigte Jonas seine Frage.
„Ihr Baby können Sie jederzeit besuchen, das kleine Mädchen macht tolle Fortschritte", sagte der Doktor noch freundlich. Er reichte nun beiden die Hand. „Und vergessen Sie nicht, Professor Morgenstern anzurufen."
„Auf keinen Fall", erwiderten Heide und Jonas gleichzeitig – dann verließen sie das Ärztezimmer.
Nach einem kurzen Besuch auf der Babystation – Amily lag friedlich schlafend in ihrem Bettchen – holte Heide draußen erst einmal tief Luft, lehnte ihren Kopf an Jonas' Schulter und sagte zu ihm aufblickend: „Jon, mir ist, als betrete ich eine andere Welt und dass alles, was hinter mir liegt, nur ein böser Traum war."
Jonas drückte sie fest an sich: „Es war nur ein böser Traum, Liebling, und nun musst du ihn einfach vergessen."
„Das will ich, Jonas, ganz bestimmt, das will ich", seufzte Heide aus tiefstem Herzen.
Inzwischen war das Taxi vorgefahren und eine viertel Stunde später hielt es schon vor dem Apartmenthaus, wo die beiden nun in Marys Wohnung ein vorübergehendes Zuhause hatten.
„Ich soll dir ausrichten, dass Mary am Nachmittag vorbeikommt, um zu sehen, wie es dir geht", sagte Jonas.

„Gut, dass du das sagst", erwiderte Heide. „Ich wollte Sie schon gerade anrufen, aber dann warten wir auf sie. Ich freue mich, sie zu sehen. Du auch, Lieber?" Sie schaute Jonas fragend an.
„Natürlich, mein Liebling." Er nahm Heide in den Arm und führte sie ins Wohnzimmer.
Nachdem Jonas Heide ins Wohnzimmer geführt hatte, musste sie sich schnell in einen Sessel setzen, denn schon wieder überkam sie ein leichtes Schwindelgefühl. Es dauerte nur wenige Sekunden, dann hatte sie sich wieder in der Gewalt. Jonas bekam davon nichts mit, da er nach und nach alle Taschen hereinholte.
Er darf nichts merken, dachte sie bei sich, sonst bringt er mich umgehend wieder in die Klinik.
Sie lächelte Jonas an: „Ist es nicht schön hier, Lieber? Schau nur, die wunderschöne Aussicht."
Jonas nahm Heide in den Arm. „Ja, Liebling, das ist es. Mary hat mir inzwischen auch das Haus bzw. die Wohnung, die du haben sollst, gezeigt. Sie meinte nun, dass die Wohnung auf uns beide laufen sollte, und wollte den Vertrag entsprechend ändern. Wärst du denn damit einverstanden?"
„Was für eine dumme Frage", entrüstete sich Heide. „Ich möchte so bald wie möglich mit dir nach den Möbeln Ausschau halten, vor allem auch wegen der Einrichtung fürs Kinderzimmer.
„Immer langsam, Liebes." Jonas stoppte ein wenig Heides Eifer. „Mary sagte mir, dass die Maler mindestens noch zwei Wochen zu tun haben, also haben wir noch ein bisschen Zeit."
„Aber anschauen werden wir uns doch schon bald ein paar schöne Sachen, oder?" Heides Stimme klang fast ein wenig enttäuscht.
„Natürlich, Liebes." Jonas führte Heide zum Sofa. „Mach dir keine Sorgen. Das wird alles, eins nach dem anderen, geschehen, vor allem aber brauchst du noch Ruhe!"
„Du hast ja Recht, Jonas", räumte Heide ein. „Wir müssen schließlich auch jeden Tag Amily besuchen. Und das ist wichtiger als alles andere. Auch werde ich in den nächsten Tagen Professor Morgenstern anrufen wegen der Kontrolluntersuchung."

Als Heide das so sagte, sah Jonas, wie sich ihre Augen verdunkelten. „Liebes, es wird alles gut." Jonas versuchte Heide so gut er konnte zu trösten. Er wollte keine Angst aufkommen lassen. „Was hältst du davon, wenn ich uns im Bistro etwas zu essen hole, dann ruhen wir uns aus und wenn Mary kommt, fahren wir alle gemeinsam Amily besuchen. Na, was meinst du?"
„Das ist eine gute Idee, Jonas." Heide wurde wieder lebhafter. „So machen wir es."
Jonas hatte es geschafft, sie von ihren trüben Gedanken abzulenken. Er strich ihr zärtlich übers Haar: „Während ich jetzt unser Essen besorge, ruhst du dich schon mal aus, Liebling, es dauert nicht lange, ich bin bald wieder da."
„In Ordnung, Jon." Heide fühlte, dass sie nun doch etwas erschöpft war. „Bis gleich, Liebling."
Während Jonas die Wohnung verließ, schloss Heide die Augen und fiel auch schon in einen leichten Dämmerschlaf.

*

Zwei Wochen waren inzwischen vergangen, seit Heide die Klinik verlassen hatte. Zwei Wochen Glück und Liebe mit Jonas und jeden Tag hatten sie Amily besucht.
Als sie an einem Mittwochnachmittag den Flur zur Babystation entlanggingen, kam ihnen Dr. Miller entgegen. „Hallo", grüßte er freundlich, „wie ich sehe, scheint es Ihnen recht gut zu gehen, liebe Heidelinde. Das ist sehr erfreulich." Und an Jonas gewandt: „Hat Ihre kleine Frau", mit einem Seitenblick auf Heide, „denn auch schon an einen Termin bei Professor Morgenstern gedacht?"
„Nein, Nein!", warf Heide schnell ein. „Ich wollte mich erst einmal von dem Klinikstress erholen. Aber das mach ich ganz bestimmt morgen oder übermorgen."
„Ja, Doktor, das machen wir", sagte nun auch Jonas.
Dr. Miller schaute skeptisch. Er wusste, was in den beiden Menschen vorging, darum machte er nun den Vorschlag: „Während Sie Ihr Baby besuchen, versuche ich den Professor zu erreichen, um für

Sie einen Termin auszumachen. Da ist bestimmt noch eine Wartezeit drin. Vielleicht geht es ja erst in zwei oder drei Wochen."

Heide und Jonas schauten sich an: „Was meinst du, Liebling?" Jonas drückte Heides Hand. „Es ist doch nur eine Kontrolluntersuchung?", fragte er den Arzt.

„Auf jeden Fall", erwiderte Dr. Miller, „und es ist schon sehr wichtig und sollte nicht auf die lange Bank geschoben werden."

Schweren Herzens war Heide einverstanden: „Okay, Doktor, versuchen Sie einen Termin zu bekommen. Wir gehen jetzt zu unserem Baby und schauen dann in ca. einer Stunde bei Ihnen rein."

„Das ist sehr vernünftig." Dr. Miller wandte sich zum Gehen. „Bis gleich also."

Heide und Jonas standen am Bettchen bei Amily. Sie fuchtelte mit den Ärmchen und strampelte lebhaft mit den Beinchen. Als sie die beiden sah, schaute sie mit großen, blauen Augen in die Gesichter ihrer Eltern.

Heide gab ihr ihren Zeigefinger, den sie krampfhaft festhielt, und als Jonas ein paar zärtliche Worte zu ihr sagte, verzog sie den kleinen Mund zu einem Lächeln. „Schau, Liebling, unsere kleine Prinzessin hat uns schon erkannt. Schau, wie sie lächelt!"

Heide durfte sie noch nicht alleine aus dem Bettchen nehmen und so konnten die beiden sich nicht an ihrem kleinen Töchterchen sattsehen. Bald jedoch zeigte Amily mit einem kräftigen Gähnen an, dass sie nun ihre Ruhe haben wollte. Nachdem sie die Augen geschlossen hatte, gingen Heide und Jonas leise aus dem Zimmer.

„Haben wir nicht ein wunderbares, süßes Baby, Jon?" Heide sah ihn glücklich an.

„Ja, Liebling, das haben wir", entgegnete Jonas.

Sie waren nun vor Dr. Millers Sprechzimmer angekommen, der sie schon erwartet hatte. „Schön, dass Sie da sind. Bitte, setzen Sie sich." Er deutete auf die Stühle vor seinem Schreibtisch.

„Wie sieht es aus, Doktor?", wollte Jonas wissen.

„Ja, wie ich schon sagte", Dr. Miller räusperte sich leicht, „ich konnte für Sie einen Termin für übernächste Woche ausmachen. Wollen Sie ihn wahrnehmen?"

Heide sah Jonas an, der ihr zunickte. „Okay, Dr. Miller, es muss ja sein", sagte sie.
„Das ist sehr vernünftig, liebe Heidelinde." Der Doktor nahm einen Zettel und notierte den Termin für Heide: „Am Donnerstag, dem 15. Februar also?"
„Geht in Ordnung", sagte Jonas, „und vielen Dank für Ihre Bemühung."
„Gerne", sagte der Arzt. Er reichte beiden die Hand. Heide und Jonas verließen ihn mit gemischten Gefühlen.

*

Mary hatte ihren Besuch angekündigt, um mit Heide über Amily zu sprechen bezüglich der „notariellen Angelegenheit".
Jonas empfing sie freudig: „Heide wartet schon auf dich."
Nun kam auch Heide. Sie umarmte die Freundin herzlich. „Schön, dass du da bist, Mary, wir wollen gleich Amily-Mary besuchen. Du kommst doch mit? Bitte, ja?"
Mary lächelte: „Ja, gerne! Aber schau, was ich mitgebracht habe." Dabei holte sie ein Schriftstück, in einer Hülle verpackt, aus ihrer Tasche.
Heide sah sofort, was Mary meinte: „Ja, Mary, ich weiß, aber ich möchte dich bitten, damit zu warten, bis meine OP vorbei ist, dann können wir das immer noch beim Notar rückgängig machen.
„Was soll das heißen?", fragte Jonas jetzt etwas neugierig.
„Ach, Jonas", Heide wollte im Moment noch nicht darauf eingehen, „das werde ich dir etwas später erklären."
Mary legte das Schriftstück auf den Tisch. „Wenn Jonas es gelesen hat, Heide, weiß er, worum es damals ging. Ich glaube nicht, dass du ihm noch viel erklären musst."
Jonas konnte nicht anders, er nahm das Schriftstück und las es intensiv. Dann schaute er auf Heide: „Du hast wirklich an alles gedacht, Liebling", – und dann an Mary: „Ich weiß nicht, was ich dazu sagen soll – du hättest das Baby zu dir genommen, ohne Wenn und Aber; du bist einfach der großartigste Mensch, den ich kenne, außer

meinem geliebten Schatz", (dabei blinzelte er Heide zu), „und ich frage mich, wie kann man dir für alles danken? Komm, lass dich einmal umarmen." Er zog Mary an sich und gab ihr einen Kuss auf die Stirn.
Schnell befreite Mary sich aus seiner Umarmung. Heide schaute amüsiert zu. „Du hast doch eine ziemliche Anziehungskraft bei Männern, liebe Mary." Dabei zwinkerte sie Jonas zu.
„Ach was", wehrte Mary ab und um abzulenken sagte sie: „Wollten wir nicht zu Amily?"
„Sofort!" Heide sprang auf. „Ich bin schnell fertig!"
Als Heide im Bad war, sah Jonas Mary mit ernsthaftem Blick an: „Mary, Heide hat am fünfzehnten, also in drei Tagen, einen Untersuchungstermin bei Professor Morgenstern. Lass uns nicht darüber reden, sonst fällt sie wieder in ein Loch."
„Gut, dass du das sagst", entgegnete Mary, „ich wollte schon danach fragen."
„So, ihr Lieben, schon bin ich bereit." Heide stand in der Tür, hielt Jonas seine Jacke hin und alle drei machten sich auf den Weg in die Klinik. Mary fuhr voraus. Sie hatte Heide und Jonas ihren Wagen überlassen, denn sie konnte jederzeit mit Jennys Auto fahren.
Auf dem Weg zur Babystation blieb Mary vor Dr. Millers Sprechzimmer stehen: „Geht ihr doch schon mal zu Amily! Ich habe ein paar private Fragen an den Doc."
„Bist du krank?", fragte Heide sofort besorgt.
„Nein, nein", Mary winkte ab, „nur rein informativ." Mary hatte bisher gut verbergen können, dass Richard und sie seit der Silvesternacht ein Paar waren und dass sie in Dr. Dr. Richard Miller ihre neue Liebe gefunden hatte. Noch wollte Mary ihr Geheimnis nicht offenbaren und sie war sich mit Richard einig, wenn Heide ihre OP gut überstanden hatte, sie dann mit dieser guten, positiven Nachricht zu überraschen. Selbst ihrem Dad gegenüber hatte sie noch kein Wort über ihre neue Situation verlauten lassen. Auch auf sein überraschtes Gesicht freute sie sich jetzt schon.

*

Der Tag der Untersuchung bei Prof. Morgenstern war gekommen. Er wusste bereits von Dr. Miller, dass Heide nicht alleine kam. Er begrüßte sie herzlich: „Hallo, schön, dass Sie da sind! Ich hoffe, es geht Ihnen recht gut?" Er schaute Heide fragend an.
„Danke, Herr Professor, so weit ist alles in Ordnung. Sie wissen ja, inzwischen ist mein Baby da und hiermit darf ich Ihnen auch meinen zukünftigen Mann Jonas Sonthofen vorstellen."
„Sehr erfreut,", der Professor reichte Jonas die Hand, „dann ist meine Frage bezüglich der Schweigepflicht überflüssig, liebe Heidelinde?"
„Das ist sie, Herr Professor", bestätigte Heide seine Frage. „Jonas wird mir zur Seite stehen und das gibt mir viel Kraft – und Mary ist ja auch noch da!"
„Schön", nickte der Professor, „ich hoffe, ihrer lieben Freundin geht es gut!"
„Ja", antwortete Heide, „wir sehen uns fast jeden Tag, sonst würde mir was fehlen."
„Das glaube ich Ihnen gerne." Der Professor nahm nun Heides Krankenunterlagen zur Hand. „Nun wollen wir keine Zeit verlieren, liebe Heidelinde: Sie kennen ja den gesamten Vorgang. Darf ich Sie ins Behandlungszimmer bitten?" Und an Jonas gewandt: „Sie dürfen gerne im Vorzimmer warten. Meine Sekretärin bringt Ihnen Kaffee oder ein anderes Getränk, was Sie möchten, lieber Jonas. Ich darf doch Jonas sagen, oder?"
„Selbstverständlich, Herr Professor, keine Frage", erwiderte Jonas.
„Wenn wir nachher so weit fertig sind und Heidelinde es möchte, kann ich Ihnen das Untersuchungsergebnis gemeinsam erläutern."
„Auf jeden Fall, Herr Professor", warf Heide ein, „kommt Jonas dazu."
Jonas nickte zustimmend. „Und ich warte gerne, bis Sie so weit sind."
Mit einem Kuss verließ er Heide, um in den Warteraum zu gehen. Er konnte nicht leugnen, dass er nervös und unruhig wurde, je länger sich die Untersuchung hinzog. Die Zeit erschien ihm endlos. – End-

lich ging die Tür auf – der Professor bat ihn zu sich herein, wo Heide schon wartete.

Jonas sah sofort die ernste Miene des Professors, als dieser, nachdem er sich neben Heide gesetzt hatte, das Untersuchungsergebnis darstellte: „Schauen Sie, hier", er zeigte auf einen kleinen, rot umrandeten Kreis, „sehen Sie das heutige Ergebnis – und hier", er nahm ein zweites Papier, „sehen Sie das Ergebnis von der vorigen Untersuchung – wir können daraus erkennen, dass eine Veränderung stattgefunden hat, das heißt, dieser Tumor ist leider wieder aktiv geworden. Hier sehen Sie die minimale Vergrößerung", er deutete auf den roten Kreis des neuesten Untersuchungsbildes.

Heide schaute entsetzt: „Das heißt, er wächst wieder?"

„Leider." Die Stimme des Professors klang besorgt. „Und leider können wir eine OP nicht mehr auf die lange Bank schieben."

„Mit anderen Worten, Herr Professor", warf Jonas nun ein, „so schnell wie möglich."

Der Professor schaute Heide nun eindringlich an: „Je eher, desto besser, liebe Heidelinde, Sie hatten bisher ein sagenhaftes Glück und ich glaube fest daran, dass Sie auch diese OP mit viel Glück überstehen werden." Der Professor wollte Heide natürlich Zuversicht und Mut zusprechen.

„Wann, wann, meinen Sie denn, sollte die OP stattfinden?", fragte Heide zaghaft.

„Nun", Professor Morgenstern blätterte in seinem Terminkalender, „heute in zwölf Tagen, das wäre der 27. Februar, da hätte ich einen Termin für Sie frei. Sollen wir diesen Termin festhalten?"

Heide und Jonas sahen sich an und Jonas spürte Heides Angst. Er nahm ihre Hand: „Lass uns diesen Termin nehmen, Liebling. Irgendwann muss es sein, umso eher hast du es hinter dir. Amily und ich, wir brauchen dich und du musst für uns ganz schnell gesund werden."

Jonas hatte Heide überzeugt. Sie nickte dem Professor zu: „Okay. Herr Professor, ich werde mich auf diesen Termin vorbereiten."

„Das ist sehr vernünftig", erwiderte der Professor. „Und Sie sollten bis dahin so viel Kraft wie möglich tanken – und keinen Stress! Das könnte sich negativ auswirken."

„Keine Sorge, Herr Professor, ich werde nun ganz besonders auf meine kleine Frau achten", sagte Jonas, als Heide und er sich verabschiedeten. Sie konnten nicht sehen, dass der Professor ihnen sorgenvoll nachschaute.

*

Es war der Samstag vor dem OP-Termin am 27. Februar, als Mary, George und Jenny Heide und Jonas einen Besuch abstatteten.
Jenny hatte ein Riesenpaket dabei und überreichte es Heide.
„Liebe Heidelinde, eine Aufmerksamkeit von George und mir, für euer süßes Baby. Es ist ein ganz ungewöhnlich niedliches Baby, nicht wahr, George?"
George Goodman schaute auf Heide, dann auf Jonas. „Wir haben uns erlaubt, mit Mary einmal euren Nachwuchs anzuschauen, und ich muss sagen, Donnerwetter, so ein kleines Menschenkind, ganz wunderbar, was ihr da geschaffen habt – eh – euch gelungen ist."
Es fiel ihm wie immer schwer, wenn er seine Bewunderung über etwas ausdrücken wollte – aber wer ihn kannte, wusste, dass es von Herzen kam.
Heide nahm mit herzlichem Dank das Paket entgegen: „Ich kann mir schon denken, was drin ist. Es sind bestimmt wunderschöne Sachen für die kleine Amily-Mary."
Jetzt schaltete sich Mary ein: „Ja, dear, das Schönste, was wir finden konnten. Ich war mit Jenny einkaufen und ich kenne ja deinen Geschmack sehr gut."
„Lasst es uns doch ein wenig gemütlich machen bei einem Kaffee", warf Jonas nun ein.
„O ja, bitte." Heide zeigte auf Sessel und Sofa. „Ich gehe in die Küche, bin gleich wieder da."
„Ich komme mit", sagte Mary.

Die beiden Frauen verschwanden in der Küche, um den Kaffee vorzubereiten.

„Ich muss dir was sagen, Mary." Heide schaute Mary mit großen Augen an.

„Ja? Hoffentlich was Gutes." Mary sah Heide forschend an.

„Ja und nein." Heide konnte eine gewisse Traurigkeit nicht verbergen. „Du weißt ja, ich war zur Kontrolluntersuchung bei Professor Morgenstern."

„Und? Was hat's denn ergeben?" Mary konnte die Antwort kaum abwarten.

„Ach Mary", nun schimmerten Heides Augen doch feucht, „der Tumor ist wieder aktiv geworden und die OP muss schnellstens durchgeführt werden."

Mary nahm Heide in den Arm: „Ich habe so gehofft, dass ..."

Heide unterbrach sie. „Ja, Mary, das habe ich auch gehofft, aber der OP-Termin ist schon in drei Tagen, am 27. Februar."

„Am 27. Februar?", wiederholte Mary. „Weißt du, dass Amily am 27. Dezember zur Welt kam und dass alles gut ging? Heide, ich bin nicht abergläubisch, aber dieses Datum, dieser Tag, das wird dein Glückstag sein! Ich glaube fest daran. Und du musst auch daran glauben."

„Ich möchte es so gerne glauben", sagte Heide, „so gerne, Mary."

„Du musst daran glauben, dear. Glaube ganz fest daran." Eindringlich sprach Mary auf Heide ein.

„Ich möchte es so gerne glauben, ich versuche es, Mary." Heide wischte sich die feuchten Augen trocken.

„Versprich es mir, dear, bitte."

Mary ließ nicht locker, bis Heide endlich nickte: „Okay, Mary, ich verspreche es dir."

„So, my dear, nun lass uns unseren Lieben den Kaffee bringen und du musst erst wieder einmal auf andere Gedanken kommen."

Mary nahm die Kaffeekanne und Heide folgte ihr mit dem Gebäck. Als sie ins Wohnzimmer kamen, waren die drei in Fachgespräche über Babykleidung, Babyspielzeug und andere Dinge verwickelt.

„Ach so", fiel Mary nun ein, „Norman Webster rief mich an. Eure Wohnung ist fertig renoviert und bis auf die Möbel bezugsfertig. Die

Wiege für Amily habe ich schon kommen lassen. Auch die übrigen Renovierungsarbeiten im Haus sind bald abgeschlossen. Wir werden uns das bald alle zusammen ansehen. Was meint ihr?" Mary sah von einem zum anderen.
Ihr Vater und Jenny nickten zustimmend, aber Jonas meinte: „Das machen wir gerne, aber vielleicht etwas später, nicht wahr, Liebling?"
Mit leichtem Kopfnicken sagte Heide: „Ja, Jonas, Mary weiß Bescheid und George und Jenny sollen es auch wissen."
So wurden George und Jenny ebenfalls über den bevorstehenden OP-Termin informiert.
„Wir drücken dir alle Daumen, liebe Heidelinde", sagte Jenny und George warf ein: „So eine starke Frau wie du wird auch diese Sache meistern, was? Das wäre ja gelacht!"
Heide lächelte schwach: „Danke, für alles."
Dann nahm Jonas sie in den Arm: „Ihr glaubt gar nicht, wie tapfer mein kleiner Liebling ist", und um sie abzulenken zeigte er auf das noch ungeöffnete Paket. „Schau doch einmal nach, was da Schönes drin ist."
„O ja, das mach ich." Heide begann das Paket zu öffnen und Mary half ihr dabei. Es kamen so niedliche und schöne Sachen zum Vorschein, dass Heide vor Begeisterung für eine Weile ihren Kummer vergaß.
Nach gut zwei Stunden verabschiedeten sich die drei Besucher.
„Musst du schon Montag in die Klinik, dear?", wollte Mary noch wissen.
„Ja, da finden die Voruntersuchungen statt", erwiderte Heide.
„Dann schau ich mal rein, Jonas ist ja auf jeden Fall da?"
„Auf jeden Fall, liebe Mary, komm nur, wann du willst", sagte Jonas.
„Das ist lieb von dir, Mary." Heide umarmte die Freundin.
„Okay, dear, okay, bis bald." Mary wandte sich schnell ab, Heide sollte nicht sehen, dass auch sie Tränen in den Augen hatte.
„Wir telefonieren vorher aber noch mal", rief Jonas ihr nach.

„In Ordnung, bis bald." Als Mary im Auto saß, konnte sie ihre Tränen nicht mehr zurückhalten, denn gegen das aufkommende Angstgefühl um ihre Freundin kam sie nun doch nicht mehr an.

Nachdem Jonas und Heide wieder alleine waren, verschwand Jonas für einen Moment. „Bin gleich wieder da, Liebling", rief er Heide zu. Heide wollte sich gerade ein wenig auf dem Sofa ausstrecken, als Jonas wieder erschien, ein kleines Päckchen in der Hand, und überreichte es Heide: „Für dich, mein Liebling."
„Für mich?" Erstaunt und erfreut öffnete Heide das Päckchen; sie fand darin ein kleines Kästchen und als sie es öffnete, strahlte ihr ein wunderschöner Ring entgegen. „Oh mein Gott, ist der schön", entfuhr es Heide.
Jonas nahm den Ring und steckte ihn an Heides schlanken Finger: „Schau nur, es ist ein Aquamarin, er strahlt so hell und so blau wie deine Augen, Liebling", sagte Jonas stolz.
„Und die herrlichen Brillanten!" Heide hielt ihre Hand ein wenig von sich gestreckt. „Sieh nur, Lieber, wie er blitzt und blinkt."
Der Ring war leicht sternförmig gearbeitet und die Ränder, mit den Brillanten besetzt, ließen ihn als ein besonders apartes Schmuckstück erscheinen. Heide konnte sich nicht sattsehen: „Danke, Liebster, vielen Dank." Sie umarmte Jonas und küsste ihn lange und zärtlich.
Jonas nahm sie auf die Arme und trug sie hinüber zum Bett: „Wenn du willst, geliebte kleine Heide, dann kannst du mir ja jetzt deine Dankbarkeit beweisen."
„Ja, das will ich", sagte Heide leise. Ehe sie noch etwas sagen konnte, verschloss Jonas ihr mit einem verlangenden und leidenschaftlichen Kuss den Mund und bevor beide in eine andere Welt versanken, hörte Jonas nur noch die Worte: „Ich liebe dich, Jon, ich liebe dich so sehr."
Später holte Jonas ein Glas Champagner. „Jetzt, meine geliebte, kleine Heide, trinken wir auf unsere Zukunft."
„Aber – aber ich darf keinen Alkohol trinken, Jon!" Heide schaute ihn traurig an.

„Nur ein ganz kleiner Schluck, Liebling, den Rest trinke ich." Jonas hielt ihr das Glas hin und Heide nippte daran und Jonas trank dann den Rest. – Mit liebevollem Blick betrachtete er Heide: „Liebling, wenn du alles überstanden hast, und ich denke, im März
werde ich die Scheidungsurkunde erhalten, dann werden wir heiraten, vorher suchen wir gemeinsam noch unsere Ringe aus."
„Aber willst du denn wirklich so schnell wieder heiraten, Jon?" Heides Stimme klang ein wenig skeptisch.
„Sag mal, willst du etwa nicht? – Ich dachte –", Jonas stockte.
„Natürlich, Lieber, natürlich will ich, ich dachte nur, vielleicht geht dir das alles zu schnell und –"
„Kein Wort mehr, Liebling." Jonas schaute Heide einen Moment lang ein wenig nachdenklich an, dann sagte er: „Für deine ganzen Sorgen, Ängste und Schmerzen in der Vergangenheit kann es mir gar nicht schnell genug gehen, wenigstens einen kleinen Teil wiedergutzumachen. Und außerdem sind wir mit Amily-Mary dann eine kleine Familie. Ich kann dir nicht sagen, wie sehr ich mich darauf freue."
„Oh Jonas, ich glaube, das Schicksal meint es doch gut mit uns, und ich bitte den lieben Gott von ganzem Herzen, dass auch meine OP gut verläuft und dass er meine Bitte erhört."
„Das wird er, kleine Heide, ganz bestimmt wird er das. Übrigens", Jonas versuchte nun Heide abzulenken: „willst du hier in New York heiraten oder lieber zu Hause in Deutschland, bei unseren Familien? Mary, George und Jenny können dann zu uns nach Deutschland kommen."
Heide seufzte: „Ach, Jon, darüber habe ich noch gar nicht nachgedacht. Lass uns doch später über alles reden, wenn die OP vorbei ist, dann können wir auch gleich einen Termin für die Hochzeit festmachen und alle entsprechend unterrichten."
Jonas ahnte, was in Heides Kopf vorging. Sie waren übereingekommen, das Datum der OP nicht kundzutun, denn man würde in Bonn an diesem Tag wohl keine ruhige Minute haben und Heide sowie Jonas wollten dies allen ersparen.

„Du hast Recht, Liebes." Jonas strich ihr zärtlich übers Haar. Auf einmal sprang er auf: „Fast hätte ich etwas vergessen. Mary war so lieb und hat mir das hier besorgt." Dabei holte er eine CD aus seiner Tasche und legte sie auch gleich auf.

Schon bei den ersten Klängen schlug Heides Herz schneller, sie hörte „True love", gesungen im Original von Grace Kelly und Bing Crosby. Ihre Augen leuchteten auf: „Lass uns einmal darauf tanzen, Jon, bitte."

„Ja, gerne, Liebes." Jonas nahm sie in den Arm und Heide vergaß für diesen Augenblick alle Ängste, die sie in sich trug. Nachdem das Lied verklungen war, ließ Jonas sie sanft auf das Sofa nieder. Lächelnd sagte er: „Was hältst du davon, wenn wir versuchen, etwas zu schlafen, schau mal auf die Uhr."

„O weh, gleich ein Uhr", sagte Heide, „aber ich weiß gar nicht, ob ich überhaupt schlafen kann. Es war gerade so wunderschön, aber es geht mir so viel im Kopf herum."

„Ich weiß, Liebling." Jonas spürte ihre Unruhe. Er nahm sie in den Arm und versuchte, sie zu beruhigen.

Erst spät in der Nacht fiel Heide in einen tiefen Schlaf, so dass auch Jonas die halbe Nacht nicht schlafen konnte.

Es war Montagmorgen, der 26. Februar, der „Vorbereitungstag", an dem Heide in die Klinik musste. Jonas war sehr früh aufgestanden. Er bereitete gerade den Kaffee, als Heide plötzlich in der Tür stand, sehr blass, aber gefasst.

„Liebling, warum stehst du denn schon auf? Es ist doch noch so früh."

„Oh Jon, ich kann einfach nicht mehr schlafen."

„Komm her, Kleines, setz dich erst einmal." Jonas führte Heide an den Tisch, wo sie sich dann hinsetzte.

„Ich kann auf keinen Fall etwas essen, Jon", sagte Heide.

„Musst du auch nicht, Liebling, ich auch nicht, aber eine Tasse Kaffee trinken wir doch noch zusammen, oder?" Jonas sah sie etwas besorgt an.

„Doch, Jon, das machen wir." Heides Stimme klang sehr leise.

Jonas versuchte, seine nun doch aufkommende Nervosität zu verbergen. Sie tranken fast schweigend den Kaffee, dann sagte Heide: „Ich habe meine Tasche fertig gepackt, Jon, lass uns nicht so spät fahren, sonst kommen wir in den morgendlichen Berufsverkehr."
„Dann wollen wir gleich los, Liebes, es ist bald sieben Uhr. Ich hole deine Tasche."
Als Jonas mit der Tasche zurückkam, stand Heide bereits fertig angezogen im Flur und erwartete ihn. Als Jonas sie so klein und zerbrechlich da stehen sah, überkam ihn ein Angstgefühl, das ihm bald die Kehle zuschnürte. Er drückte sie fest an sich.
„Meine geliebte, kleine Frau, ich liebe dich von ganzem Herzen und ich werde nicht von deiner Seite weichen. Ich bin bei dir, wo du auch bist, denke immer daran: Ich liebe dich, und denke an unser Liebstes, was wir beide haben auf dieser Welt, an unsere kleine Amily-Mary."
Ein flüchtiges Lächeln hellte Heides Gesicht auf: „Ja, Jon, ich denke daran und ich werde auch ganz tapfer sein."
„Das bist du sowieso, Liebling." Jonas nahm Heides Tasche und so verließen beide die Wohnung, nicht ahnend, dass es doch für eine längere Zeit sein würde.

Kurz vor acht Uhr erwartete Mary beide schon vor der Kliniktür: „Hallo, Heide, dear, hallo, Jonas. Ich möchte euch noch einmal alles, alles Gute wünschen und dir, liebe Heide, ganz viel Kraft und Mut und ich werde morgen da sein und Jonas nicht alleine lassen und du sollst wissen, dass auch ich immer für dich da bin."
„Danke, liebste Mary, vielen, vielen Dank, und ich weiß, dass du immer für mich da bist."
Heide konnte nun ihre Tränen nicht mehr zurückhalten. Jonas wischte ihr vorsichtig die Tränen aus dem Gesicht. Sie waren inzwischen im Vorzimmer des Professors angekommen. Sie saßen kaum fünf Minuten, als sich die Tür des Sprechzimmers öffnete und der Professor sie persönlich hereinbat.

Mary nahm Heide noch einmal fest in den Arm und sagte leise: „Ich fahre jetzt zu Amily, dein kleiner Schatz wartet auf dich und sie weiß, dass du bald wieder bei ihr bist."
Es waren tröstende Worte und Heide wusste, was die Freundin damit gemeint hatte. „Ja, Mary, sag meinem kleinen Schatz, dass ich ganz schnell gesund werden will und dann wieder bei ihr bin."
Jonas schaute Mary an und ohne Worte wussten beide, es würde nicht einfach werden, die nächsten Tage zu überstehen. Als Heide und Jonas nun mit dem Professor das Sprechzimmer betraten, hob Mary noch einmal die Hand zum Gruß, ehe sie das Wartezimmer verließ.
Professor Morgenstern erläuterte nun Heide und Jonas die einzelnen Schritte, die zur Vorbereitung für die OP getan werden mussten. So konnte Jonas an diesem Tag Heide noch stundenweise sehen. Er konnte zwischendurch Amily besuchen, was ihn für kurze Zeit ablenkte, oder einen Spaziergang durch den Park machen. Er musste sich zur Ruhe zwingen, wenn er mit Heide sprach, doch es schien ihm, als würde Heide einen gefassten Eindruck machen. Oder täuschte das?

Es war bereits gegen Abend, als der Professor beide noch einmal in sein Sprechzimmer bat: In seiner freundlichen, ruhigen Art sagte er: „Nun, heute haben wir die erste Hürde genommen und ich kann sagen, dass alle Voruntersuchungen gut gelaufen sind. Liebe Heidelinde, ich möchte Ihnen Mut und Hoffnung für morgen geben. Und wenn es Sie beide beruhigt", mit einem Blick auf Jonas, „können wir gerne für diese Nacht ein zweites Bett in das Zimmer Ihrer Frau stellen, was meinen Sie?"
Jonas schaute Heide an: „Möchtest du das denn, Liebling?"
Heide nickte heftig mit dem Kopf: „Ja, wenn das geht, das wäre schön."
„Nun", der Professor erhob sich, „Ich werde dann alles entsprechend veranlassen und Schwester Caroline hat Nachtdienst, sie ist in jedem Fall für Sie da. Wir sehen uns dann morgen früh."

„Vielen Dank, Herr Professor." Heides Stimme klang etwas gefestigt und Jonas war froh, schon einmal diesen Tag überstanden zu haben. Er nahm Heide bei der Hand und sie suchten gemeinsam Heides Zimmer auf.

*

Nachdem Heide am Vorabend ein leichtes Beruhigungsmittel genommen hatte, war die Nacht ziemlich ruhig verlaufen, auch die Gegenwart von Jonas gab ihr Ruhe und zusätzliche Kraft.
Um 7.30 Uhr kam Schwester Lisa, um Heide abzuholen und für die Operation vorzubereiten.
„Einen Augenblick noch, Schwester", sagte Heide, „ich möchte mich noch verabschieden."
„Okay, in fünf Minuten bin ich wieder da, der Herr Professor kommt pünktlich."
Heide schlang ihre Arme um Jonas' Hals. „Ich denke die ganze Zeit nur an dich, Liebster, danke, dass du da bist."
„Aber Liebling, das ist doch selbstverständlich und ich werde die ganze Zeit über da sein, auch Mary wird noch kommen. Du bist keinen Augenblick lang alleine. Ich liebe dich, kleine Heide."
Nach einem zärtlichen, innigen Kuss öffnete sich auch schon wieder die Tür. Schwester Lisa holte Heide ab und Jonas begleitete sie noch ein kleines Stück auf dem Weg zum OP-Saal, da sah er auch schon von Weitem Professor Morgenstern in Begleitung seines OP-Teams kommen. – Ein letzter Händedruck, dann musste er Heide endgültig gehen lassen.
Als sich die Tür zum OP-Bereich hinter Heide schloss, überkam ihn ein Gefühl von Hilflosigkeit, Schmerz und Angst, Gefühle, die er bisher in seinem Leben so noch nicht gekannt hatte. „Lieber Gott, gib mir Kraft, lass meine kleine Heide alles gut überstehen." Immer wieder betete er diese Wort an den lieben Gott.
Der Professor hatte zu ihm gesagt: „Wir wollen pünktlich um acht Uhr mit der OP beginnen und Sie werden viel Geduld haben müs-

sen." Mit diesen Worten im Ohr ging Jonas langsamen Schrittes in Richtung Cafeteria.

Auf halbem Weg kam Mary ihm entgegen: „Jonas! Ich sehe es dir an, es geht dir nicht so gut. Lass uns doch wenigstens einen Kaffee trinken, was meinst du?"

„Ja, Mary, du hast Recht, es geht mir wirklich nicht sehr gut, wenn ich daran denke, es könnte etwas schiefgehen."

„Jonas!" Mary fasste ihn am Arm. „So darfst du einfach nicht denken, Heide wird es schaffen, sie hat schon so viel Schlimmes überstanden, sie schafft es, ich fühle es."

Marys Optimismus steckte ihn ein wenig an: „Schön, Mary, dass du mir jetzt zur Seite stehst, es ist einfach gut zu wissen, so einen hilfsbereiten Menschen wie dich zu kennen."

Inzwischen hatten sie die Cafeteria erreicht. Jonas schaute auf die Uhr: „Schon fast neun."

Mary bestellte für jeden einen starken Kaffee und sagte: „Jonas, du darfst nicht alle Augenblicke auf die Uhr schauen, dadurch wird die Zeit sich noch mehr hinziehen."

„Ich werde mich zusammenreißen. Mary, es kann nicht sein, dass ich mich so gehen lasse."

„Ich verstehe dich", entgegnete Mary, „aber da du ja hier nichts weiter machen kannst, wie wäre es, wenn wir zusammen Amily einen Besuch abstatten würden?"

Jonas' Gesicht hellte sich auf: „Das ist eine gute Idee, dann lass uns gleich fahren, damit ich wieder rechtzeitig hier bin."

Nachdem beide ihren Kaffee getrunken hatten, machten sie sich auf den Weg zu Amily-Mary.

Jonas und Mary standen an Amilys Bettchen, als Schwester Krystell hereinkam. „Ah, lieber Besuch für unseren kleinen Schatz. Wollen Sie Ihr Töchterchen einmal auf den Arm nehmen?" Dabei schaute sie Jonas fragend an.

„Ja, gerne, Schwester."

Für einen Moment war Jonas glücklich, doch Mary sah, dass seine Augen schon wieder abwesend wirkten. Sie nahm ihm Amily ab.

„Komm, Jonas, ich sehe, dass du dich nicht so auf die Kleine konzentrieren kannst, was ich gut verstehe." Sie nahm ihm Amily ab und wiegte sie eine Weile in ihren Armen. Es schien, als würde Amily etwas verwundert schauen, aber dann verzog sich ihr kleiner Mund zu einem Lächeln.
„Sieh nur, Jonas, sie lächelt dich an. Ich lege sie nun wieder in ihr Bettchen. Bleibst du noch einen Augenblick? Ich hätte bei Dr. Miller noch ein paar private Fragen zu klären."
„Natürlich, Mary, lass dir nur Zeit, ich bleibe so lange hier."
„Okay, Jonas, dann bis gleich, ich beeile mich!" Mary wusste, dass es Jonas nicht mehr allzu lange aushalten würde, denn Angst und Sorge um Heide ließen ihn nicht zur Ruhe kommen, und so war sie auch nach fünfzehn Minuten schon wieder bei ihm.
Mary hatte Jonas vor der Klinik von Prof. Morgenstern abgesetzt, da sie einiges erledigen musste, um dann später wieder bei ihm zu sein. Die Zeit schien für Jonas stillzustehen. Jede halbe Stunde schaute er auf die Uhr; es war inzwischen schon zwölf Uhr mittags. Er saß wie angewurzelt im Sessel des Warteraumes. Als er gerade wieder zur Uhr schaute, kam Mary herein.
„Hallo, Jonas, gibt's was Neues?"
Jonas schüttelte den Kopf. „Es sind schon vier Stunden vorbei, Mary, ist das etwa normal? Wenn nicht doch etwas passiert ist – diese Warterei ist fast unerträglich und diese Ungewissheit."
„Das stimmt, Jonas", erwiderte Mary und um ihn etwas abzulenken, sagte sie: „Ich habe mit Dr. Miller gesprochen, Amily geht es so gut, dass sie bald die Klinik verlassen könnte. Wäre es nicht toll, wenn Heide dann auch nach Hause käme?"
Jonas holte tief Luft: „Es wäre zu schön, Mary." Dann sprang er auf. „Ich halte es hier nicht mehr aus, ich gehe mal auf den Flur."
„Ich komme mit." Mary und Jonas gingen nun gemeinsam auf dem Flur auf und ab. Denn auch sie konnte ihre Unruhe nun nicht mehr verbergen, trotzdem versuchte sie Jonas etwas zu beruhigen: „Komm, Jonas, wir gehen wieder rein und setzen uns. Wir müssen abwarten, es hilft alles nichts."

Erneut schaute Jonas auf die Uhr: „Gleich dreizehn Uhr, aber du hast Recht, Mary, gehen wir wieder rein."

Mary sah jetzt die ersten Schweißperlen auf seiner Stirn: „Ich weiß, du hast Angst, Jonas, aber glaube mir: ich auch! Komm, setz dich her zu mir."

Gerade als er sich hinsetzen wollte, ging die Tür auf und Professor Morgenstern kam herein. Er wirkte noch etwas angespannt, aber mit offensichtlich zufriedener Miene.

Mit schnellen Schritten war Jonas bei ihm. „Herr Professor, wie ist es gelaufen, wie geht es Heide?"

Der Professor legte ihm beruhigend die Hand auf die Schulter: „Sie können beruhigt sein", auch mit einem Blick auf Mary: „Die OP ist gut verlaufen und wenn nichts Unerwartetes dazwischenkommt, haben wir heute einen Glückstag erwischt. Nun war Mary auch hinzugetreten: „Ich hab's mitbekommen, Herr Professor. Mein Gott, bin ich froh und erleichtert. Sie sind sagenhaft, einfach genial."

Mary nahm seine Hand und drückte sie ganz fest.

„Da muss ich mich anschließen", sagte Jonas. „Sie sind ein Genie."

„Genug des Lobes", erwiderte der Professor nun doch ein wenig geschmeichelt.

„Wann können wir denn zu ihr?" Jonas sah den Professor fragend an.

„Nun, sie ist momentan auf der Aufwachstation und wird per Monitor überwacht. Wir müssen abwarten, bis die Narkosewirkung nachlässt. Ich denke, in ca. einer Stunde; wenden Sie sich bitte an Schwester Caroline. Ich muss mir Heidelinde vorher auch noch einmal anschauen."

Jonas und Mary sahen sich an. „Noch einmal eine Stunde warten, Mary!" Jonas' Stimme klang ungeduldig.

„Jonas", erwiderte Mary, „Hauptsache, es ist alles gut gegangen. Was ist da schon eine Stunde."

Der Professor hatte sich schon zum Gehen gewandt: „Keine Aufregung, nicht die geringste", sagte er noch im Weggehen.

„Wir achten darauf, Herr Professor, auf jeden Fall", rief Jonas ihm nach.

„Komm, Jonas, wir machen noch einen Spaziergang durch den Park, ich brauche jetzt erst mal frische Luft. Oder willst du lieber hier so lange warten?"
„Nein, Mary, ich komme mit, sonst bringe ich es fertig und gehe einfach zu Heide ins Krankenzimmer."
Beide verließen nun den Warteraum mit dem Wissen, dass sie eine Stunde später an Heides Bett stehen würden. Diese Gedanken machten ihre Schritte leichter und allmählich erst wurde ihnen ganz bewusst, dass Heide es tatsächlich überstanden hatte. Heide würde leben, und das war das Höchste und Wichtigste für Jonas und Mary.
Die Stunde war um; Jonas und Mary meldeten sich bei Schwester Caroline. Die Schwester nickte ihnen zu. „Okay, der Professor hat soeben grünes Licht gegeben. Sie dürfen rein, aber bitte im Vorraum die Schutzkleidung anziehen. Die Patientin bleibt heute auf jeden Fall noch zur Beobachtung auf dieser Station."
„Geht in Ordnung, Schwester", sagte Jonas, „– könnte ich vielleicht den Professor später sprechen?"
Schwester Caroline schaute in den Terminkalender. „Das ist möglich, der Professor ist gerade zu Tisch und wird anschließend wieder hier sein. Ich werde den Professor informieren, dass Sie ein Gespräch wünschen."
„Sehr gut, vielen Dank, Schwester."
Jonas wandte sich an Mary: „Wollen wir?"
„Klar wollen wir", erwiderte Mary. „Bye, Schwester Caroline."
Sie nickten der Schwester freundlich zu und verließen das Zimmer und gingen auf dem Flur Richtung Intensivstation, wo sich auch die Aufwachstation befand. Eine Schwesternhelferin gab ihnen die vorgeschriebene Schutzkleidung. Vor Heides Zimmer zögerte Mary, mit hineinzugehen: „Jonas, ich möchte, dass du erst einmal alleine hineingehst. Ich werde hier warten, bis du mir sagst, dass Heide mich auch sehen möchte."
Jonas wollte widersprechen, aber Mary blieb dabei.
„Also gut, Mary, ich bin sicher, dass Heide dich bald sehen möchte."

„Ich weiß", lächelte Mary, „ich weiß; nun geh endlich rein." Dabei gab sie ihm einen sanften Schubser zur Tür hin.
Etwas vorsichtig klopfte Jonas an. Als er nichts hörte, öffnete er leise die Tür. Heide lag mit einem dicken Kopfverband ruhig, scheinbar schlafend im Bett. Leise trat Jonas näher und Heide öffnete die Augen. Sie war noch nicht lange aus der Narkose erwacht, aber nach wenigen Augenblicken erkannte sie Jonas. Jonas trat an ihr Bett.
„Liebling, du hast es überstanden, der Professor sagt, die OP ist gut verlaufen. Ich kann dir nicht sagen, wie glücklich ich bin. Auch Mary, sie wartet draußen – ist überglücklich." Er gab ihr einen zarten Kuss auf den Mund. „Sag mir, wie geht es dir jetzt und wie fühlst du dich?"
Heide ergriff seine Hand. Leise, ganz leise kamen die Worte: „Jon, Jon, ich ... ich" – dann versagte ihre Stimme. Jonas sah, wie sie die Worte formte: „... liebe dich."
Er dachte, Heide stehe noch unter Narkoseeinfluss.
„Ruhig, kleine Heide, ganz ruhig. Ich liebe dich auch. Wir reden etwas später, mein Liebling. Sag, möchtest du Mary sehen?"
Heide nickte bejahend. Jonas ging zur Tür, um Mary hereinzubitten. „Sie ist noch sehr schwach, das Reden fällt ihr schwer", flüsterte er Mary zu.
Mary hatte verstanden. Mary nahm die Hand ihrer Freundin: „Es ist wunderbar, dass du alles so gut überstanden hast. Wir freuen uns alle unbeschreiblich."
Heide wollte Mary antworten, formte aber nur Marys Namen, drückte ihre Hand und Tränen liefen ihr übers Gesicht.
Erschrocken trat Jonas hinzu. „Liebling, nicht weinen, es wird alles gut. Du bist noch zu schwach und brauchst Ruhe. Es liegt alles hinter dir und bald wirst du Amily in den Armen halten."
Als Jonas das sagte, lächelte Heide plötzlich: „Amily" – und dann wieder die geformten Worte „... mein Baby."
Jonas und Mary schauten sich an. Beide dachten das Gleiche: Sollte da etwas nicht stimmen?

Die Tür ging auf und Schwester Caroline kam zum Fiebermessen. „Der Herr Professor ist schon da", sagte sie zu Jonas, „und ich glaube, unsere Patientin braucht dringend Ruhe."
„Natürlich, Schwester", erwiderte Jonas. Er verabschiedete sich liebevoll von Heide: „Wenn du eine Weile geruht hast – ich bin in deiner Nähe – dann komme ich wieder."
Mary strich ihr zart über die Wange: „Erhol dich weiterhin recht gut, my dear. Ich fahre jetzt Amily besuchen und gebe ihr einen dicken Kuss von dir." Heide hatte ihre Augen schon halb geschlossen, aber ein schwaches Kopfnicken deutete an, dass sie alles verstanden hatte.

*

Nachdem Jonas und Mary Heides Zimmer leise verlassen hatten, saß Jonas kurz darauf Professor Morgenstern gegenüber. Der Professor hatte ihn gleich mit den Worten empfangen: „Ich weiß, dass Sie sich Sorgen machen; aber um es vorwegzunehmen: Der Tumor hatte schon minimal das Sprachzentrum tangiert. Die dadurch entstandene Sprachstörung ist eine vorübergehende Sache, das heißt, mit einem guten Sprachtherapeuten hat Ihre Frau bald alles wieder im Griff, deshalb machen Sie sich bitte keine unnötigen Sorgen, da die ganze Operation ansonsten gut gelaufen ist."
Als der Professor nun schwieg, atmete Jonas spürbar auf. „Das war jetzt meine größte Sorge, Herr Professor, ich habe gleich gemerkt, dass etwas nicht stimmt. Aber nun weiß ich ja Bescheid. Es wäre gut, wenn Sie das Heide in meiner Gegenwart so erklären könnten."
„Selbstverständlich", erwiderte der Professor. „Sobald Heidelinde sich etwas erholt hat. Wenn alles gut geht, kann sie vielleicht schon morgen auf ihr normales Zimmer, dann machen wir einen gemeinsamen Termin. Vorab beruhigen Sie Ihre Frau und erklären ihr alles, so gut Sie können, damit sie keinen psychischen Knacks bekommt. Sie ist eine kluge Frau und sie wird es verstehen. Ich kenne auch einen sehr guten Sprachtherapeuten. Er ist Deutscher bzw. Deutsch-Amerikaner, weil seine Mutter einen Amerikaner geheiratet hat. Er

spricht ein einwandfreies Deutsch. Er ist ein gefragter Mann und wenn Sie erlauben, würde ich mich schnellstens wegen eines Termins mit ihm in Verbindung setzen. Natürlich brauche ich auch die Erlaubnis Ihrer Frau."

„Heide wird auf jeden Fall zustimmen, da bin ich sicher." Jonas stand auf und reichte dem Professor die Hand: „Ganz herzlichen Dank noch einmal für ihre großartige Leistung, Herr Professor."

Jonas hatte großen Respekt vor diesem im Grunde bescheidenen, außergewöhnlichen Menschen; eine Koryphäe auf seinem Gebiet.

Der Professor winkte ab: „Leider muss ich ab und zu einmal Schicksal spielen. Das Schicksal hat die Macht über uns. Diesmal war es uns gnädig und wohlgesonnen. Das ist leider nicht immer so und auch nicht selbstverständlich." Der Professor begleitete Jonas zur Tür.

„Ich weiß, Herr Professor, dann hat das Schicksal Heide zu Ihnen geführt", entgegnete Jonas.

„Wenn Sie so wollen, lieber Jonas, kann man es so sehen." Mit einem Lächeln öffnete er Jonas die Tür. „Wir sehen uns später."

„Okay, bis später." Um eine große Sorge weniger verließ Jonas den Professor.

Am Abend des gleichen Tages informierte Jonas seine Eltern. Sein Vater war am Telefon: „Hallo, Jonas. Was sagst du da? Die OP war heute und ist gut verlaufen? Gott sei Dank! Wir sind hocherfreut. Ich werde sofort deine Mutter informieren und – wir würden Heidelinde gerne anrufen."

„Halt, Vater", Jonas unterbrach ihn. „Da ist noch etwas –"

Und er informierte ihn über die eingetretene Sprachstörung, sagte aber gleichzeitig, dass diese mit der Zeit behoben werden könne.

„Glaubst du wirklich?" Zweifel klangen aus Dr. Sonthofens Stimme.

„Ja, Vater, der Professor hatte einen gleich gelagerten Fall und alles wurde gut."

„Dann können wir gar nicht mit Heide reden?"

Jonas verneinte: „Aber ich werde ihr alles ausrichten. Ihr müsst also Geduld haben."

„Nun gut, Jonas. Hauptsache, sie hat die OP gut überstanden. Ist mit Amily alles okay?"
„Sie kann das Krankenhaus verlassen, wenn Heide nach Hause kommt; wir konnten es mit Dr. Miller so vereinbaren,", sagte Jonas. „Ich sende euch in den nächsten Tagen ein neues Bild von ihr."
„Darauf freuen wir uns, lieber Jonas. Deine Mutter kommt heute Abend etwas später nach Hause; das berühmte ‚Damenkränzchen'. Sie wird über diese Neuigkeiten staunen und sicherlich erfreut sein."
Ein paar Sekunden war es still in der Leitung, dann sagte Jonas: „Grüße Mutter ganz herzlich von uns, ich melde mich, sobald es Neuigkeiten gibt. Nun muss ich Schluss machen. Ich habe Heide versprochen, ihren Onkel Ferdinand und Karin auch heute noch zu informieren."
„Verstehe, Jonas, alles Liebe und bis bald."
„Bis bald, Vater, bye-bye!"

Als er die nächste Telefonnummer nach Deutschland wählte, meldete sich Karin vom Stein. Jonas berichtete ihr alles, so gut es ging, per Telefon.
Ferdinand vom Stein kam hinzu. „Können wir nicht einmal nach New York kommen? Wir möchten Heide so gerne wiedersehen und das Baby anschauen."
Jonas musste, wie auch schon bei seinem Vater, leider verneinen: „Heide ist noch sehr schwach, sie darf keinerlei Aufregungen haben und bedarf der äußersten Ruhe." Nun musste Jonas auch von der Sprachstörung berichten, denn auch Ferdinand wollte unbedingt mit ihr telefonieren. Nachdem er aber erfahren hatte, dass Heide das Sprechen schwerfiel, sah er ein, dass er und Karin sich noch gedulden mussten. Jonas versprach, auch ihnen das neueste Bild von Amily zu schicken. Damit hatten sich Karin und Ferdinand dann erst einmal zufriedengegeben. Sie wollten auf dem Laufenden bleiben und Jonas versprach auch weiterhin telefonischen Kontakt zu halten.

Nachdem Jonas so weit alles erledigt hatte, schaute er noch einmal nach Heide. Als er sah, dass sie in einen tieferen Schlaf gefallen war, ging er leise hinaus. Er spürte plötzlich eine große Müdigkeit. Die Anstrengungen dieses Tages machten sich nun auch bei ihm bemerkbar. Er legte sich rechtzeitig zur Ruhe, denn für den nächsten Morgen hatte er mit Professor Morgenstern einen Termin vereinbart, um mit ihm zusammen Heide über ihren derzeitigen Zustand aufzuklären und wie sie am besten damit umgehen kann und dass sie sich keine großen Sorgen für die Zukunft machen muss und dass ihr geholfen werden kann.

Am nächsten Morgen 8.30 Uhr meldete Jonas sich bei Prof. Morgenstern. Der Professor war schon anwesend und ließ ihn nicht warten. Er bat Jonas ins Ärztezimmer und Jonas hatte das Gefühl, irgendetwas stimmt nicht!
„Lieber Jonas", begann der Professor. „Es ist nichts Schlimmes passiert, aber Ihre Frau hat eine leicht erhöhte Temperatur, es ist zurzeit noch in dem Bereich, wo wir das Fieber schnell senken können. Sie muss deshalb leider vorläufig abgeschirmt auf die Intensivstation."
„Heißt das, ich darf sie nicht besuchen? Aber sie braucht mich! Sie muss wissen, dass ich da bin!" Jonas' Stimme klang erregt.
Der Professor beschwichtigte ihn: „Bleiben Sie ruhig, lieber Jonas; Sie können Ihre Frau besuchen, aber unter strengeren Voraussetzungen, zum Beispiel dürfen Sie unter anderem nicht ohne Mundschutz an ihr Bett. Wir wollen gleich am Anfang alles in den Griff bekommen. Sie darf keinen Infekt bekommen, das wäre fatal bei ihrem schwachen Immunsystem. Aber kommen Sie, wir wollen Heidelinde aufsuchen und ihr erklären, warum die Sprachstörung da ist und wie später durch einen Therapeuten alles wieder in Ordnung kommen wird. Das wird sie beruhigen und ist für den Heilungsprozess sehr wichtig. Nur die Besuchszeiten müssen wir leider etwas einschränken – nur zum Besten Ihrer Frau", sagte der Professor schnell, als Jonas Protest einlegte.
Er war aber einsichtig, schließlich ging es um Heides Genesung.

„Ach ja", sagte der Professor noch, „würden Sie auch Heidelindes Freundin Mary entsprechend informieren?"
„Mach ich, Herr Professor, wir richten uns danach, Hauptsache, Heide wird gesund", antwortete Jonas, jedoch ein wenig bedrückt.

Nachdem alle Vorsichtsmaßnahmen getroffen waren, betraten sie Heides Zimmer auf der Intensivstation. Heides Wangen waren leicht gerötet, aber ihr Blick war klar. Jonas trat an ihr Bett: „Liebling, Professor Morgenstern erklärt dir nun, was passiert ist. Du wirst bald wieder ganz normal sprechen."
Heide nickte: Es war ein schwaches „Ja" zu vernehmen.
Der Professor erklärte ihr nun mit ruhigen Worten, was genau geschehen war und dass er einen guten Sprachtherapeuten für sie habe und dass er, wenn sie damit einverstanden sei, für sie sofort einen Termin vereinbaren würde, den sie dann nach ihrer Genesung gleich wahrnehmen könne. Mit einem deutlichen Nicken bestätigte Heide ihr Einverständnis. „Okay", sagte der Professor und erhob sich. „Ach ja, Schwester Lisa schaut jetzt des Öfteren zu Ihnen rein zum Fiebermessen und gibt Ihnen Medikamente, um das Fieber zu senken. Ich schaue ebenfalls später wieder nach Ihnen." Und an Jonas gewandt: „Bitte, denken Sie daran, Heidelinde braucht absolute Ruhe."
„Ich denke dran", versprach Jonas dem Professor.
Als der Professor gegangen war, nahm Jonas Heides Hände und hielt sie fest an sein Herz gepresst: „Du hast gehört, Liebling? Ruhe ist jetzt wohl das Wichtigste!"
Heide formte die Lippen und ein leises „Jon" kam heraus.
Jonas küsste liebevoll ihre Hände, dann legte er ihr den Zeigefinger auf den Mund und holte aus seiner Jackentasche ein kleines Notizheft und einen Kugelschreiber. „Hier, Liebling, schreibe auf, was dich bewegt."
Heide nahm den Block und etwas mühsam schrieb sie: „Ich habe alles verstanden. Ich will ganz schnell gesund werden, für dich und Amily. Ich liebe dich!"

Gerührt nahm Jonas das Blatt an sich. „Ich liebe dich auch, kleine Heide, von ganzem Herzen." Er bestellte ihr die Grüße von seinen Eltern, ihrem Onkel Ferdinand und von Karin. „Alle warten auf dich, Liebling, sogar Luzia."
Jetzt lächelte Heide schwach.
Schwester Lisa kam herein und Jonas sah ihr an, dass sie es gerne sähe, dass er seinen Besuch nun beende. Er sah die Schwester freundlich an: „Okay, Schwester, ich weiß Bescheid. Ich schau später noch einmal rein, Liebling. Ich fahre jetzt zu Amily und informiere Mary. Ich denke, dass sie dich auch bald besuchen möchte. Ich gebe Amily einen lieben Kuss von dir." Jonas sah, wie Heides Augen aufleuchteten, sobald die Rede von ihrem geliebten Baby war. Da er Abstand halten musste, warf er Heide einen Handkuss zu, ehe er ihr Zimmer verließ. Mit einem liebevollen Blick sah Heide Jonas nach, als er die Tür schloss.

*

Auf dem Weg zu Amily klingelte das Handy von Jonas. Als er sich meldete, hörte er Mary: „Hallo, Jonas, wie geht es Heide?"
„Gut, dass du dich meldest, Mary; ich war gerade bei ihr und wollte dich auch schon anrufen."
„Ist etwas nicht in Ordnung?" Marys Stimme klang besorgt.
„Tja, Mary, leider nicht so ganz. Heide hat Fieber bekommen."
„Nein, Jonas, sag, dass das nicht wahr ist!" Mary reagierte geschockt auf diese Nachricht.
„Leider doch, Mary", erwiderte Jonas, „aber der Professor ist zuversichtlich, es bald in den Griff zu bekommen – nur Heide braucht absolute Ruhe und wir sollen unsere Besuche etwas einschränken."
„O Gott", Mary war aufgeregt, „ich wollte ihr doch gleich einen Besuch abstatten. Geht das jetzt nicht?"
„Ich denke doch", sagte Jonas, „nur etwas kürzer, Heide würde sich freuen."
„Gut, dass ich das weiß, Jonas, ich werde mich danach richten. Ich bin im Augenblick bei Dr. Miller in der Klinik und habe soeben

Amily besucht. Es ist so wunderbar zu sehen, was sie für Fortschritte macht."

Jonas hörte den freudigen Unterton in Marys Stimme. „Ich bin unterwegs zu Amily", sagte Jonas, „vielleicht sehen wir uns. Wenn nicht, dann später bei Heide?"

„Okay, Jonas, ich muss ein paar Dinge erledigen, dann fahre ich in die Klinik zu Heide. Ich hoffe, es geht ihr besser." Mary konnte ihre Sorge um die Freundin kaum verbergen.

Jonas zwang sich, seiner Stimme Festigkeit zu geben: „Wir müssen dem Professor vertrauen, Mary, ich glaube, er gibt alles her, damit es Heide bald wieder besser geht."

„Ich glaube, du hast Recht, Jonas. Wir sehen uns sicher gleich, dann können wir ja noch reden, okay?"

„Okay, Mary, vielleicht bis später." – Damit war das Telefonat beendet.

Mary öffnete vorsichtig die Tür zu Heides Zimmer. Gerade hatte Schwester Lisa das Fieber bei Heide gemessen und verließ – so kam es Mary vor – mit ernster Miene das Zimmer. – Heide hatte die Augen geschlossen. Als sie spürte, dass jemand im Raum war, schlug sie die Augen auf und sah auf Mary. Sie tastete nach dem Schreibblock. Mary ahnte, dass Heide ihr etwas mitteilen wollte. Sie gab ihr den Block mit dem Kugelschreiber und stützte sie, als sie sich aufrichten wollte.

Heide schrieb nur den einen Satz: „Mary, ich bin so furchtbar müde und mir ist so heiß."

„Ruhig, dear, es wird bestimmt bald besser." Sie half Heide, sich wieder vorsichtig in die Kissen zurückzulegen, nahm eines von den sterilen Tüchern, die gleichzeitig kühlten, und legte es ihr auf die Stirn. „Bleib ganz ruhig, dear, der Professor hat gesagt, dass alles gut wird. Ich bleibe nicht lange, weil du Ruhe brauchst und viel Schlaf. Du wirst bald ganz gesund sein, dear, ich weiß es. Ich war bei Amily. Dein kleiner Schatz wird immer süßer und wartet auf seine Mama."

Dankbar sah Heide sie an, ein angedeutetes Lächeln umspielte ihren Mund.

Mary sah, dass Heide wieder die Augen schloss; leise stand sie auf.
„Schlaf jetzt, dear, schlaf dich gesund. Ich komme morgen wieder und Jonas kommt auch."
Heide lag schon wieder im Dämmerschlaf, als Mary das Zimmer verließ.
Auf dem Flur kam Jonas ihr entgegen.
„Jonas, Heide ist gerade eingeschlafen. Ich sagte ihr, dass wir morgen wiederkommen."
„Okay,", sagte Jonas, „lassen wir sie schlafen. Aber ich will versuchen, den Professor noch zu sprechen."

Professor Morgenstern war jedoch zu einer Visite unterwegs. Schwester Lisa meinte, es könne bis zu einer Stunde dauern, ehe er wieder da sei.
„Dann rufe ich ihn etwas später an, Schwester. Würden Sie ihm bitte sagen, dass ich ihn sprechen möchte?"
Schwester Lisa versprach, es dem Professor auszurichten. Somit schloss Jonas sich Mary an und sie verließen gemeinsam die Klinik.
„Kommst du noch mit nach Upper West?", fragte Mary ihn. „Norman Webster wartet dort. Wir könnten die Möbel für eure Wohnung aussuchen, da du ja auch Heides Geschmack kennst. Wenn sie dann aus der Klinik kommt, kann die Wohnung vollkommen fertig sein. Inzwischen ist das übrige Haus auch in Kürze bezugsfertig. Amily wird das Krankenhaus dann ebenfalls verlassen und wir könnten dann alle gemeinsam das neue Heim beziehen. Was meinst du dazu?" Sie sah ihn fragend an.
„Das ist eine gute Idee", entgegnete Jonas. „Es wird eine Überraschung für Heide werden."
„Und Amily kann endlich in der wunderschönen Wiege liegen, die Heide sich ausgesucht hat", sagte Mary lächelnd, als sie ins Auto stiegen.
„Ich kann es kaum erwarten, die kleine Prinzessin darin schlafen zu sehen." Jonas seufzte ein wenig. „Wenn doch nur mit Heide bald alles gut ist."

Mary ließ den Wagen an. Tröstend legte sie ihre Hand auf seinen Arm: „Es wird alles gut, Jonas, ich glaube fest daran und du musst es auch."
„Ich versuche es, Mary, aber die Angst ist einfach zu groß."
Mary startete und lenkte den Wagen Richtung Upper West und um Jonas noch etwas Tröstliches zu sagen, meinte sie: „Lass uns gemeinsam daran glauben, dass es Heide bald wieder besser geht. Ich glaube, du gibst ihr die Kraft, die sie braucht."
Dankbar sah Jonas Mary daraufhin an; seine Gedanken kreisten unaufhörlich um Heide.

Jonas hatte eine unruhige, fast schlaflose Nacht hinter sich, als er schon früh am Morgen die Klinik betrat. Nach einem Telefonat am Abend vorher mit dem Professor hatte dieser ihn gebeten, so früh wie möglich zu kommen.
Der Professor empfing Jonas mit ziemlich ernster Miene: „Lieber Jonas, leider habe ich keine gute Nachricht. Wir haben das Fieber bei Heidelinde leider nicht in den Griff bekommen. Wir wissen auch die Ursache nicht. Eine erneute Aufnahme nach der OP zeigt im Umfeld keine Auffälligkeiten."
„Aber ich verstehe nicht, Herr Professor", unterbrach Jonas ihn. „es muss doch eine Ursache da sein, es muss einen Grund geben für dieses Fieber."
Der Professor runzelte die Stirn: „Es kann einige Gründe geben, Jonas, Heidelinde ist sehr schwach; sie hat kaum noch Abwehrkräfte, obwohl wir alles dafür getan haben. Sie bekommt kreislaufstabilisierende Mittel, sie hängt am Vitamintropf und sie erhält die besten Mittel zur Fieberbekämpfung. Wir konnten noch nicht herausfinden, ob die Antibiotika vielleicht nicht anschlagen – und wir haben keine Zeit für aufwendige Allergietests." Der Professor schwieg nun.
Jonas sah ihn entgeistert an: „Wollen Sie damit sagen, es stünde ihr Leben in Gefahr?"
„Nun", der Professor wurde vorsichtig in seiner Wortwahl, „das will ich so nicht sagen, aber die Angelegenheit wird kritisch ...", Schnell sprach er weiter, als Jonas aufsprang: „Aber – setzen Sie sich bitte

wieder. Es gibt eine Möglichkeit, die wir noch ausschöpfen können. Ein Freund von mir, ein Forscher in der Neuen Medizin, hat mir von einem neu entwickelten fiebersenkenden Serum erzählt, das bei Tierversuchen hundertprozentig erfolgreich war und zurzeit bei Probanden erprobt wird. Es wird mit Sicherheit in Kürze auf den Markt kommen."

Der Professor hob die Hand, als Jonas aufgeregt sagte: „Dann besorgen Sie dieses Serum, egal was es kostet, Herr Professor."

„Ganz so einfach ist es leider nicht", erwiderte Professor Morgenstern, „doch ich werde einen Weg finden. Nach einem Telefonat mit dem Forschungslabor, das heißt, mit meinem Freund Dr. White, hat dieser mir ein Formular zugefaxt. Dieses müsste Heidelinde unterschreiben, was sie dann als Probandin ausweist, sonst wäre es illegal."

„Wie soll das gehen, Herr Professor, Heide ist doch ..."

Der Professor hörte schon die Verzweiflung in Jonas' Stimme. „Nun", sagte er, „Heidelinde bekommt von Zeit zu Zeit Fieberschübe, zwischendurch gibt es Momente, wo sie ansprechbar ist. So einen Moment müssen wir abpassen, es ihr erklären, sie wird es begreifen."

„Wollte Gott, dass Sie Recht haben", entgegnete Jonas, „und wie wollen wir das handhaben?"

Der Professor nahm ein Formular aus der Schreibtischschublade: „Schauen Sie hier –", er zeigte auf ein Kreuz, „hier muss Heidelinde unterschreiben. Es muss jemand ununterbrochen bei ihr sein. Schwester Lisa überwacht sie zusätzlich am Monitor. Sobald ich das unterschriebene Formular habe, faxe ich es ins Forschungslabor. Dr. White ist unterrichtet und wird mir das Serum umgehend per Eilboten zusenden. Ich glaube, es ist unsere einzige Chance."

„Also doch", sagte Jonas, „es steht nicht gut um Heide. Es darf nicht sein, Herr Professor, dass das Schlimmste passiert. Nach allem, was sie bisher durchgemacht hat! Wenn ich sie verliere, Herr Professor, wo soll ich denn da für mein Leben noch einen Sinn sehen?" Jonas' Stimme versagte, er barg den Kopf in seinen Händen.

Der Professor sah die Verzweiflung und legte besänftigend die Hand auf Jonas' Schulter: „Lieber Jonas, Heidelinde ist eine Kämpferin,

sie wird auf keinen Fall einfach aufgeben; sie will leben, für Sie und ihre kleine Tochter. Sie müssen versuchen, positiv auf sie einzuwirken. Sie fühlt es. Es gibt ihr Kraft! Kommen Sie, wir wollen sehen, was wir tun können."
Jonas folgte ihm in Heides Krankenzimmer.

Als der Professor und Jonas das Zimmer betraten, schlug Heide gerade die Augen auf. Jonas eilte ans Bett: „Liebling, kannst du mich hören? Verstehst du, was ich sage?"
Heide nickte schwach. Der Professor trat nun hinzu: „Ich glaube, wir haben gerade Glück", meinte er zu Jonas. „Heidelinde ist jetzt ansprechbar. Ich werde ihr nun erklären, worum es geht, und wie ich das so sehe, wird sie es auch verstehen."
„Okay", erwiderte Jonas, und zu Heide: „Liebling, der Professor wird dir nun etwas erklären; es ist lebenswichtig. Glaubst du, du schaffst es, so lange zuzuhören?"
Fragend schaute Heide ihn an, dann den Professor. Mit einem deutlichen Nicken bekundete sie, dass sie verstanden hatte. Der Professor nahm das Formular, erklärte ihr die Rechtslage – immer wieder fragte er Heide, ob sie ihm folgen könne. Letztendlich bat er sie um ihre Unterschrift. – Jonas stützte Heide, als sie sich zur Unterschrift aufrichten wollte. Ein wenig zittrig unterschrieb sie das Formular und sank danach erschöpft zurück. Schweiß bildete sich auf ihrer Stirn, ihre Augen verschleierten sich. Der Professor wusste: Heide stand kurz davor, einen Fieberschub zu bekommen. Sie schloss die Augen.
Jonas bekam Angst: „Herr Professor, so tun Sie doch was!"
Der Professor gab Heide ein fiebersenkendes Mittel. „Wir dürfen nicht zu viel geben, ich denke, dass vielleicht schon am frühen Nachmittag das Serum hier sein wird."
„Kann ich denn gar nichts tun?", fragte Jonas den Professor mit sorgenvoller Stimme.
Prof. Morgenstern schüttelte den Kopf: „Kühlen Sie Heidelindes Stirn mit den feuchten Tüchern. Das wird ihr guttun und sie weiß, dass Sie da sind. Und nun entschuldigen Sie bitte, ich muss nun

schnellstens dieses Formular an das Labor faxen. Dr. White hat sich schon darauf vorbereitet und sobald er es vorliegen hat, sendet er uns das Serum per Eilboten zu."
„Danke, Herr Professor, vielen Dank für Ihre Mühe." Jonas' Stimme klang niedergeschlagen. „Wie beurteilen Sie denn die Chancen? Bitte, sagen Sie mir die Wahrheit."
„Nun", entgegnete der Professor, „wenn das Serum gut anschlägt, müsste morgen schon eine deutliche Besserung eingetreten sein. Seien Sie zuversichtlich, lieber Jonas. Jetzt muss ich aber." Er wandte sich zum Gehen. „Ich bin heute ganztägig im Hause und Schwester Lisa ist sofort erreichbar." Damit war er draußen.
Jonas trat wieder an Heides Bett und tupfte ihr die schweißnasse Stirn ab. Sie war in einen unruhigen Schlaf gefallen. Jonas fühlte, wie sein Herz ihn schmerzte, Heide so liegen zu sehen. Leise bat er den lieben Gott um Hilfe: „Lieber Gott, lass es nicht zu, dass das Schlimmste passiert. Sie hat so viel durchgemacht und sie hat es verdient zu leben. Lieber Gott, lass das Schicksal uns noch einmal gnädig sein." Jonas schaute in Heides vom Fieber gerötete Gesicht; ihre Wangen waren eingefallen und fahrig gingen ihre Hände auf der Bettdecke hin und her.
Wenn ihr nun doch etwas passiert! Wenn dieses Serum vielleicht zu spät kommt. Jonas' Gedanken überschlugen sich: Nein, nein, nein! Er wollte dieses Nein herausschreien, doch seine Kehle war wie zugeschnürt. Er hatte sich einen Stuhl ans Bett geholt. Wie erstarrt saß er darauf.
Bilder der letzten Zeit, vor der OP, traten vor seinem geistigen Auge auf – eine kurze, glückliche Zeit – und die Besuche bei Amily. Wie glücklich sah Heide aus, wie sie das Baby im Arm hielt. Jonas stöhnte auf: „O Gott, hilf ihr! Bitte, hilf meiner geliebten, kleinen Heide." Er wusste nicht mehr, wie oft er den lieben Gott angerufen und um eine Hilfe gebeten hatte. Er wusste auch nicht, wie lange er schon so dasaß, als eine Hand sich auf seine Schulter legte. Er schaute auf – und sah Mary.
„Jonas, ich habe eben mit Professor Morgenstern gesprochen. Es ist alles in die Wege geleitet. Wir können hoffen."

„Ich habe gebetet, Mary, ich habe inständig darum gebetet, dass Heide nichts passiert. Das Serum wird ihr helfen! Du glaubst es doch auch, Mary?"
„Natürlich, Jonas, ich glaube es ganz fest." Mary versuchte Jonas so gut es ging ein wenig zu trösten. Sie leistete ihm noch eine Weile Gesellschaft, dann wollte sie in die Uniklinik, Amily (und natürlich Dr. Miller) besuchen. „Ich komme am frühen Nachmittag wieder rein. Du bist doch hier?"
Jonas nickte ihr zu.
Mary trat zu Heide: „Halte durch, my dear, bald wird es dir besser gehen. Ich fahre jetzt Amily besuchen und gebe ihr einen Kuss von dir."
Fast schien es so, als würden Heides Lippen ein wenig zucken, als hätte sie etwas verstanden.
Noch einmal wandte sie sich an Jonas: „Wenn ich nachher wiederkomme, dann löse ich dich ab, Jonas. Du brauchst eine kurze Auszeit, du musst etwas essen und an die frische Luft."
„Okay, Mary, das ist okay." Jonas hörte kaum, was Mary sagte. Er nahm ein Erfrischungstuch, um Heides Stirn abzutupfen.
Mary fühlte mit Jonas, auch sie hatte große Angst um ihre geliebte Freundin. Leise verließ sie das Zimmer. Mary hatte kaum die Tür geschlossen, als Schwester Lisa zum Fiebermessen erschien. – Das Quecksilber auf dem Thermometer ging steil nach oben. Sie schrieb auf: 40,5° – die Fieberkurve kletterte schon wieder höher. Unmerklich schüttelte sie den Kopf. Sie wechselte den Tropf mit den Vitaminen und verließ das Zimmer mit den Worten an Jonas: „Es ist gut, dass Sie hier sind, das wird ihr helfen."
„Ich weiß, Schwester. Ich werde nicht von ihrer Seite weichen."
Schwester Lisa lächelte schwach. „Wenn etwas sein sollte, Mr Sonthofen, Sie wissen Bescheid?"
„Danke, Schwester", erwiderte Jonas, „ich weiß Bescheid."
Heide war etwas ruhiger geworden; sie schien in einen tieferen Schlaf gefallen zu sein. Jonas setzte sich in den gegenüberstehenden sesselähnlichen Stuhl, so dass er Heide nicht aus den Augen verlor, und entspannte sich ein wenig. Es schwirrten ihm so viele Gedan-

ken durch den Kopf und plötzlich fiel ihm ein: Er hatte seine Eltern überhaupt noch nicht informiert. Wenn Mary nachher kommt, mache ich eine kleine Pause und rufe sie an, dachte er. Er fühlte, wie ihn eine bleierne Müdigkeit überkam, und ehe er eingenickt war, war sein letzter Gedanke: Wann kommt denn endlich dieses verdammte Serum!

Jonas musste wohl in einen etwas tieferen Schlaf gefallen sein; er hatte nicht mitbekommen, dass der Professor und Schwester Lisa zwischendurch bei Heide waren, ihn aber nicht störten. Nun wurde er jäh wach, als sein Name laut gerufen wurde. Er sprang verstört auf und sah Heide aufrecht im Bett sitzen, die Augen starr aufgerissen. Sie stammelte Bruchstücke und Worte und ganz deutlich immer wieder „Jon! Jon!"
Jonas war mit einem Satz an ihrem Bett: „Hier, Liebling, ich bin doch hier bei dir!"
Heide sah ihn an, nein, er hatte das Gefühl, sie blicke durch ihn hindurch. „Mein Gott!" Jonas überkam eine schreckliche Angst. „Heide, meine geliebte kleine Heide, ich bin doch bei dir."
Die Tür ging auf und eiligen Schrittes kam der Professor: „Heidelinde nimmt Sie nicht wahr, Jonas. Sie ist im Fieberwahn. Ich gebe ihr jetzt ein Mittel, was sie beruhigen wird. Mehr können wir jetzt nicht tun. Wenn es ein Schub ist, geht es vorüber, aber die Gefahr besteht, dass sie ins Delirium fällt. Sie ist leider sehr schwach."
Der Professor zog eine Spritze auf und kurz darauf wurde Heide wieder ruhiger. Jonas schaute auf die Uhr: Es war 14.00 Uhr. Er hatte weder Hunger noch Durst verspürt; er hatte nur Angst, ganz fürchterliche Angst um Heide.
„Herr Professor, kommt das Serum bald? Bitte, kann es denn nicht schneller kommen?"
„Ich habe schon nachgefragt", sagte der Professor schnell. „Es ist schon unterwegs. Es sieht so aus, als ob Heidelinde in eine Krise kommt. Jetzt kann nur noch das Serum helfen, denn ihre Abwehrkräfte sind auf Null gesunken."

„Aber sie wird doch durchhalten, Herr Professor, bitte, sagen Sie, dass sie durchhält!" Jonas sah den Professor verzweifelt an.
„Wir geben die Hoffnung nicht auf", entgegnete der Professor mit gespielt fester Stimme; er wusste: Heides Zustand war inzwischen lebensbedrohlich, aber dieses Wissen behielt er lieber für sich.
„Ich rufe jetzt Schwester Lisa und sie wird bei Heidelinde bleiben und Sie, lieber Jonas, gehen jetzt erst einmal einen starken Kaffee trinken."
Der Professor sah, wie Jonas abwesend in die Luft starrte. „Heidelinde hat sich beruhigt und schläft nun etwas tiefer."
„Ja, ja, natürlich, Herr Professor, Sie haben Recht. Bis gleich, Liebling, ich bin gleich wieder da."
Gerade, als er die Tür öffnen wollte, ging sie schon von der anderen Seite auf, Mary stand vor ihm: „Hallo, Mary, ich gehe schnell einen Kaffee trinken. Bleib bitte bei Heide. Sie schläft gerade; sie hat soeben eine Beruhigungsspritze bekommen. Wir warten auf das Serum. Bin ganz schnell wieder da!"
„Jonas", Marys Stimme klang besorgt, „du siehst ja schlimm aus. Geh auch einen Moment an die frische Luft."
Nun kam auch Schwester Lisa hinzu. Als sie Mary sah, meinte sie: „Wenn Sie bleiben, dann kann ich wieder ins Schwesternzimmer.
„Okay", erwiderte Mary, „ich bleibe auf jeden Fall."
„Ich beobachte aber auch über den Monitor", sagte die Schwester noch, ehe sie wieder verschwand.
Mary drängte Jonas mit sanfter Gewalt zur Tür. Mit schwacher Gegenwehr entschloss Jonas sich dann doch endlich zu gehen: „Bis gleich, Mary, bin bald wieder da", – dann war er endlich draußen.

*

Jonas hatte in seiner „kleinen Pause" nach Deutschland angerufen und seinen Vater informiert, der ihm besorgt zuhörte, zum Schluss aber etwas beruhigter sagte: „Ich glaube, dieses Serum wird sich positiv auswirken. Aber um dich nicht zwischendurch zu stören, werde ich mit Professor Morgenstern telefonieren, um eine Information zu bekommen, damit ich auf dem Laufenden bin."

„Ja, Vater, das ist eine gute Idee." Jonas' Stimme klang ein wenig gehetzt. „Ich kann jetzt nicht länger reden, ich muss wieder zu Heide. Grüße Mutter, und sobald alles wieder gut ist, melde ich mich sofort."

„Ich verstehe, Jonas. Aber ich werde wohl Ferdinand und Karin informieren müssen, denn seit zwei Tagen versuchen sie auch schon vergeblich, dich zu erreichen."

„Okay, Vater, aber schildere bitte nicht das Schlimmste, sie hätten keine ruhige Minute mehr. Erzähle ihnen von dem Serum, sag aber bitte nicht, dass es unsere letzte Hoffnung ist, du weißt schon …"

Jonas wollte nicht weiter darauf eingehen, aber Bernd Sonthofen wusste, was er meinte. „Mach dir keine Sorgen, Jonas, das krieg ich schon hin – und nun geh wieder zu Heide und alles Gute, wir hoffen und beten für sie."

„Danke, Vater, bis später dann."

„Bis später, Jonas", und Jonas konnte nicht sehen, wie sein Vater sorgenvoll vor sich hinstarrte.

Es war knapp eine Stunde vergangen, als Jonas wieder Heides Zimmer betrat. Er und Mary hielten nun gemeinsam Wache bei Heide. Um 16.00 Uhr hielt Mary es nicht mehr aus. „Jonas, ich gehe nun auch einen Kaffee trinken." (Sie wollte auch Richard unterrichten, dass sie länger in der Klinik bei Heide bliebe, damit er nicht unnötig auf sie warten würde.) „Ach ja, Jonas, ich habe mit Dr. Miller abgemacht, dass Amily so lange in der Klinik bleiben kann, bis Heide nach Hause kommt. Ist das in Ordnung?"

„Das ist okay, Mary. Sobald ich kann, fahre ich Amily auch wieder besuchen. Zum Glück haben wir mit ihr keine Sorgen", erwiderte Jonas.

„Nein, zum Glück nicht, Jonas", sagte Mary. „Dann gehe ich mal eben."

„In Ordnung, Mary, bis gleich."

Jonas widmete sich wieder Heide. Es schien, als würde sie wieder unruhiger. Schweiß lief ihr übers Gesicht. Es war inzwischen 16.15 Uhr. Mein Gott, dachte er, es konnte doch unmöglich sein, dass das Serum noch nicht da war, es sollte doch per Eilboten kommen. Da musste doch was passiert sein. Ehe aber seine Horrorvorstellung Gestalt annahm, ging die Tür auf und Professor Morgenstern kam mit einem sterilen Kästchen in der Hand herein.

„Ich sehe Ihre Sorge, lieber Jonas. Leider ist der Bote in ein Verkehrschaos hineingeraten. Ein schwerer Unfall auf der Hauptverkehrsstraße von Manhattan nach New York brachte den gesamten Verkehr zum Erliegen. Gott sei Dank hat der Bote sofort geschaltet und die örtliche Polizeiwache informiert, die haben sofort einen Polizisten mit einem Motorrad losgeschickt, der vor fünf Minuten das Serum bei mir abgeliefert hat. Nun dürfen wir keine Zeit mehr verlieren."

Jonas wurde es abwechselnd heiß und kalt. „Wenn mit dem Serum etwas passiert wäre, Herr Professor, was dann?"

Der Professor schüttelte den Kopf. „Ja dann – lieber Jonas, dann hätte es nur noch in Gottes Hand gelegen."

Und Jonas wusste, was das bedeutet hätte …

„So", sagte der Professor, „jetzt werde ich Heidelinde eine Dosis injizieren, es muss in kleinen Schritten geschehen, sonst könnte sie kollabieren; dann alle zwei Stunden, also insgesamt drei Mal und die Dosis wird jedes Mal etwas erhöht. Wenn Sie hier im Zimmer bleiben wollen, bitte ich Sie, etwas Abstand vom Bett zu nehmen."

„Natürlich, Herr Professor, ich möchte bleiben und gehe ans Fenster." Mit wenigen Schritten stand Jonas am Fenster und sah zu, wie der Professor eine Ampulle des Serums in die Spritze aufzog. Heide begann wieder unruhig zu werden. Mit geübtem Griff verabreichte der Professor Heide die Spritze und sprach beruhigend auf sie ein.

„Lieber Gott, lass das Serum schnell helfen", betete Jonas leise vor sich hin. –

„Nun, Jonas, es kann sein, dass Heidelinde noch einmal unruhig wird, ich denke aber, nach der zweiten Injektion werden wir sicher schon eine deutliche Besserung erfahren." Der Professor nahm das

Kästchen an sich. „Ich komme pünktlich in zwei Stunden wieder, haben Sie also bitte Geduld. Sollte etwas außergewöhnlich sein inzwischen, ich bin sofort erreichbar. Ansonsten sage ich mal bis 18.15 Uhr."

„Herr Professor, es ist unbezahlbar, was Sie alles für Heide und somit auch für mich tun", sagte Jonas.

„Nun", erwiderte der Professor bescheiden, „dafür sind wir ja da, lieber Jonas. Ich lasse Sie jetzt wieder alleine – und bin in zwei Stunden wieder da."

Kaum war der Professor weg, kam Mary wieder. Jonas teilte ihr sofort die gute Nachricht mit. Auch Mary atmete jetzt durch. „Gott sei Dank, Jonas. Jetzt kann ich es dir ja sagen: Ich hatte fürchterliche Angst, dass Heide es doch nicht schafft. Schau, wie schmal und zerbrechlich sie ist."

Obwohl Heide unruhig wurde, kam es zu keinem Ausbruch. Jonas und Mary sahen sich an. Sie wussten: Jeder dachte das Gleiche: Jetzt wird Heide es schaffen!

Jonas und Mary verharrten schweigend. Mary sah aber immer noch die Angst und Sorge in Jonas' Gesicht. „Jonas", sie versuchte so ruhig wie möglich auf ihn einzureden, „wir können jetzt hoffen und wir können dem Professor vertrauen."

Jonas sah Mary dankbar an: „Du hast ja Recht, Mary. Aber weißt du, die Vorstellung alleine, Heide könnte – würde – der Gedanke alleine, Mary, bringt mich schon um den Verstand."

Heide begann wieder zu fantasieren. Undeutliche Laute kamen über ihre Lippen – dann ganz deutlich: „Amy, Amy!" Jonas versuchte, so gut er konnte, sie zu beruhigen. Als ob sie es verstanden hätte, wurde sie ruhiger.

Mary schaute auf die Uhr: „Gleich sind die zwei Stunden um, dann müsste der Professor kommen."

Es vergingen noch fünf Minuten und pünktlich, wie vorgesehen, erschien der Professor. Jonas sprach ihn sofort an: „Sie wurde wieder ziemlich unruhig."

Der Professor nickte: „Ich hoffe, nein, ich glaube, nach der zweiten Injektion wird sie viel ruhiger werden." Nachdem er bei Heide

Fieber gemessen hatte, es hatte sich minimal gesenkt, gab er ihr die zweite Injektion. „Sollte etwas sein", er sah Jonas sowie auch Mary an, „ich bin die ganze Zeit im Ärztezimmer und sofort erreichbar."
„Okay, Herr Professor", sagte Mary, „wir sind hier und geben acht."
„Dann bis später." Der Professor verließ den Raum.

Nach ca. einer halben Stunde konnten Jonas und Mary feststellen, dass Heide bedeutend ruhiger wurde. Das Serum begann allmählich zu wirken. Inzwischen war es schon Abend geworden und Mary kämpfte hin und wieder gegen eine aufkommende Müdigkeit an. Jonas hatte es beobachtet und fragte: „Willst du denn nicht heimfahren, Mary? Ich rufe dich unverzüglich an, wenn irgendetwas sein sollte."
Mary wehrte ab: „Nein, Jonas. Ich möchte lieber hier bleiben, denn zu Hause fände ich doch keine Ruhe. Aber wir könnten abwechselnd jeder noch einmal einen starken Kaffee trinken gehen. Was hältst du davon?"
„Die Idee ist gut", entgegnete Jonas, „dann geh du zuerst, Mary."
„In Ordnung, Jonas, dann bis gleich." Leise verließ Mary das Zimmer.
Jonas konnte sich nun wieder zu Heide ans Bett setzen und sprach leise zu ihr: „Liebling, es wird alles gut. Jetzt weiß ich: Du schaffst es. Ich hatte so fürchterliche Angst. Bei Gott, Heide! Gerade hatte ich dich gefunden und ich hätte es nicht ertragen, wenn ich dich wieder verloren hätte!"
Plötzlich schlug Heide die Augen auf. Es kam Jonas vor, als wollte sie etwas sagen, aber sofort schloss sie die Augen wieder.
Jonas erschrak: „Liebling, ich bin bei dir." Er nahm ihre Hand und führte sie an sein Herz. „Fühlst du es, Liebling? Fühlst du, wie mein Herz für dich schlägt? Ich bin dir ganz nah."
Aber Heide schien noch nicht ansprechbar. Er wusste nicht, wie lange er so an Heides Bett gesessen hatte, als Mary wieder da war.
„Jonas, bitte geh du jetzt einen Kaffee trinken. Er wird dir guttun."

Jonas stand auf: „Ja, Mary, das mach ich auch, aber nur, weil du jetzt bei Heide bist. In einer knappen Stunde kommt der Professor zum dritten und letzten Mal. Ich bin auf jeden Fall vorher wieder da."
„Lass dir etwas Zeit, Jonas, ich setze mich zu Heide ans Bett und gebe auf sie acht."
„Danke, liebste Mary, du bist so treu und zuverlässig, man weiß ja überhaupt nicht, wie man dir danken soll." Jonas drückte ganz fest ihre Hand.
„Nun genug, Jonas!" Ihre Stimme klang fast ein wenig vorwurfsvoll. „Das ist für mich selbstverständlich. Glaubst du, Heide würde das für mich nicht tun? Jetzt aber ab mit dir zum Kaffeetrinken."
„In Ordnung, Mary, in Ordnung! Bin schon weg, aber auch bald wieder da!", rief er noch, während sich die Tür hinter ihm schloss.
Schon eine halbe Stunde später war Jonas wieder da. „Nur noch eine halbe Stunde, Mary", sagte er. „Es kommt mir vor, als bliebe die Zeit stehen."
Auch Mary erschien diese kurze Zeit endlos lang, doch sie wollte nach Möglichkeit die Ruhe bewahren, denn sie sah, wie nervös Jonas wurde. Heide war in eine Art Dämmerschlaf gefallen – und – sie war ganz ruhig geblieben. Die Schwester hatte zuletzt eine Temperatur von 39,8° gemessen. Auf jeden Fall war das Fieber nicht mehr gestiegen – im Gegenteil – die Kurve zeigte schon minimal nach unten.
Endlich ging die Tür auf und der Professor kam, um Heide die letzte Injektion zu geben. „Ich glaube", sagte er, „das Serum hat schon angeschlagen. In den nächsten zwei Stunden müsste das Fieber deutlich fallen. Und dann haben wir die Krise hinter uns." Die Stimme des Professors klang zuversichtlich.
Jonas und Mary atmeten gleichzeitig spürbar auf.
„Mir fallen sämtliche Steine vom Herzen, Herr Professor", sagte Jonas. „Es waren furchtbare Stunden."
„Ja, das waren sie", bestätigte Mary.
„Das glaube ich Ihnen", entgegnete der Professor. „Von jetzt an kann es nur noch besser werden." Er packte seine Utensilien zusammen. „Ich möchte mich vorerst von Ihnen verabschieden. Gleich tritt

Oberschwester Caroline ihren Nachtdienst an. Sie wird sich weiter um Heidelinde bemühen und – für alle Fälle ist mein Not-Telefon ebenfalls aktiviert." Nun lächelte auch der Professor wieder: Auch an ihm war die ganze Sache nicht spurlos vorübergegangen. Er nickte Jonas und Mary zu und ging in seinen wohlverdienten Feierabend.
Jonas und Mary wachten gemeinsam bis Mitternacht bei Heide.
Heides Atem ging nun regelmäßig und sie lag ruhig schlafend im Bett. – Mary hatte jetzt ein gutes Gefühl und so verließ sie Jonas, denn sie musste am Morgen an einer Besprechung teilnehmen und wollte wenigstens ein paar Stunden schlafen.
Jonas bedankte sich noch einmal für ihre Unterstützung: „Mary, wenn Heide wieder ganz fit ist, geben wir eine tolle Party. Was hältst du davon?"
Mary lächelte: „Sehr viel, Jonas, jetzt können wir optimistisch in die Zukunft sehen. Ist das nicht schön?"
„Das ist wunderbar." Auch Jonas konnte nun wieder ein wenig lächeln.
Mary streichelte Heide liebevoll über die Hand. „Schlaf dich gesund, dear. Auch für dich wird die Welt bald wieder ganz anders aussehen."
Jonas musste Mary bewundern: Es gibt nicht viele so wie sie, dachte er im Stillen.
Als Mary nun ging, kam ihr an der Tür Nachtschwester Caroline entgegen. „Eine gute Nacht", wünschte sie Mary freundlich – und: „Nun geht es mit unserer Patientin bergauf."
„Ja", erwiderte Mary, „wir sind alle sehr glücklich."
Jonas musste mit sich kämpfen, um nicht einzuschlafen. Die Schwester sah das und bot ihm an, sich im Nebenraum auf einer Liege hinzulegen.
„Aber wenn Heide aufwacht und ich bin nicht da", wandte Jonas ein.
„Ich werde jetzt Fieber messen", sagte die Schwester, „dann bin ich im Schwesternzimmer und kann Heide beobachten. Sobald sie wach wird, sage ich Ihnen Bescheid."
„Ganz bestimmt?" Jonas' Stimme klang ein wenig misstrauisch.

„Aber ja", beruhigte ihn Schwester Caroline. Sie schaute aufs Fieberthermometer: 39°. „Es wird immer besser", stellte sie fest. „Ihre Frau ist in einen tieferen Schlaf gefallen; sie wird dadurch Kräfte sammeln. Kommen Sie, Mr Sonthofen, Sie müssen sich jetzt auch etwas ausruhen."
Sie nahm Jonas beim Arm und führte ihn ins Nebenzimmer. Kaum hatte er sich hingelegt, fielen ihm auch schon die Augen zu. Ehe er endgültig einschlief, sah er vor seinem geistigen Auge Heide friedlich schlafend im Bett liegen. „Bin gleich wieder bei dir, Liebling, schlaf dich gesund. Ich liebe dich, kleine Heide." Mit diesen letzten leise gemurmelten Sätzen versank er ins Land der Träume.

*

Ein Klopfen ließ Jonas aufschrecken. Verwirrt fuhr er in die Höhe. „Ja, bitte?"
Die Nachtschwester öffnete einen Spalt die Tür und steckte den Kopf herein: „Ihre Frau ist gerade aufgewacht, Mr Sonthofen."
„Ich komme schon, bin sofort da!", rief Jonas. Er richtete schnell etwas seine Kleidung, denn er hatte sich in voller Montur hingelegt, und folgte Schwester Caroline in Heides Zimmer.
„Ihre Frau hat nur noch eine leicht erhöhte Temperatur", sagte die Schwester, „– und ich denke, das wird sich im Laufe des Tages auch noch legen. Der Professor kommt heute auch recht früh, weil eine OP ansteht, damit Sie Bescheid wissen."
„Danke, Schwester Caroline, wenn der Professor nach mir fragt, sagen Sie ihm bitte, dass ich hier bin."
„Geht in Ordnung, Mr Sonthofen, bis später dann."
Jonas' Herz klopfte etwas schneller, als er nun zu Heide ans Bett trat. Heide schaute ihn mit klaren Augen an, aber, so schien es ihm, etwas verunsichert. „Liebling, du hast sehr viel geschlafen, denn du hattest hohes Fieber; aber eben konnte ich erfahren, dass fast alles wieder im normalen Bereich ist."
Heide wollte antworten: „Ja? Jon, ich ..." Jonas gab ihr den Block. „Werde ich wieder ganz gesund?", schrieb sie darauf.

„Natürlich, Liebling, und bald, ganz bald, kommst du hier raus und Amily wartet schon auf ihre Mama."
Daraufhin schrieb Heide: „Ich habe von unserem Baby geträumt. Es geht ihm doch gut? Und du? Liebst du mich immer noch?"
Sie sah Jonas mit großen Augen fragend an. „Aber Liebling, was für eine Frage! Ich liebe dich mehr, als ich dir sagen kann. Und unserer kleinen Prinzessin geht es bestens. Du musst dich jetzt gut erholen und darfst dir keine Sorgen machen. Der Professor kommt auch gleich. Er hat für nächste Woche schon einen Termin mit dem Sprachtherapeuten vereinbart. Bis dahin wird es dir bestimmt schon bedeutend besser gehen. Der Therapeut möchte sich ein Bild machen, wann und wie er am besten die Therapie mit dir beginnen kann, denn er möchte sofort sämtliche Termine für dich reservieren."
Heide lächelte schwach. Sie formte das Wort „gut".
Jonas küsste sie zärtlich auf Stirn und Mund: „Wenn der Professor gleich hier war, lasse ich dich einmal kurz alleine. Ich muss Mary informieren, dass es dir wieder besser geht. Sie hat eine Besprechung und wollte so gegen Mittag kommen – und dann muss ich unbedingt in Bonn meine Eltern und deinen Onkel Ferdinand anrufen. Bist du damit einverstanden?"
Heide nickte bejahend.
Nachdem der Professor da gewesen war und seiner Zufriedenheit Ausdruck verliehen hatte, verließ Jonas Heide, um seine Erledigungen zu tätigen, denn er hatte nun die Gewissheit, dass Heide auf dem Weg der Besserung war. – Vor allem aber führte ihn sein Weg als Erstes in die Uni-Kliniken. Drei Tage hatte er Amily nicht gesehen. Er würde mit dem Handy ein neues Foto machen, um es Heide später zu zeigen.
Auf dem Weg zur Uni-Klinik fiel ihm ein, dass Mary ihm gesagt hatte, es läge Post aus Deutschland vor; auch wollte er sich dann schnell duschen und die Kleider wechseln, was eigentlich schon längst fällig war.
Zunächst aber kümmerte er sich um die Post. Er fand drei Briefe vor: Zwei davon waren für Heide, einer von seinen Eltern und der andere von ihrem Onkel Ferdinand. Der dritte, ein etwas größerer

Umschlag, kam von seinem Rechtsanwalt. Als er ihn öffnete, entnahm er die Scheidungsurkunde.

„Wunderbar", sagte er zu sich, „das werde ich gleich Heide kundtun, sie kann gute Nachrichten jetzt gebrauchen."

Nachdem er sich frisch gemacht hatte, steckte er die Briefe ein, doch ehe er losging, rief er noch in Deutschland an.

Die Verbindung war schnell hergestellt. Er hörte die Stimme seines Vaters. „Sonthofen hier!"

„Hallo, Vater, ich rufe nur kurz an, um euch die freudige Nachricht zu übermitteln, dass Heide auf dem Weg der Besserung ist."

„Das ist wunderbar, Jonas, wir sind erleichtert und froh. Ich hatte schon mit Professor Morgenstern Kontakt und er hat uns schon entsprechend informiert, aber schön, dass du dich meldest. Mutter fragt schon ständig, wann sie endlich mit dir telefonieren kann und wie es dem Baby geht."

„Ja, Vater, es wird nun alles wieder besser. Sag ihr, wir werden demnächst wieder öfter miteinander sprechen und unser kleiner Schatz macht tolle Fortschritte. Ich sende euch wieder mal ein Foto zu."

„Schön, lieber Jonas, wir freuen uns. Deine Mutter ist eben in die Stadt gefahren, sie sprach von einem Friseurtermin. Ich werde ihr natürlich von deinem Anruf berichten."

„Danke, Vater, ich mach jetzt Schluss, denn ich muss noch Heides Onkel anrufen. Heide möchte gerne, dass ich es ihm und Karin auch von hier aus mitteile."

„In Ordnung, Jonas, wir hören wieder voneinander. Alles Liebe und Gute für Heide."

„Ich richte es aus, bis später mal – und liebe Grüße an Mutter." Jonas beendete das Telefonat. – Anschließend wählte Jonas die Nummer von Ferdinand vom Stein: „Hier vom Stein", Jonas hörte Karins Stimme. „Oh Jonas, gibt es gute Nachrichten?"

Jonas hörte eine versteckte Angst in dieser Frage. „Ja, Karin, ich kann euch beruhigen, Heide ist auf dem Weg der Besserung."

„Oh Gott, ist das schön. Moment mal, Jonas, ich rufe Ferdinand, der ist gerade mit Luzia im Garten."

Ehe Jonas etwas erwidern konnte, hörte er, wie Karin zur Tür lief und Ferdinand herbeirief. Kurz darauf meldete er sich: „Ferdinand hier. Jonas?"
„Ja, Ferdinand, ich sagte es gerade schon Karin. Heide geht es wieder besser. Sie wird ganz gesund werden."
Er hörte, wie Ferdinand tief Luft holte. „Endlich, Jonas, auf diese Nachricht haben wir sehnlichst gewartet. Jetzt geht es uns auch allen wieder gut. Stell dir vor: Luzia hat zwei Tage fast nichts gefressen, wir dachten schon, dass wir sie verlieren, aber was glaubst du wohl? Heute Morgen ist sie von ganz alleine zu ihrem Fressnapf gegangen und konnte gar nicht genug kriegen. Ist das nicht eigenartig? Als hätte sie gefühlt, wie schlimm es um Heide stand. Der Tierarzt sagte, dass es Phänomene gäbe zwischen Mensch und Tier, die unerforscht sind, und dass die Bindung eines Tieres zu einem Menschen über jegliche Grenzen hinweg bestehen kann. Er hat Luzia ein stärkeres Herzmittel verschrieben und ihr Vitaminspritzen gegeben. Seiner Meinung nach wartet sie auf die Heimkehr ihres ‚Frauchens'. Wenn es Heide wieder so richtig gut geht, kannst du ihr ja davon erzählen. Was meinst du, Jonas?"
„Aber klar", sagte Jonas, „erzähle ich ihr das. Ich weiß doch, dass sie an Luzia hängt, denn es ist ja immerhin noch ein lebendes Andenken an ihren Vater."
Im Hintergrund hörte Jonas, wie Karin nach Amily fragte, und ehe Ferdinand etwas sagen konnte, antwortete er auch schon: „Unserer kleinen Amily geht es sehr gut. Wenn Heide die Klinik verlassen kann, dann holen wir sie auch nach Hause. Ich habe meinen Eltern ein Foto versprochen und wenn ihr möchtet, sende ich euch auch eins zu. Aber seid mir jetzt bitte nicht böse, wenn ich Schluss mache, ich bin nämlich auf dem Weg zu Amily, denn ich habe sie ganze drei Tage nicht gesehen."
„Verstehe", antwortete Ferdinand und Karin kam noch einmal kurz ans Telefon. „Alle guten Wünsche für Heides Genesung und ganz, ganz viele liebe Grüße und wir werden bald wieder von euch hören?"

„Das werden wir, ganz bestimmt. Auch von hier alles Gute für euch – und natürlich auch für Luzia", sagte Jonas abschließend, ehe er das Gespräch beendete.

Als Jonas das Zimmer betrat, wo Amily lag, sah er die Kleine friedlich schlafend in ihrem Bettchen liegen. Jonas trat leise hinzu. Zärtlich streichelte er ihr Köpfchen und ihre zu kleinen Fäusten geballten Händchen. Er wagte es, vorsichtig mit dem Handy ein Foto zu machen. Amily war zwischenzeitlich auf die normale Babystation verlegt worden, auf Grund ihrer so guten Fortschritte. – Amily schien einen festen Schlaf zu haben und merkte nicht, was sich um sie herum tat. Im Flüsterton verabschiedete Jonas sich: „Bis bald, meine kleine Prinzessin. Bald bist du auch bei deiner Mama."
Auf Zehenspitzen verließ er das Zimmer, um wieder zu Heide zu fahren. – Er hatte Mary ebenfalls kurz informiert und wusste, dass sie inzwischen bei Heide sein würde, denn die Mittagszeit war schon fast vorbei. Mary war zeitweise wieder im Büro ihres Vaters tätig, da ein Mitarbeiter erkrankt war und sie für ihn eingesprungen war. Jonas hatte vollstes Verständnis und war ihr sehr dankbar, dass sie trotz allem immer da war, wenn man sie brauchte.

*

Heide ging es von Tag zu Tag besser. Nachdem sie fieberfrei war, konnte sie am dritten Tag die Intensivstation verlassen.
In ihrem neuen Krankenzimmer hatte man auf Heides Wunsch hin ein zweites Bett aufgestellt, damit Jonas auch nachts bei ihr sein konnte.
Jonas hatte Heide die Briefe ausgehändigt.
Dr. Sonthofen und Julia sandten ihr liebe Grüße und die besten Wünsche für eine baldige Genesung. Ihr Onkel Ferdinand hatte ein Foto von Luzia beigelegt, wo sie in ihrem Korb, der vor ihrem Bett stand, lag. Heide liebte dieses Tier und sah im Geiste ihren Vater mit Luzia an seiner Seite.

Außerdem hatte Ferdinand angeboten, für sich und Karin ein anderes Haus zu suchen, damit sie alleine mit Jonas und Amily in ihrem Elternhaus wohnen könne, wenn sie heimkam. – Das aber wollte Heide auf keinen Fall, denn die obere Etage hatte eine komplette Wohnung, die sie evtl. einmal selber beziehen wollte. Sie wollte den beiden den Vorschlag machen, sich diese Wohnung nach ihrem Geschmack herzurichten und dort wohnen zu bleiben, wenn sie das möchten.
So schrieb sie Jonas auf: „Ruf bitte in Bonn meinen Onkel Ferdinand an; ich will auf keinen Fall, dass sie das Haus verlassen, ich werde ihnen noch schreiben, dass ich sie gerne bei mir im Haus haben möchte."
„Okay, Liebling, ich werde ihm deinen Wunsch mitteilen, denn wir werden ja gemeinsam dort wohnen, und wie du einmal sagtest, möchtest du in deinem Elternhaus leben."
Heide nickte zustimmend.
Jonas kam Heides Wunsch nach und konnte erfahren, dass Ferdinand und Karin mit Heides Vorschlag einverstanden waren, und sie wollten den unteren Wohnbereich bis zu Heides Heimkehr rechtzeitig vorbereiten. Sie freuten sich sehr, dass Heide auf dem Weg der Besserung war.
Als Jonas Heide die Nachricht überbrachte, schrieb Heide auf einen Zettel: „Ich bin sehr glücklich darüber. Die beiden waren so gut zu mir, wie meine eigenen Eltern. Sie würden mir fehlen."
„Ich weiß, Liebling. Es geht alles in Ordnung und du musst dir überhaupt keine Gedanken machen. Übrigens: Mary sagte, dass in wenigen Tagen das Haus in Upper West Side und auch die Wohnung für uns bezugsfertig ist. Jetzt musst du nur noch ganz schnell gesund werden. In drei Tagen kommt der Sprachtherapeut und du wirst sehen, auch das haben wir bald im Griff."
Heide lächelte und nickte, dann schrieb sie: „Als 1. will ich lernen, dir zu sagen ‚ich liebe dich und Amily und Mary habe ich auch sehr lieb'."
Jonas nahm sie in den Arm: „Ja, meine kleine Heide, das alles wirst du bald sagen können, davon bin ich fest überzeugt.

Am nächsten Tag kam Jonas mit einem wunderschönen Strauß diesmal roter Rosen und überreichte ihn Heide. Er zeigte ihr die Scheidungsurkunde mit den Worten: „Hiermit, mein Liebling, frage ich dich noch einmal: Willst du meine Frau werden?"
Heides Augen strahlten – ein kaum hörbares „Ja" kam über ihre Lippen. Dann nahm sie den Block und schrieb noch einmal ein großes „Ja" darauf, und weiter: „Aber erst, wenn ich richtig sagen kann: Ja, ich will."
Jonas küsste sie zärtlich: „Liebling, ich möchte so schnell wie möglich heiraten. Sollen wir hier in New York heiraten? Wir werden unsere Lieben aus Deutschland einladen. Ist das okay?"
„Ja", hauchte Heide, „ist okay."

*

Der Sprachtherapeut Michael Felder-Johnson hatte Heide aufgesucht und Termine mit ihr abgemacht, da Professor Morgenstern angekündigt hatte, dass in gut einer Woche, wenn alles weiter so gut verliefe, Heide die Klinik verlassen könne.
Es war der zehnte Tag, als der Professor in Heides Zimmer kam. „Nun, liebe Heidelinde vom Stein, möchte ich Ihnen Mitteilung machen, dass ich vorhabe, Sie bald nach Hause zu schicken. Sie haben hervorragende Fortschritte gemacht und ich könnte es verantworten, Sie in zwei Tagen gehen zu lassen. Was halten Sie davon?"
Heide nahm den Schreibblock und schrieb darauf: „Ich bin so froh und freue mich, bald nach Hause zu gehen."
Der Professor rückte seine Brille zurecht und schaute sie wohlwollend an: „Sie waren eine sehr geduldige Patientin und nach Rücksprache mit Mr Felder-Johnson sieht dieser große Chancen, ihre Sprachstörung gut behandeln zu können. Sicher hat er Ihnen das auch gesagt?"
Heide nickte bejahend und der Professor sah, wie sich ihr Gesicht aufhellte. „Also gut, liebe Heidelinde, dann werden wir für morgen die Abschlussuntersuchungen vormerken. Wir werden uns Zeit

nehmen, aber am frühen Nachmittag dürfte alles gelaufen sein. Übermorgen dann können Sie jederzeit die Klinik verlassen."
Ein kaum hörbares „Danke" kam über Heides Lippen und dem Professor schien es, als würde sie ihm ein befreiendes Lächeln schenken. Gerade schickte er sich an, Heide zu verlassen, als Jonas den Raum betrat. „Gut, dass ich Sie sehe", sagte er, „dann müssen Sie nicht extra zu mir kommen." Der Professor blieb stehen.
„Ja, Herr Professor, ist etwas Besonderes?"
„Hm", machte der Professor, „aber keine Sorge", als er sah, dass Jonas' Miene sich verfinsterte, „ich habe soeben Heidelinde die freudige Nachricht gebracht, dass sie übermorgen die Klinik verlassen kann."
Jonas' Gesicht hellte sich umgehend auf. „Das ist eine wunderbare Nachricht, Professor! Ich könnte Sie glatt umarmen."
„Na, na", wehrte der Professor ab, „ich glaube, da wartet schon jemand anderes drauf."
„Sie haben Recht." Schon war Jonas bei Heide und der Professor ging mit einem Schmunzeln davon.
Im Gegensatz zu sonst nahm er Heide fast stürmisch in den Arm. „Liebling, kleine Heide, bald bist du draußen, bei Amily, bei Mary, und ich – ich kann es kaum erwarten."
Heide befreite sich erst einmal aus seiner Umarmung, dann schaute sie ihn belustigt an und schrieb: „Ich auch nicht!"
„Mary wird staunen, wenn sie gleich kommt." Jonas war richtig aufgeregt. Da Heide nun auch schon das Zimmer verlassen durfte, machten sie einen kleinen Spaziergang auf dem Klinikflur und tranken einen Tee in der Cafeteria.
Als Mary kam und die Neuigkeit hörte, umarmte sie Heide: „Mein Gott, dear, ich glaube, das wird der schönste Tag seit Ewigkeiten."
Heide nickte der Freundin zu und deutete auf sich, das sollte heißen: „Für mich auch."
„Ich muss ganz schnell zu Amily, ihr sagen, dass sie bald bei ihrer Mama ist", sagte Mary und warf Jonas einen vielsagenden Blick zu, denn zwischenzeitlich hatte Jonas ihr „Geheimnis" entdeckt, indem er einmal sie und Dr. Miller in eindeutiger Umarmung „erwischt"

hatte. Er hatte aber versprochen, ihr Geheimnis zu wahren, damit sie Heide nach ihrer Genesung damit überraschen konnte.

*

Heides Abschlussuntersuchungen waren problemlos verlaufen. Sie hatte schon ihre Tasche fertig gepackt bereitgestellt und konnte kaum schlafen, so aufgeregt war sie, aber mit dem Gedanken, dass Jonas bald wieder bei ihr sein würde, konnte sie sich selber beruhigen und fand schließlich doch noch einige Stunden Schlaf.
Am Morgen, gegen 7.30 Uhr, kam Schwester Caroline und brachte ihr noch einmal ein Frühstück: „Sie verlassen uns heute?"
Heide nickte.
„Ich wünsche Ihnen von Herzen alles, alles Gute." Die Schwester nahm Heides Hand und drückte sie lange und fest. „Und passen Sie gut auf sich auf."
„Danke", konnte Heide ganz deutlich sagen, aber mehr ging nicht.
Schwester Caroline lächelte: „Auch das wird wieder werden. Der Professor wird sich auch gleich noch von Ihnen verabschieden. Leben Sie wohl und noch einmal: alles, alles Gute."
Somit verließ die Schwester Heidelinde.

Es war inzwischen schon gegen zehn Uhr – um diese Zeit wollte eigentlich Jonas kommen –, als die Tür aufging – und Heide traute ihren Augen nicht. Mary kam herein und mit ihr Dr. Miller, der eine große Baby-Tragetasche trug.
„Amy! Amy!" Diese Worte kamen spontan über Heides Lippen. Sie lief auf Dr. Miller zu, der ihr freundlich die Tasche hinhielt, und Heide sah nach langer Zeit ihr geliebtes Baby wieder. Amily lag zufrieden schlummernd in der Babytasche, aber Heide musste sie ganz einfach aufnehmen. Sie küsste und herzte ihr Baby und hielt es so fest, als wollte sie es nie wieder loslassen.
Plötzlich schaute sie auf Mary, dann auf Dr. Miller und blickte fragend erst auf Mary, dann auf den Doktor.

„Ja, liebe Heide, das ist meine Überraschung. Richard und ich, wir sind seit einiger Zeit ein Paar. Ich wollte es dir erst sagen, wenn es dir wieder gut geht. Wir sind sehr glücklich und Richard zieht mit in das Haus nach Upper West Side. Wir werden gleich alle dort hinfahren. Denn es ist alles fertig geworden. Wenn Jonas kommt, kann es sofort losgehen."
Heide legte Amily wieder vorsichtig in die Babytasche, holte den Block, schrieb – und reichte Mary den Zettel: „Ich freue mich so sehr für euch und wünsche euch alles Glück dieser Welt."
Richard drückte ihr fest die Hand: „Ich bin so froh, dass alles so gut ausgegangen ist. Alles Weitere wird schon werden."
Diese ehrlichen, warm ausgesprochenen Worte berührten Heide und sie nickte ihm dankend zu.
Jonas kam nun ebenfalls und gleichzeitig tauchte auch Professor Morgenstern auf. Er verabschiedete sich mit den besten Wünschen und bot seine Hilfe an – für alle Fälle. – „Ich hoffe aber, dass ich nichts von Ihnen höre, außer es wäre etwas Gutes." Dann verabschiedete er sich nun auch mit freundlichen Worten von den übrigen Anwesenden und ging seines Weges.
Gemeinsam und guten Mutes verließen dann alle die Klinik, um in Richtung Upper West Side in das neue Heim zu fahren.

*

Es waren etliche Wochen ins Land gegangen. Inzwischen war es Frühling, alles grünte und blühte und alles schien voller Lust und Leben.
Heide hatte mit ihrer Sprachtherapie gute Fortschritte gemacht und konnte schon wieder kleine Sätze zusammenhängend sprechen.
„Sie sind ein Naturtalent, liebe Heidelinde", hatte Michael Felder-Johnson sie einmal gelobt.
„Danke, ich bemühe mich", hatte Heide ihm bescheiden geantwortet und Jonas war stolz auf sie.

Als Hochzeitstag war der 27. Mai anberaumt.

Dieser Tag stand nun unmittelbar bevor. Der Wettergott meinte es gut und ließ schon tagelang die Sonne scheinen, ab und zu ging ein milder Wind. – Dr. Sonthofen und Julia, Ferdinand vom Stein und Karin (Luzia hatten sie bei ihrem Gärtner in gute Obhut gegeben, weil das Tier ihn kannte und Vertrauen zu ihm hatte) und Jonas' Agent Peter Heuser mit Simone hatten bei und mit „Flieger-Manni" ein Flugzeug gechartert und am Nachmittag des 26. Mai landete die Maschine auf dem La Guardia Air Port. Jonas holte die Gesellschaft ab. Seine Eltern fuhren mit ihm, die anderen folgten mit Taxen.
Jonas hatte für alle im Waldorf Astoria entsprechende Unterkünfte gebucht, wo auch am Hochzeitstag die „kleine Gesellschaft" sein sollte.
Alle jedoch wollten zuerst Heide und Amily-Mary sehen, so dass Jonas nach geraumer Zeit mit der ganzen Gesellschaft in Upper West Side eintraf.
Heide fiel ihrem Onkel um den Hals: „Onkel Ferdi, ich bin so froh."
Dann umarmte sie Karin: „Ich freue mich so." (Alle wussten, dass Heide noch keine langen Sätze sagen konnte.)
„Heidelinde", ihr Onkel versuchte etwas streng zu wirken, „du hast uns zwar viele Sorgen erspart, aber du wusstest, dass du immer mit allem zu uns hättest kommen können?"
„Ich weiß, Onkel Ferdi, ich weiß", erwiderte Heide.
Karin nahm sie mütterlich in den Arm. „Wir sind überglücklich, dass es dir jetzt wieder so gut geht", und sie hatte dabei Tränen in den Augen.
„Verzeih, Karin", sagte Heide gerührt, „werde es wiedergutmachen."
Nun umarmte Julia sie ganz herzlich: „Liebe Heidelinde, dass du noch unsere Schwiegertochter wirst, war für uns eine tolle und schöne Überraschung – und natürlich das Baby!"
Dr. Sonthofen nahm Heide bei den Händen und hielt etwas Abstand: „Na, meine kleine Schwiegertochter muss aber künftig gut essen. Das kriegen wir schon hin! Kommt ihr erst einmal wieder nach Hause!"
Heide musste nun lächeln: „Ich esse schon wieder gut", entgegnete sie. Typisch Arzt, dachte sie im Stillen.

Nachdem nun auch Peter Heuser und Simone sowie „Flieger-Manni" herzlich begrüßt wurden, vernahm man die ungeduldige Stimme von Julia und Karin fiel mit ein: „Wo ist denn der kleine Schatz? Habt ihr ihn vor uns versteckt?"
„Nein, ihr Lieben", meldete sich nun Jonas, „sie ist im Kinderzimmer, Mary ist bei ihr. Nicht alle auf einmal, sie kriegt ja einen Schreck." Heide bat Karin, Julia und Simone, ihr zu folgen. „Zuerst die Frauen", sagte Heide.
„Okay, okay, ich halte die Männer im Zaum", erwiderte Jonas.
Es dauerte nicht lange, da hörte man entzückte Laute aus Richtung Kinderzimmer und man glaubte es nicht, Julia kam mit Amily auf dem Arm ins Wohnzimmer. „Schaut nur, sie hat überhaupt keine Angst", sagte sie. „Schaut nur, wie süß sie ist. Die wunderschönen blauen Augen und die Löckchen, sie schimmern ja rötlich, und hier, sieh nur, Bernd, das winzige Grübchen, das hat sie von Jonas."
Dr. Sonthofen, Ferdinand vom Stein und sogar „Flieger-Manni" bewunderten das kleine Menschenkind und wie lebhaft sie Amily alle betrachtete.
Endlich konnte Mary sich bemerkbar machen (wenn sie anwesend war, nahm sie Heide noch so viel wie möglich von der Arbeit ab) und alle begrüßten sie freundschaftlich und Ferdinand vom Stein noch einmal ganz besonders mit herzlichem Dank für ihre Hilfe und großartige Leistung. Dr. Sonthofen hatte sich dem natürlich angeschlossen. Nachdem nun alle Amily einmal auf dem Arm hatten, nahm Mary sie wieder an sich mit den Worten: „Es wird Zeit zum Windelwechsel und eine kleine Mahlzeit ist auch fällig."
Das sah man ein und Mary verschwand erst einmal wieder mit dem Baby ins Kinderzimmer.
Heide bot noch Kaffee und Gebäck an und in aufgeschlossener Runde wurde erst einmal viel erzählt.
Am frühen Abend verabschiedete sich die ganze Gesellschaft, um sich am anderen Tag pünktlich um 11.30 Uhr im Standesamt wiederzusehen.

*

Heide hatte gerade Amily versorgt, als es Punkt acht Uhr an der Tür klopfte: „Komm rein, Mary!", rief Heide. Mary steckte nur kurz ihren Kopf durch den Türspalt: „Ich wollte dir nur sagen, dass die Friseuse um neun Uhr kommt. Sie macht dir auch dein Make-up. Wenn sie da ist, komme ich mit zu dir. Ist das okay?"
„Das ist okay, Mary", erwiderte Heide.
„Bis gleich also." Mary schloss die Tür wieder.
Nun kam auch Jonas, er spielte so lange „Kindermädchen", bis die Kinderfrau da war. Heide wollte keine fremde Person, aber Mary hatte sie überzeugt, dass es eine Vertrauensperson war, eine persönliche Freundin von Jenny. Heide hatte es schließlich akzeptiert und als sie Martha, so hieß sie, kennen gelernt hatte, fand sie ihre mütterliche und ruhige Art doch sehr sympathisch und vertrauenserweckend. So hatten sie und Jonas Freiraum für den heutigen Tag und wussten Amily gut aufgehoben.
Heide ging ins Schlafzimmer und holte ihr Kleid hervor. Es hatte sie viel Protest gekostet, Mary davon zu überzeugen, nicht in Weiß zu heiraten. Sie war mit Jonas übereingekommen, die Hochzeit sollte nur im kleineren Kreise stattfinden: mit den Familienangehörigen und engsten Freunden aus Deutschland. Mary und Richard, Marys Vater George Goodman und Jenny standen an erster Stelle, Heide fand es auch sehr wichtig, Professor Morgenstern und ihrem Sprachtherapeuten, Michael Felder-Johnson, eine Einladung zu schicken. Außerdem wurde auch Norman Webster eingeladen, der sich doch sehr bemüht hatte, mit dem Haus pünktlich fertig zu werden.
Um Mary aber entgegenzukommen, ging sie mit ihr in eine Edel-Boutique, wo sie sich für dieses, wie sie fand, passende Kleid ohne lange Sucherei entschieden hatte. Es war ein schlichtes, maßgeschneidertes Kleid. Ein etwas breiterer, loser Gürtel mit einer wunderschönen, großen silbernen Schnalle umspielte ihre Taille. Der ovale Ausschnitt war mit einer kostbaren, schmalen weißen Spitze umrandet, dazu trug sie einen breitrandigen weißen Hut, der mit einem breiten, dunkelblauen Seidenband (wie der Stoff des Kleides) eingefasst war, und auf ihren Wunsch hin hatte man noch eine kleine weiße Rose an das Hutband gesteckt. Die eleganten, dun-

kelblauen Sandalen (mit etwas höherem Absatz) ließen sie größer erscheinen.

Mary bestand noch auf ein paar vornehmen weißen Handschuhen und einer schicken kleinen, silberfarbigen Handtasche. Zur Abrundung des Ganzen legte sie ihr noch eine weiße Stola um die Schultern: „Für alle Fälle, dear, das Kleid hat nur winzige Ärmel und abends wird es kühl."

„In Ordnung, Mary." Heide hatte nicht mehr widersprochen, die Freundin meinte es nur gut.

Nun hatte Heide alles bereitgelegt und allmählich wurde sie etwas nervös: „Kein Grund zur Aufregung", sagte sie zu sich selber. „Alles wird gut."

Jonas schaute mit Amily auf dem Arm herein: „Na, mein kleiner Liebling, du bist doch nicht aufgeregt?"

„Überhaupt nicht", sagte Heide, aber ihr Herz klopfte etwas schneller. „Die Friseuse erwartet dich und Mary ist auch wieder da, aber lass uns doch alle zusammen erst einen Kaffee trinken, was meinst du? Ich lege Amily erst einmal wieder in ihre Wiege."

„Ist okay, Jonas, komme sofort."

Als Jonas gegangen war, strich Heide liebevoll über das Seidenkleid. „Wie kühl es sich anfühlt. Ich werde dieses Kleid lieben, es schmückt mich für den schönsten – nein, zweitschönsten Tag in meinem Leben", denn sie wusste, dass der schönste Tag in ihrem Leben der Tag war, an dem Amily geboren wurde, und so konnte der Hochzeitstag mit Jonas einfach nur der zweitschönste, aber ebenso ein wunderschöner Tag in ihrem Leben sein.

Nachdem die Friseuse ihr „Werk" vollbracht hatte, half Mary Heide, sich anzukleiden. (Sie hatte aus Zeitgründen ebenfalls ihre Robe mitgebracht, schließlich war sie Trauzeugin und Heide wollte gerne ihren Onkel Ferdinand als Trauzeugen dabei haben, womit auch alle anderen einverstanden waren.)

Nachdem Heide so weit angekleidet war, drehte sie sich skeptisch vor dem großen Spiegel: „Schau, Mary, ist das Kleid nicht etwas zu lang?"

„Zieh doch deine Sandaletten an und du wirst sehen, mit den höheren Absätzen passt es genau."
Mary sah, wie Heide zusehends nervöser wurde. „Bleib ganz ruhig, dear, du wirst wunderbar aussehen."
„Du hast Recht, Mary." Heide seufzte. „Glaubst du, dass ich Jonas gefallen werde?" Nun hatte sie ihre Sandaletten an und drehte sich wieder im Spiegel und sah, dass das Kleid nun genau passte, es war genau auf die Absätze der Sandaletten abgestimmt.
Mary kam mit dem Hut, setzte ihn Heide vorsichtig auf und ordnete die darunter hervorfallenden Locken. Stolz betrachtete sie die Freundin: „Wenn du Jonas so nicht gefällst, dear, dann geh mal auf die Avenue und du wirst dich vor Verehrern nicht retten können."
„Oh Mary, ich könnte weinen vor Glück." Heide hatte schon Tränen in den Augen, aber schnell wischte Mary sie vorsichtig weg. „Dein Make-up, dear, du siehst so wunderschön damit aus. Und nun, my dear, wirst du dich brav in den Sessel setzen, denn nun bin ich an der Reihe."
Auch Mary hatte sich ein etwas kräftigeres, aber zu ihrem Typ passendes Make-up auflegen lassen. Für das Standesamt hatte sie einen schicken beigefarbenen Hosenanzug gewählt, um sich später noch einmal umzukleiden, denn Richard konnte erst am Nachmittag kommen, da er wegen einer Operation am Vormittag unabkömmlich war. Nachdem Mary nun fertig und mit sich zufrieden war, schaute sie Heide noch einmal prüfend an. „Ich glaube, dear, du bist perfekt, ganz einfach toll. Aber du musst dich nun ein wenig gedulden, denn ich habe Jonas versprochen, bei ihm auch einmal nach dem Rechten zu sehen. Ich hole dich dann gleich ab."
„Okay, Mary, ich warte auf dich." Heide versuchte ihrer Stimme einen festen Klang zu geben, was ihr dann auch mühselig gelang.
Es dauerte auch nicht allzu lange, bis Mary sie bat zu kommen. Als sie das Wohnzimmer betrat und Jonas gegenüberstand, konnte dieser kaum glauben, was er da sah. Das Seidenkleid schimmerte leicht, je nach Lichteinwirkung. Heide sah sehr feminin und anmutig aus. Unter dem Hut fielen ihre blond gelockten Haare bis auf die Schultern. Das feine Make-up machte ihr sonst so blasses Gesicht

ausdrucksvoller und das Augen-Make-up betonte ihre schönen, großen, blauen Augen und ihr herzförmiger Mund war mit einem dezenten, roten Lippenstift nachgezogen.
Ein wenig verlegen schaute sie Jonas an: „Nun, Jon, sag ehrlich, gefalle ich dir?"
Jonas trat auf sie zu. „Liebling, du siehst nicht nur wunderschön aus, du bist einfach wunderschön."
Heide holte tief Luft. „Dann war meine Sorge unbegründet, keine ‚weiße Braut' zu sein. Ich, ich", nun blieben ihr doch vor Aufregung die Worte fort, sie nahm den Block: „Ich musste Mary versprechen, nächstes Jahr in Deutschland die Hochzeit in Weiß nachzuholen, und alle würden dann kommen. Wärst du damit einverstanden?"
Jonas nahm ihre Hand: „Das ist doch keine Frage, Liebling, natürlich wirst du noch in ‚Weiß' heiraten."
Heide lächelte ihn liebevoll an.
Jonas trug einen dunkelblauen, feinen Nadelstreifenanzug, so ergänzten sich beide als ein schönes Paar. Plötzlich tauchte vor Jonas' geistigem Auge ein anderes Bild auf. Eine wunderschöne Braut in Weiß, wie aus einem Modejournal entstiegen; er sah jedoch das Gesicht nur verschwommen und doch wusste er: Es war Sandra. Aber es berührte ihn nicht. Er schüttelte leicht den Kopf über sich – und das Bild verschwand. Er zog Heide an sich und küsste sie zärtlich: „Du bist für mich die schönste Frau der Welt."
Nun musste Heide lachen: „Meinst du das im Ernst?"
„Aber Liebling!", Jonas tat entrüstet. „Wie kannst du nur daran zweifeln?"
Mary schaute rein. „Es geht gleich los, ihr Lieben – und – Jonas, da ist etwas angekommen. Würdest du mal danach schauen?"
„Komme schon."
Jonas eilte Mary hinterher. In der Diele reichte sie ihm dann den Brautstrauß. Es war ein einmalig schöner Strauß weißer Rosen, mit verschiedenen Farnen fein gebunden. Als Jonas ihn Heide überreichte, war sie aufs Äußerste entzückt: „Mein, Gott, Liebster, ist der schön!"

„Für dich kann gar nichts schön genug sein, Liebling, aber ich sehe gerade, dass dir etwas fehlt."
„Mir? Wieso?" Heide schaute erstaunt.
Jonas packte in seine Westentasche und holte eine längliche Schachtel hervor: „Das, kleine Heide, fehlt dir!" Er gab ihr die Schachtel. Als Heide sie öffnete, strahlte ihr eine goldene Kette entgegen, mit zwei ineinander verschlungenen Brillantherzen. „Oh", sagte sie fast erschrocken, „Jon, das ist ... das kann ich ..."
„Kein Kommentar", unterbrach Jonas sie. „Das ist mein Hochzeitsgeschenk. Komm, gib mir einmal die Kette."
Heide gab sie ihm. Er trat hinter Heide und legte ihr die Kette um. „Ein schöner Schmuck für eine schöne Frau und jeder soll sehen: Diese beiden Herzen sind unzertrennlich."
Eine Träne schimmerte in Heides Auge: „Jon, ich liebe dich so sehr."
„Ich liebe dich auch, kleine Heidelinde. Aber nun, mein Schatz, wird es Zeit, ich glaube, man wartet schon auf uns, und ich denke, der Chauffeur wird schon da sein. Wie du weißt, habe ich mir erlaubt, für den heutigen Tag einen Wagen mit Chauffeur zu mieten."
Heide nickte: „Ja, ich weiß."
Sie schauten noch einmal nach Amily. Martha saß in einem Sessel, eine Zeitung lesend, neben der Wiege, in welcher Amily ruhig und zufrieden schlief. Auf Zehenspitzen verließen beide, nachdem sie sich leise von Martha verabschiedet hatten, das Kinderzimmer. Der Chauffeur war bereits vorgefahren und Mary erwartete sie ungeduldig.
„Schade, dass Richard noch nicht da sein kann", sagte Heide und schaute Mary ein wenig bedauernd an.
„Ja, schade", erwiderte Mary, „aber er kommt ja, so schnell es geht, er weiß, dass wir alle auf ihn warten – und ich ganz besonders."
„Liebst du ihn so, wie ich Jonas liebe?", wollte Heide noch wissen, ehe sie in den Wagen stiegen.
Nach ein paar Sekunden sagte Mary lächelnd: „Ich weiß, wie sehr du Jonas liebst. Aber glaube mir, jede Liebe ist anders: Die Liebe zwischen Richard und mir ist langsam gewachsen und wir glauben

an diese Liebe, weil wir glücklich sind. Und heute Abend, my dear, habe ich noch eine Überraschung."
Während der Wagen in Richtung Standesamt fuhr, fragte Heide nun doch noch neugierig: „Was ist es denn, Mary, sag doch, was es ist."
Mary schüttelte den Kopf: „Dann wäre es keine Überraschung mehr, dear, mach dir keine Gedanken, jetzt hast du Wichtigeres vor dir."
Heide seufzte. Sie wusste, die Freundin würde nichts verraten. Sie nahm Jonas' Hand und hielt sie ganz fest. Jonas schaute sie liebevoll von der Seite her an. Er nahm ihre Hand und drückte sie an sein Herz, dort, wo auch in seiner Westentasche die beiden Ringe verborgen waren, die sie bald vor aller Augen miteinander für immer verbinden sollten.

*

Alle Gäste warteten schon auf das Brautpaar. Endlich fuhr der Wagen vor, geschmückt mit einem wunderschönen Blumen-Arrangement. Jonas half Heide aus dem Wagen und sie spürte die bewundernden Blicke der Anwesenden; es machte sie stolz und sie fühlte sich richtig stark an Jonas Seite. Jonas als Kavalier half Mary ebenfalls aus dem Wagen.
Der Standesbeamte erwartete sie bereits. Er bemühte sich, so gut er konnte, deutsch zu sprechen, doch man wies ihn darauf hin, dass fast alle die englische Sprache beherrschten, was ihn sichtlich erleichterte. Seine Rede beschränkte sich auf das Wesentlichste. Auf die Frage an Jonas: „Wollen Sie die hier anwesende Heidelinde vom Stein zu Ihrer Ehefrau nehmen?", kam von Jonas ein sicheres und laut vernehmliches: „Ja, ich will."
... den gleichen Satz an Heide gewandt: „Wollen Sie den hier anwesenden Jonas Sonthofen zum Ehemann nehmen?"
Und Heide schaute Jonas fast verzweifelt an, es kam nur ein „Ja, ja, ich ..." Ihre Stimme versagte.
Hilfe suchend schaute sie zu Michael Felder-Johnson (er hob ein wenig die Hand, es sollte beruhigend wirken) und formte mit dem

Mund die Worte: „Ich will!" ... Dann wiederholte Heide noch einmal, und diesmal ganz sicher: „Ja, ich will!"
Dann tauschten sie die Ringe und verließen als Mann und Frau, nun auch nach dem Gesetz, das Standesamt.
Heide sah Jonas wie um Verzeihung bittend an. Er wusste, was sie meinte: „Liebling, du warst aufgeregt und jeder Anwesende konnte das verstehen und du hast es trotzdem wunderbar gemacht."
„Wirklich, Jon?"
Jonas wischte ihr vorsichtig eine Träne ab. „Heute bist du vor allen hier meine kleine, geliebte Frau geworden und wenn du schon weinen musst, dann bitte Freudentränen!"
„Ach, Jon", Heide atmete tief durch, „es ist doch alles viel aufregender, als ich dachte."
Nun kamen alle zum Gratulieren und mit den besten Wünschen und allem nur erdenklich Guten. – Dann begab man sich zum Fotografen, jedoch kamen nur Jonas' Eltern, Ferdinand vom Stein und Karin sowie Mary mit.
Alle anderen wurden zu einem Umtrunk gebeten, es gab dazu Kanapees, und wer wollte, konnte sich später zwanglos bei Kaffee und Kuchen niederlassen oder auch einen Spaziergang in der parkähnlichen Anlage des Hotels machen.
Jonas hatte mit dem Fotografen vereinbart, dass er am Abend ins Hotel kommen sollte, um einen Videofilm von der Feier zu drehen.

Die Stunden vergingen wie im Flug. Am frühen Nachmittag meldete Richard sich per Handy bei Mary, dass er gegen sechzehn Uhr da sein könne. Nun war es an der Reihe, dass Mary nervös wurde. „Ich muss nach Upper West, mich umziehen, dear", sagte sie zu Heide und war schon dabei, ein Taxi zu rufen.
„Halt", rief Heide, „wir wollen auch gleich mal hin, ich will nach Amily sehen."
Sie schaute nach Jonas, um zu fragen, ob er mitwolle. Jonas diskutierte gerade mit „Flieger-Manni", ihrem Onkel und ihrem frischgebackenen „Schwiegervater", Dr. Bernd Sonthofen.

„Fahr ruhig mit Mary, Liebling, und gib Amy einen dicken Kuss von mir!", rief er ihr zu.
„Okay, Jon, bis gleich dann."
Die beiden Frauen wandten sich an den Chauffeur, der sie gerne nach Upper West Side fuhr.

*

In Upper West angekommen, konnte Heide nicht schnell genug Amily aufsuchen. Während Mary sich um das Umkleiden kümmerte, hatte Heide auch schon wieder ihr Baby auf dem Arm. Amily lächelte, als sie Heide ansah, und Heide wäre am liebsten bei ihr geblieben.
„Hat sie viel geschrien zwischendurch?", wollte sie von Martha wissen.
Aber Martha verneinte: „Nur einmal kurz, als sie ihr Fläschchen nicht schnell genug bekam."
„Das ist normal", erwiderte Heide, „aber sonst ist sie ein liebes Baby."
„Das stimmt", bestätigte Martha.
Heide legte Amily wieder in die Wiege, gab ihr zweimal einen liebevollen Kuss. „So, der zweite war von deinem Papa", sagte sie zärtlich. „Leider muss ich wieder los, Martha. Sie finden in der Küche alles, was Sie brauchen, und Ihr Gästebett steht ja auch bereit. Ich hoffe nicht, dass wir die ganze Nacht fortbleiben."
„Das kann man nie wissen, Mrs Sonthofen. Ich hoffe, dass es für Sie eine sehr schöne Feier wird", sagte Martha.
Zum ersten Mal hatte Heide jemand mit „Mrs Sonthofen" angesprochen und es war für sie ein unbeschreiblich schönes Gefühl. Sie bedankte sich herzlich bei Martha und suchte nun Mary auf.

Diesmal stand Mary im Schlafzimmer vor dem großen Spiegel und drehte sich nach allen Seiten.
Als Heide hinzukam, musste sie gleich ihre Bewunderung zum Ausdruck bringen. „Du siehst umwerfend aus, Mary. Ich könnte glatt neidisch werden."

Mary hatte ein türkisfarbenes, leichtes Kostüm an, was sehr gut von ihrem schwarzen Haar abstach, der dazu passende Hut und die eleganten Schuhe ließen sie fast mondän erscheinen.
„Dein Richard wird nur Augen für dich haben, liebe Mary."
„Ja, dear, ich hoffe es", entgegnete Mary, „und ich glaube, ich kann gar nicht so ‚cool' bleiben, wie ich es eigentlich wollte."
„Warum willst du ‚cool' bleiben?" Heide schaute die Freundin verständnislos an. „Wenn Richard dich gleich in den Arm nimmt, bist du ganz bestimmt so glücklich, dass du auf keinen Fall mehr ‚cool' sein willst."
Nun lachte Mary: „Schön, so etwas von dir zu hören, dear. Nun muss ich mein Make-up noch etwas auffrischen, dann geht's wieder los."
„Das muss ich ja auch noch machen, Mary. Hilfst du mir dabei?"
„Natürlich helfe ich dir, dear."
Zwanzig Minuten später saßen sie im Auto, um bald wieder im Hotel zu sein, denn schließlich wartete Richard inzwischen schon auf Mary.

Die Tische waren festlich gedeckt, mit herrlichen Blumenarrangements. Da es nur eine kleinere Gesellschaft war, gab es keine strikte Tischordnung. Heide wollte, dass alles so zwanglos wie möglich ablief, und so fand jeder seinen Platz. Die Brautleute saßen natürlich vor Kopf, rechts von Jonas seine Eltern und links von Heide ihr Onkel Ferdinand und Karin. Gleich daneben nahmen Mary und Richard Platz und ihnen gegenüber George Goodman und Jenny. Die übrigen Gäste setzten sich nach Belieben. – Um achtzehn Uhr eröffnete Jonas mit kurzen Worten das Buffet und bat alle, sich reichlich zu bedienen.
„Wo ist denn Professor Morgenstern?", frage Heide fast schon enttäuscht, als sie ihn aber im gleichen Moment in Begleitung seiner Tochter, einer schon bekannten Mikro-Chirurgin, die einmal die Nachfolgerin ihres Vaters sein würde, hereinkommen sah. Sie winkte ihm zu und er kam mit Judith, so stellte er seine Tochter vor, zu ihnen. Heide und Jonas begrüßten beide sehr herzlich. Judith überreichte ihnen ein ausgefallenes Hochzeitsgeschenk, wie Jonas fest-

stellte: Es war die Freiheitsstatue aus Alabaster modelliert, auf einem Sockel stehend, und auf einer kleinen, daran befestigten Platte stand in goldenen Lettern: „Zum Hochzeitstag für Heidelinde und Jonas Sonthofen wünschen Liebe und Glück in Freiheit für immer – Professor Samuel Morgenstern und Dr. Judith Morgenstern".
„Das ist etwas Einmaliges und wunderschön." Jonas betrachtete die Statue mit Begeisterung. „Sie bekommt in unserem Haus in Deutschland einen Ehrenplatz, nicht wahr, Liebling?"
Auch Heide war sehr angetan. „Ja, den bekommt sie, ganz bestimmt", und in einer plötzlichen Anwandlung von Dankbarkeit, insbesondere für den Professor, umarmte Heide beide ganz herzlich. Der Professor räusperte sich ein wenig verlegen: „Nun, ich muss zugeben, die Idee stammt von Judith, aber wir haben es Ihnen beiden von Herzen geschenkt."
Nun gesellte sich Jonas' Vater zu ihnen und Jonas stellte nach und nach seine Verwandten und Freunde vor.
Inzwischen war schon eine gewisse Sekt-und Weinfröhlichkeit bei dem einen oder anderen eingetreten, als Dr. Sonthofen aufstand, an sein Glas klopfte und um Aufmerksamkeit bat: „Liebe Gäste! Ich will keine große Rede halten, aber eins sei gesagt: Wir, meine Frau Julia und ich, freuen uns, dass wir diesen Tag hier erleben dürfen. Wir wünschen dem Brautpaar Heidelinde und Jonas von ganzem Herzen alles Gute. Ich glaube, von den hier Anwesenden ist niemand, der den beiden nicht auch alles Glück dieser Welt wünscht. So haben wir, hier schließen sich insbesondere Heidelindes Onkel Ferdinand vom Stein und seine Frau Karin mit ein, eine richtige, schon etwas größere Familie bekommen, denn unser kleines süßes Enkelkind Amily-Mary ist ja mit von der Partie. Wir wollen nun auf dieses Glück, das schon fast an ein Wunder grenzt, auf das wunderbare Brautpaar, Heidelinde und Jonas, anstoßen und sie hochleben lassen."
Nach dem Beifall für seine Rede und dem „Hochleben Lassen" stand nun George Goodman auf und etwas stimmgewaltig, gemäß seiner Art, bat er noch einmal um Ruhe: „Ladys und Gentlemen! Wir haben uns ja im Laufe des Tages kennen gelernt und auch mei-

ne Tochter Mary", er deutete mit seinem Sektglas zu Mary hinüber.
„Ich möchte hiermit die Verlobung meiner Tochter Mary mit Dr. Richard Miller bekannt geben."
Das Echo kam prompt: „Ach!", „Oh wie schön!", „Toll!"
Alle wollten gleichzeitig gratulieren.
Heide schaute Jonas an: „War das schon wieder ein Geheimnis vor mir? Na, warte!"
Als es um Mary und Richard etwas ruhiger wurde, ging Heide zu ihrer Freundin und so gut sie konnte, sagte sie ernsthaft: „Eine schöne Freundin bist du, lauter Geheimnisse", dabei umarmte sie Mary und küsste sie auf beide Wangen, „alles Glück dieser Welt, liebste Mary."
Auch Richard umarmte sie sehr herzlich.
„An unserem Glück, liebe Heide, ich darf doch Heide sagen?", fragte Richard.
„Natürlich, gerne", erwiderte Heide.
„… bist du eigentlich direkt beteiligt."
„Wieso?", fragte Heide etwas irritiert.
„Na, wenn Mary nicht immer bei dir in der Klinik gewesen wäre, hätten wir uns ja gar nicht näher kennen gelernt."
„Das ist wahr", warf nun Mary ein, „du bist unser Glücksbringer, dear, wir müssen dir dankbar dafür sein."
Nun trat Jonas hinzu: „Wofür dankbar, Mary?", wollte er wissen.
Mary erklärte es ihm in kurzen Sätzen, aber Jonas schüttelte den Kopf: „Wenn einer dankbar sein muss, dann wir, Heide und ich, wir werden nie vergessen, wie du dich aufgeopfert hast, immer da warst und dadurch wenig Zeit für dich selber hattest."
„Okay", erwiderte Mary, „sagen wir, dass wir uns gegenseitig Gutes getan haben. Was meinst du, Richard?" Mary schaute ihren Verlobten fragend an.
„Natürlich, Darling, genau so wollen wir es sehen." Dabei sah Richard von einem zum anderen und Jonas fiel ein, dass er den beiden noch gratulieren musste. Er umarmte Mary und drückte sie fest an sich (aber nicht zu fest!), wünschte ihr von Herzen alles, alles Gute und meinte zu Richard: „Was hältst du davon, lieber Richard, wenn wir Männer das an der Bar ‚begießen'?"

„Okay, ich bin dabei! Können wir euch mal alleine lassen?"
Mary schaute entrüstet: „Aber wir sind doch keine Kinder!"
„Na, gut, dann bis gleich", sagte Jonas und die beiden schritten forsch in Richtung Bar.

Inzwischen hatte sich auf der kleinen Bühne des Gesellschaftsraumes etwas getan. Ein paar junge Männer schleppten ihre Musikinstrumente herbei und stellten ein Mikrofon auf.
„Was ist das denn?", wollte Heide wissen.
Mary lächelte vielsagend: „Das, my dear, ist meine zweite Überraschung. Ich habe eine Band eingeladen, selbst Jonas weiß nichts davon."
„Oh Mary, hast du noch mehr in petto?"
Mary hob die Schultern. „Wer weiß, dear."

Der Abend schritt voran. Blumen über Blumen, die schönsten Sträuße standen auf einem extra Tisch. Jonas war inzwischen wieder an Heides Seite und sie schauten in einer ruhigeren Minute, was noch alles dort lag. Geschenke groß und klein und darunter drei größere Briefumschläge. Heide öffnete den ersten, von ihrem Onkel Ferdinand. In einer schönen Karte lag ein Blanko-Scheck für eine „tolle Hochzeitsreise", dazu geschrieben stand „Egal wie lange, wann und wohin ihr auch immer wollt."
„Das ist echt großzügig von Ferdinand und Karin", sagte Jonas.
Den nächsten Umschlag öffnet Jonas, er war von seinen Eltern, es kam ein Geschenkgutschein zum Vorschein für die Einrichtung eines Kinderzimmers in Bonn, in Heides Elternhaus, wo sie später leben würden.
Nun nahm Heide den letzten Umschlag, von Mary: Es war ein beglaubigtes Schreiben vom Notar, mit dem Heide, Jonas und Amily ein unbeschränktes Wohnrecht in der Wohnung im Hause in Upper West Side erhielten. Richard hatte einen großzügigen Scheck beigefügt.
Nachdem Heide und Jonas sich erst einmal bei allen für die außerordentlich schönen Geschenke bedankt hatten, hörte man von der

Bühne her (Jonas war ebenfalls erstaunt, aber über die Idee von Mary betreffs der Band sehr angetan) über das Mikrofon eine Ansage des Bandleaders: „Ladys and Gentlemen! Darf ich kurz um Ihre Aufmerksamkeit bitten? Danke! Wir freuen uns, heute Abend bei Ihnen zu Gast zu sein, und möchten Sie mit unserer Musik unterhalten und erfreuen. Wünsche, bestimmte Lieder zu spielen, erfüllen wir gerne und zum Auftakt wurde auch schon ein Wunsch an uns herangetragen: Mary Goodman wünscht für ihre liebste Freundin Heidelinde und seit heute ihren Gatten Jonas das Lied ‚True love', gesungen im Duett von Jolly und Jo."
Heide konnte es nicht glauben. „Hast du das gewusst, Jon?"
Aber Jon verneinte vehement. Heide suchte Mary und als sie sie erblickte, lächelte sie ihr zu und nickte leicht und machte mit der Hand eine Drehung, das hieß: „Nun tanze mal schön!"
Heide wusste: Schließlich mussten sie ja auch mit einem Tanz den „gemütlichen Teil" des Abends eröffnen. Bei den ersten Klängen reichte Jonas ihr den Arm: „Komm, Liebling, es ist unser Tanz!"
Die beiden jungen Sangeskünstler auf der Bühne gaben ihr Bestes. Heide schmiegte sich fest in Jonas' Arme. Sie war leicht wie eine Feder.
„Es ist wie ein Traum, Liebster", flüsterte sie leise in sein Ohr.
Jonas neigte sich ein wenig zu ihr hinunter: „Ein Traum, der wahr geworden ist. Du bist meine kleine, geliebte Frau geworden. So wie ich dich jetzt festhalte, mein Liebling, werde ich dich ein Leben lang festhalten."
Sie küssten sich lange, ohne Rücksicht darauf, dass die anderen ja zuschauten, doch inzwischen hatten sich schon mehrere Paare auf die Tanzfläche begeben.
Als „True love" verklungen war, spielte die Band anschließend einen schnelleren Walzer, doch Heide bat Jonas, sich erst einmal hinzusetzen.
Als Mary sich an ihren Tisch gesellte und Heide stolz ihren blitzenden Verlobungsring zeigte, bekam Heide auf der Stelle ein schlechtes Gewissen: „Sag mir, liebste Mary, was wünschst du dir denn zur Verlobung von uns?"

Mary lächelte: „Ganz einfach, dear, ich möchte Patin von Amily werden und Richard der Patenonkel. Ist das okay?"
Jetzt lachte Heide. „Natürlich, liebe Mary, das wärst du doch sowieso geworden."
„Dann ist ja alles gut." Mary machte eine Handbewegung, was heißen sollte: Nun genug, lass uns nicht mehr über Geschenke diskutieren, sondern lieber den Abend genießen.
Richard hatte sich dazugesellt: „Ein schönes Fest", stellte er fest, „nur leider habe ich viel zu viel Hunger. Kommst du mit zum Buffet, Darling?"
„Entschuldigt ihr uns?" Mary stand auf.
„Aber ja, geht nur", sagte Jonas gönnerhaft. Die beiden gingen lachend davon.

Plötzlich tauchte Peter Heuser mit Simone auf: „Wir möchten uns für den wunderschönen Tag heute bei euch bedanken", sagte Peter Heuser, „– aber halt –", ehe Jonas etwas sagen konnte: „Sobald du nach Deutschland kommst: Die Mailänder Scala und das Opernhaus in Berlin haben nachgefragt – und die Metropolitan Opera hier sucht dringend Ersatz für einen erkrankten Sänger. Entschuldige, dass ich ausgerechnet jetzt damit anfange, aber du kennst mich doch, wie? Ich kann nicht anders!"
Jonas lachte. „Das ist schon okay, Peter, sobald Heide ihre Sprachtherapie abgeschlossen hat, in ca. drei Monaten, sind wir wieder in Deutschland. Und das mit der Vertretung an der Metropolitan Opera hier werde ich mit Heide besprechen."
Heide hatte sich mit Simone unterhalten, aber doch mitbekommen, um was es ging. An Peter gerichtet, sagte sie: „Jonas muss wieder singen und ich werde bald wieder Klavier spielen. Oder?" Fragend schaute sie Jonas an.
Jonas drückte sie fest an sich. „Du hast es gehört, lieber Peter. Vorerst machen wir keine Hochzeitsreise, später irgendwann. Du kannst also deines Amtes walten. In zwei Tagen, ehe du nach Deutschland zurückfliegst, unterhalten wir uns noch einmal über alles. Ist das in deinem Sinne?"

Peter schien mit der Antwort zufrieden. „Aber ja, ihr Lieben, nun lassen wir euch erst wieder einmal zufrieden. Wir gehen noch einmal an die Sektbar." Er nahm Simone bei der Hand. „Bis später, ihr beiden."

Nun tauchte wie aus der Versenkung heraus Professor Morgenstern auf, um den beiden noch einmal zu gratulieren und alles erdenklich Gute zu wünschen.
Jonas fragte den Professor mit ernster Miene: „Herr Professor, dass Heide und ich heute hier sind, ist das ein Wunder oder haben wir die Macht des Schicksals besiegt?"
Der Professor wiegte bedächtig sein Haupt: „Gewiss könnte man es als ein Wunder ansehen, das Schicksal aber lässt sich nicht besiegen. In diesem Fall jedoch hat das Schicksal es mit uns allen gut gemeint. Niemand auf der Welt kann über einem Schicksal stehen. Der Einzige, der die Mächte des Schicksals lenken kann und darübersteht, ist ‚Er'", und dabei hob er den Kopf und sein Blick zeigte nach oben, „wenn man an ihn glaubt, können auch Wunder geschehen und er lässt die Mächte des Schicksals gütig sein."
Heide und Jonas wussten, was der Professor meinte: „Er" da oben, das war der „liebe Gott", und sie waren bereit, an ihn zu glauben.

www.ingramcontent.com/pod-product-compliance
Lightning Source LLC
Chambersburg PA
CBHW030239170426
43202CB00007B/60